Lecciones de metafísica

Lecciones de metafísica

Remedios Ávila

EDITORIAL TROTTA

COLECCIÓN ESTRUCTURAS Y PROCESOS
Serie Filosofía

© Editorial Trotta, S.A., 2011
Ferraz, 55. 28008 Madrid
Teléfono: 91 543 03 61
Fax: 91 543 14 88
E-mail: editorial@trotta.es
http://www.trotta.es

© Remedios Ávila Crespo, 2011

ISBN: 978-84-9879-229-4
Depósito Legal: M-29.373-2011

Impresión
Fernández Ciudad, S.L.

Para mi hermano

«La primera pregunta que tenemos derecho a formular será *por qué hay algo más bien que nada.*»
G. W. Leibniz, *Principios de la naturaleza y de la gracia fundados en razón*, § 7

«La honra del pensamiento se halla en la defensa de lo llamado insultantemente nihilismo.»
Th. W. Adorno, *Dialéctica negativa*, 380

CONTENIDO

Introducción 11

I
LA PREGUNTA POR EL SER
(«¿POR QUÉ ES EL ENTE...»)

1. El problema de los presupuestos y el ámbito de lo trascendental 21
2. Aristóteles: «la ciencia que se busca» 46
3. Descartes: la búsqueda de la fundamentación y los umbrales de una argumentación trascendental en el problema de la *circulatio* 80
4. Kant: metafísica, ontología y trascendentalidad 112

II
EL PROBLEMA DE LA NADA
(« ... Y NO MÁS BIEN LA NADA?»)

5. Nihilismo y nada. Algunas reflexiones preliminares 139
6. Schopenhauer: las raíces de la nada 157
7. Nietzsche: la ambivalente experiencia de la nada 181
8. Heidegger: nada y ser 202

Índice general 227

INTRODUCCIÓN

De modo parecido a como ocurre con las personas, también la presentación de un libro debería hacerse cargo de tres aspectos: de dónde procede, a dónde se dirige y de qué (o de quién se) trata. Y algo así es lo que pretende esta introducción: referirse a su génesis, a su finalidad, y describir también, lo más resumidamente posible, su contenido.

Por lo que se refiere al contenido, aunque más adelante se hará referencia detallada al mismo, este trabajo pretende ser lo más fiel posible a lo apuntado en su título, pero también tiene conciencia de los límites de esa pretensión. Se trata de un intento de acercarse a los problemas de la metafísica y de manera especial a los del ser y la nada; es un ensayo, una preparación o un plan de trabajo que se propone abrir un campo de reflexión y que no excluye reparaciones y reformas futuras. Pero, antes de avanzar más sobre esto último, conviene señalar algunas cosas sobre su génesis.

Las páginas que siguen recogen buena parte de una experiencia docente: la mía, como profesora de Metafísica en los últimos años. Es ahí donde tienen su origen y, por eso, constituyen algo parecido a una «memoria», un recuento de problemas y de caminos para abordarlos. Son caminos que no han estado (ni están todavía) libres de tensiones, tal vez porque, a lo largo de mi carrera docente, he debido hacerme cargo de materias que, de alguna manera, estaban en las antípodas: por un lado, el pensamiento filosófico del siglo XIX y, de manera especial, el pensamiento de Nietzsche; por otro, una disciplina como la metafísica, que estaba en el punto de mira de la crítica nietzscheana.

No puedo ocultar que me he visto afectada por esa tensión, pero también he procurado vivir dentro de ella. Y así, tanto en mi actividad investigadora como en la docente, mis intereses se han visto condicionados por la atención prestada a Nietzsche y por la necesidad de situarme respecto de él. De hecho, y con respecto a este último, siempre me ha llamado la atención la dificultad de compaginar una actitud expresamente *antimetafísica* con la afirmación *casi metafísica* de que «todo es voluntad de poder». En realidad, ambos problemas podrían resumirse en uno solo: se trataría de aplicar a Nietzsche el mismo método que él propugna —la genealogía—, de situarlo respecto de sus raíces y de sus adversarios, y de responder a cuestiones como desde dónde y contra quién habla Nietzsche. De ese modo la crítica de Nietzsche a la metafísica y su reflexión sobre el nihilismo han sido para mí un preámbulo para internarme en el terreno que estaba en el punto de mira de sus ataques y para adoptar y matizar mi propia posición.

El interés por esa temática —la metafísica— me ha llevado a explorar problemas relacionados con la posibilidad de una fundamentación última y, en especial, con los rasgos básicos de una argumentación trascendental. En este punto las referencias han sido Platón y Aristóteles, en el ámbito griego; Descartes y Kant, en el ámbito moderno, y Heidegger, Gadamer y Apel, en el mundo actual. Este ensayo solo se refiere a algunos de ellos, pero los problemas fundamentales de los que se hace cargo tienen que ver con el ámbito de la filosofía conocido bajo el nombre de «metafísica». Deseo insistir en que se trata de esto: de un *intento* de abrir un ámbito de reflexión en el que priman los *problemas* y las preguntas, mucho más que las respuestas y soluciones. Y ello es así por el carácter peculiar de la materia misma, pues en el terreno de la metafísica se tiene la impresión de internarse en un mundo fascinante e inabarcable, y uno se encuentra forzado a empezar una y otra vez, como si el avance en esta disciplina fuese irremediablemente lento y, además, circular. De modo que la expresión aristotélica «la ciencia que se busca», a propósito de esta disciplina, es mucho más que una manera de hablar.

Si se me permite una nueva alusión a mi experiencia personal, debo confesar que he desistido de la búsqueda de soluciones definitivas y de respuestas últimas que yo intentaba en los años lejanos en que inicié mis estudios en esta especialidad. Entonces topé con el concepto de lo trágico, y creo que él me ha dado la medida de lo que puedo y no puedo esperar de la filosofía. Por lo demás, en ese terreno las preguntas han aumentado mucho más que las respuestas, y el terreno ignoto y por conquistar se extiende infinitamente más que el conocido y conquistado. Precisamente por eso este estudio propone una invitación a la metafísica, y, a pesar de su carácter general, no es tanto una introducción a la disciplina, como una sugerencia y una propuesta de acceso a su ámbito. Pero si su gestación remite a los años de docencia para estudiantes de cuarto curso de filosofía, también es a ellos a quienes se dirige especial-

INTRODUCCIÓN

mente esta invitación. Quiero advertir, pues, que se trata sobre todo de un material, de un instrumento que pretende ser de utilidad para alumnos de filosofía. Y así, junto al carácter de «memoria» y recuento al que antes se aludía, debo reconocer que las páginas que siguen tienen también un carácter de «proyecto» y propuesta pedagógica. Esto último justifica también las inevitables repeticiones que se encuentran en ellas, por las que ya desde ahora pido excusas.

En fin, y con respecto a las líneas que inspiran este ensayo, hay que señalar que, más que un programa sistemático de contenidos ante los que estoy definitivamente situada, se trata de un plan para abordar y formular problemas. En ese sentido asumo sin reservas el carácter de esbozo y de proyecto que tienen estas páginas. Se trata de una propuesta para reflexionar sobre temas que han sido desde siempre propios del pensar filosófico y de esa parte de la filosofía que una vez fue su tronco fundamental: la metafísica.

Entre otras cosas, la metafísica se ha ocupado muy señaladamente del problema de la posibilidad y los límites de la racionalidad, de la necesidad de establecer una frontera entre la vigilia y el sueño y, en última instancia, entre la razón y la locura. El empeño aristotélico de refutar a los que niegan el principio de no contradicción y el esfuerzo cartesiano de conjurar el peligro del «genio maligno» forman parte de una misma voluntad de custodiar el ámbito de la racionalidad e incluso de distinguir lo más precisamente posible la enfermedad de la salud. En este sentido puede decirse que a Descartes no le fue ajena la convicción shakespeareana de que «estamos hechos de la misma materia que los sueños» y, cuando se determinó a radicalizar su duda, antes de convertirla simplemente en una duda metódica, reconoció que la vigilia podría ser solo «una parte del sueño», que uno podría ser solo el sueño de otro, y la vida, la propia vida, un episodio del sueño eterno de alguien cuya identidad nos es desconocida. En ese caso, y en las inmediaciones de la reflexión de Schopenhauer, ¿no sería la razón una especie de relámpago fugaz en una larga noche de absurdo y sinsentido?

No es fácil distinguir, pero es necesario. La confusión de todo con todo no es, como decía Platón, propia del filósofo ni de la filosofía, sino más bien de ese simulacro del pensador y del pensar que es el sofista. En lo que sigue se ha tratado de dibujar una línea entre los ámbitos referidos, pero acaso conviene hacer una defensa del sofista, no por lo que en sí mismo es o representa, sino por los peligros que obliga a sortear: el sofista se burla de las divisiones y obliga a su adversario a pensar a fondo sus fundamentos, a definir su lógica, a afinar sus principios, aunque tal vez esos pares de contrarios —razón/locura; vigilia/sueño;

salud/enfermedad, etc.— no se encuentren netos y distintos en ámbitos delimitados y precisos. Quizás se encuentren mucho más cerca de lo que se podría sospechar. Quizás, aunque sea preciso distinguirlos, se encuentren en ocasiones mezclados y confundidos, e incluso formando parte unos de otros.

En todo caso, y por lo que respecta al problema sobre el que reflexiona este trabajo, el problema de la metafísica y los problemas del ser y de la nada, también estos últimos parecen evocarse mutuamente. Y tal vez habría que abandonar un planteamiento filosófico que, para abordar el problema ontológico fundamental, la pregunta por el ser, excluya el problema de la nada. En ese sentido, metafísica y nihilismo solo pueden excluirse cuando no han sido suficientemente pensados y experimentados. Es lo que sentencia Adorno en su reflexión sobre el nihilismo y sobre toda la charlatanería que se ha ido elaborando en torno a él: «lo que de verdad tendría que responder un pensador a la pregunta de si es un nihilista es: demasiado poco»[1].

Una tesis parecida alienta este trabajo, que intenta un recorrido demostrativo en dos partes. Cada una de ellas examina por separado los dos problemas aludidos para ir haciendo progresivamente patente, sobre todo en la segunda Parte, la vecindad y hasta la mutua implicación de esa doble temática.

La primera Parte aborda *la pregunta por el ser* bajo la perspectiva de la posibilidad y actualidad de una argumentación trascendental. Se han tomado como referencias (caps. 2, 3 y 4) los planteamientos respectivos de Aristóteles, Descartes y Kant, porque en cada uno de ellos me parece que se exhiben los elementos básicos de dicha argumentación. Pero antes (cap. 1) se ha intentado, por un lado, poner de relieve la singularidad de la noción de trascendentalidad y su relación estrecha con el ámbito de lo categorial; y, por otro, mostrar lo específico del método trascendental y de los argumentos trascendentales.

Para decirlo resumidamente: si la metafísica es, más que la respuesta a la pregunta por el ser, la reiteración de esa pregunta[2], si es preciso reconocer el carácter *recurrente* de los problemas metafísicos, entonces también el camino que ella hace suyo, el método, debe participar de esa característica. Como ha señalado Taylor, los argumentos trascendentales son un tipo de argumentos que podríamos denominar *regresivos*: son argumentos que establecen, tras algo generalmente

---

1. *Dialéctica negativa*, Taurus, Madrid, 1975, p. 379.
2. He desarrollado este aspecto en *El desafío del nihilismo. La reflexión metafísica como piedad del pensar*, Trotta, Madrid, 2005, pp. 23 y 29.

aceptado, algo de lo que no se puede dudar, sus condiciones de posibilidad.

De algún modo lo trascendental tiene que ver con *algo que sabemos, pero que no sabemos que sabemos*. Está relacionado con los *implícitos* con que operamos y conocemos; por eso, he tratado de ponerlo en conexión con la temática de los presupuestos, prejuicios, intereses (cap. 1). Es, de alguna manera, una *dimensión tácita*, para usar la expresión de Polanyi, que la filosofía, en su versión trascendental, trata de hacer explícita, y tiene que ver con el procedimiento que, a propósito de Sócrates, Platón asimila al de una partera o comadrona. Sobre todo, tiene que ver también con una concepción de la filosofía que, de acuerdo con Platón y con lo indicado por él a propósito de la dialéctica, consiste sobre todo en «aprender a mirar», en distinguir con precisión. De ahí que el auténtico magisterio no consista tanto en enseñar a ver cosas nuevas, como en mirar las mismas de otra manera; y de ahí también que la labor de análisis y división propia de la filosofía consista en distinguir neta y precisamente los presupuestos necesarios de las ilusiones inútiles. Es aquí donde encuentra su lugar el procedimiento trascendental, que no es un procedimiento deductivo, sino que se acerca más a la argumentación refutativa (Aristóteles) o autorreflexiva (Kant). Para decirlo de un modo que está presente en las reflexiones actuales sobre las condiciones de posibilidad del diálogo (Apel y Habermas), podríamos decir que son trascendentales las condiciones que hacen posible el diálogo, pero que nunca pueden establecerse mediante él. El diálogo las explicita, las ilumina, pero no las determina, porque él mismo está ya y desde siempre determinado por ellas.

Esto es también lo que al inicio de *Ser y tiempo* (§ 1), reconoce Heidegger, cuando, parafraseando a Kant, advierte que el negocio de los filósofos ha sido y seguirá siendo siempre arrojar luz sobre los «juicios secretos de la razón común». Heidegger reconoce también allí que tal es «el tema expreso de la analítica» y aunque es obvio que con el nombre de «analítica» se está refiriendo a su propio análisis del *Dasein*, uno no puede dejar de evocar allí la misma intención kantiana, el mismo espíritu «revolucionario»: «el arrogante nombre de una Ontología [...] tiene que dejar su sitio al más modesto de una mera analítica del entendimiento puro».

Pero en cualquier caso, una y otra «analíticas» operan sobre la base de la disolución del sujeto sustancial. Esta disolución, a la que parece conducir la reflexión kantiana, abre una brecha en el pensamiento y deja libre un camino que, aunque ya se había insinuado en varias ocasiones a lo largo de la historia y a pesar de la expresa prohibición de transitarlo, ahora se presenta en la doble vertiente de un peligro y de una liberación.

De eso trata el segundo apartado de este trabajo. La segunda Parte aborda *el problema de la nada* bajo una consideración compleja del nihilismo y del concepto de aquella. La nada, como el ser, también se dice de muchas maneras, y la pluralidad de sus sentidos se aborda en el capítulo 5 de este ensayo. Fenomenismo, relativismo y pesimismo son algunas formas triviales de entender el nihilismo, pero, si se buscan sus antecedentes en el mundo griego, en la mística cristiana y en el Romanticismo, el problema resulta mucho más rico y complejo.

Schopenhauer, Nietzsche y Heidegger (caps. 6, 7 y 8) resultan aquí no solo referencias obligadas, sino los hitos fundamentales de una metamorfosis del concepto, que experimentará un cambio, desde una acepción meramente negativa, hasta otra en la que se reconocerán sus efectos positivos y sus virtualidades. Los tres tienen en común el haber puesto de manifiesto la estrecha conexión y la implicación mutua entre ser y nada. Y los tres parecen reformular la pregunta de Leibniz para convertirla en esta interrogación: *¿Y por qué no la nada?* Pero cada uno de ellos realiza de manera singular ese tránsito y esa metamorfosis. No me extenderé aquí, solo señalaré que con el planteamiento de Heidegger el círculo se cierra y la nada no es ya lo otro que el ser, ni siquiera simplemente el velo del ser, sino la condición misma de posibilidad de lo que hay, el plano desde y sobre el que las cosas son y se destacan. Por eso, no puede extrañar aquella conversión que permite el paso desde la antigua convicción *ex nihilo nihil fit* hasta el reconocimiento de que *ex nihilo omne ens qua ens fit*.

AGRADECIMIENTOS

Son muchas las personas con las que me siento en deuda y a las que desearía expresar mi gratitud. En primer lugar, quisiera referirme a aquellos que, de una manera u otra, me introdujeron y me orientaron en el campo de la filosofía. En particular a mi hermano Rafael. Pero también a mi profesora de Lengua y Latín de bachillerato, María Dolores Caballero, a la que estoy profundamente agradecida. De mis años de formación en la Universidad de Granada, quisiera destacar el extraordinario magisterio del profesor Pedro Cerezo en los ya lejanos años setenta. A él debo la convicción de que la buena exposición de un pensamiento y de un autor solo es posible desde una previa afinidad afectiva. En Madrid y en la Universidad Complutense tuve oportunidad de tomar contacto con formas de entender y ejercer la filosofía muy distintas y, en ocasiones, difícilmente conciliables. Pero de aquellos años guardo un recuerdo especialmente grato de la asignatura de Ontología y de la persona que la impartía, el profesor Ángel Currás. Junto a él quiero destacar al profesor Sergio Rábade y al profesor Antonio López Molina. Al primero debo el apoyo y el seguimiento interesado de mi tesis doctoral de la que él fue director; el profesor López Molina fue un compañero insustituible que me ofreció, desde otros compromisos filosóficos, la oportunidad de matizar los míos. De un modo muy especial quiero destacar en este apartado al profesor Tomás Calvo: su docencia y su investigación han sido siempre un ejemplo para mí. Sus clases de Metafísica, a las que tuve la suerte de asistir, constituyeron un referente clave de lo que entonces, y todavía hoy, pienso que debe ser la profesión de la filosofía. Además, quisiera expresar mi gratitud a mis compañeros del Departamento de Filosofía II y de manera especial a Juan Antonio Estrada, Pedro Gómez y Álvaro Vallejo cuyo apoyo, ánimo y amistad me han acompañado siempre a lo largo de estos últimos años.

En segundo lugar, deseo mencionar a mis alumnos. Quizás no es preciso subrayar el carácter vocacional que tiene una actividad como la docencia. En mi caso, puedo decir que ha constituido tal vez la parte esencial de mi trabajo, pero hubiera sido una vocación frustrada si no hubiese encontrado en ellos la receptividad y el apoyo que hacen posible toda labor docente. Para mí han sido siempre un estímulo y gracias a ellos he conseguido algo que no tiene precio: el poder disfrutar con el trabajo al convertir la inclinación en profesión. En algunos nombres de antiguos alumnos, hoy ya profesores o investigadores, quisiera resumir los de todos: Encarnación Ruiz, Inmaculada Hoyos, José Bernal y Juan Antonio Blanco.

Al editor, Alejandro Sierra, quiero agradecer su interés y su estímulo para publicar este ensayo. Y ya, en último lugar, aunque por tantos aspectos el primero, quisiera expresar mi gratitud a mis amigos, a mi familia y, sobre todo, a Pietro.

I
LA PREGUNTA POR EL SER («¿POR QUÉ ES EL ENTE...

«Hay una ciencia que estudia lo que es, en tanto que algo que es, y los atributos que, por sí mismo, le pertenecen.»
Aristóteles, *Metafísica* IV, 1003a 20

«El arrogante nombre de una Ontología [...] tiene que dejar su sitio al modesto nombre de una mera analítica del entendimiento puro.»
I. Kant, *KrV* A 247/B 303

«[...] lo 'obvio' y solo lo obvio —'los secretos juicios de la razón común' (Kant)— debe ser y continuar siendo el tema expreso de la analítica ('el quehacer de los filósofos').»
M. Heidegger, *Ser y tiempo*, Introd., § 1

1

EL PROBLEMA DE LOS PRESUPUESTOS
Y EL ÁMBITO DE LO TRASCENDENTAL

1. HIPÓTESIS, INTERESES, PREJUICIOS, ILUSIONES:
EL PROBLEMA DE LOS PRESUPUESTOS

Todos los comienzos son difíciles. Al menos, eso dicen aquellos que han vivido mucho y que, por lo tanto, han comenzado más de una vez. Uno podría decir que el inicio de la escritura está lleno de brumas, que es oscuro, borroso, impreciso, y hasta algo paradójico. Por ejemplo, deseaba empezar diciendo que ningún discurso carece de supuestos, y este tampoco. Pero un enunciado así desacredita ya de hecho el intento de poner «todas las cartas encima de la mesa», de no esconder absolutamente nada, de ser total y completamente transparente. Querer decirlo todo, reconociendo a un tiempo las limitaciones inherentes a todo discurso (supuestos, prejuicios, intereses), es ilusorio. Pero es algo más: entre aquella voluntad, que es casi una necesidad, y esta imposibilidad se juega algo de nuestro destino, y se juega también algo del destino mismo de la filosofía.

La filosofía, al menos en cuanto reflexión radical, es decir, como metafísica, trata de supuestos, de prejuicios, de intereses; se ocupa, en general de *presupuestos*, pero, naturalmente, no de cualesquiera, sino de aquellos que, por su carácter singular, tienen también un estatuto especial. Decía Heidegger parafraseando a Kant que «el quehacer de los filósofos» no es otro que «los secretos juicios de la razón común»[1]. Y con tal consideración se hace patente una vez más la estrecha vinculación de filosofía y *lógos* (razón, discurso), pero de un *lógos* que, siendo común, es al mismo tiempo secreto, oculto, no manifiesto. La filosofía se cumple en

---

1. *Ser y tiempo*, § 1, trad., prólogo y notas de J. E. Rivera, Trotta, Madrid, ²2009, p. 25.

ese afán de patentizar lo latente, de iluminar lo oscuro, de llevar a cabo una labor de inspección, de introspección (para decirlo con Kant, de reflexión trascendental), que conduce al *reconocimiento* de algo que, de alguna forma y como ocurre en todo re-conocimiento, «ya se sabía».

Se trata, pues, de sacar a la luz y hacer conscientes aquellos elementos que tal vez operen ya desde siempre en todo discurso, en todo lenguaje, en ese intento de aproximación que es la comunicación. Digo «tal vez», porque no quiero prejuzgar de momento que existan elementos de tal especie (que operen ya *desde siempre* en *todo* discurso...); pero la posibilidad misma de una parte de la filosofía —la metafísica en su versión trascendental, es decir, la ontología— depende de la existencia de tales elementos.

Este estudio trata de ese problema, pero, antes de internarme en su planteamiento y en sus posibles soluciones, quiero matizar algunas cosas a propósito de la honda vinculación entre filosofía y *lógos*. Por un lado, y como he apuntado más arriba, la voluntad de «decirlo todo», de manifestar todo, de ilustración completa, solo puede acabar en frustración cuando se reconoce, de acuerdo con las ya clásicas consideraciones de Freud y de Nietzsche, que no hay voluntad de verdad pura y desinteresada, que todo, incluida la más pura voluntad de verdad, está movido por intereses. Por otro, es un tópico considerar que el instrumento, el único instrumento con que contamos para esa tarea de desvelar supuestos, el lenguaje, está lleno de deficiencias y es a menudo demasiado rudimentario, demasiado tosco:

> El lenguaje es inútil cuando se trata de decir la verdad, de comunicar cosas, solo permite al que escribe la aproximación, siempre y únicamente una aproximación desesperada y, por ello, dudosa, al objeto; el lenguaje solo reproduce una autenticidad falsificada, una deformación espantosa. Por mucho que el que escribe se esfuerce, las palabras lo aplastan todo contra el suelo y lo dislocan todo y convierten la verdad total en mentira sobre el papel[2].

Y entonces, ¿qué hacer? La renuncia a lo absoluto y la renuncia a la verdad parecen conducir únicamente al silencio. Pero podría ocurrir que esas dos renuncias no fueran equivalentes. Como advierte Habermas siguiendo a Adorno[3], la filosofía ha renunciado a lo absoluto, pero no puede renunciar a la verdad. Esta retirada, que ha costado siglos y que ha limitado las pretensiones de la que en otro tiempo fue reina de

---

2. Th. Bernhard, *El frío. Un aislamiento*, Anagrama, Barcelona, 1987, p. 84.
3. «¿Para qué seguir con la filosofía?», en *Perfiles filosófico-políticos*, Taurus, Madrid, 1984, p. 15. Ver también mi libro *El desafío del nihilismo. La reflexión metafísica como piedad del pensar*, Trotta, Madrid, 2005, pp. 58 ss.

las ciencias, no significa necesariamente una claudicación, sino, tal vez y más positivamente, el resultado de una reflexión crítica e ilustrada sobre los propios límites. En todo caso significa también que una vía queda abierta frente al silencio: la escritura, el diálogo, la palabra. Y así, al *reconocimiento* (el examen, la inspección) de los límites inherentes a la palabra, sigue otro *reconocimiento* (agradecimiento, gratitud) distinto y no menos importante: el lenguaje es todo lo que tenemos.

Con esta vocación de fidelidad al lenguaje surge y se desarrolla la filosofía. Como advierte G. Colli, desde Platón hasta nosotros, la filosofía se determina como una «actividad educativa ligada a una expresión escrita, a la forma literaria del diálogo» y «la filosofía posterior, nuestra filosofía, no es otra cosa que una continuación, un desarrollo de la forma literaria introducida por Platón»[4]. Detengámonos un momento en esa caracterización.

En Platón, repitámoslo, se trata de una actividad educativa, es decir, de una actividad que no dejaba igual al que la aprendía. El aprendizaje de la filosofía suponía un cambio, un enriquecimiento, hasta el punto de que no se salía de ella igual que se entraba. Para los griegos, aprender filosofía era aprender a vivir, a orientarse en la vida. La teoría no estaba entonces separada de la práctica: aprender era lo mismo que profundizar en la condición humana y llegar a ser mejor. Basta recordar el final de *Gorgias*, cuando Sócrates concluye que aprender a vivir consiste «en practicar la justicia y todas las demás virtudes» (527e). Pero para aquello, para orientarse en la vida, para aprender a vivir, los griegos proponían extrañarse de lo obvio, asombrarse de lo cotidiano, indagar más allá de las apariencias; algo que, diferencias aparte en otras cosas, parece que sigue siendo hoy tarea de la filosofía: distinguir lo verdadero de lo aparente. Y esta necesidad de distinguir lo que parece de lo que es verdad explica que la filosofía asuma la tarea de desenmascarar y de descubrir. Desde esa consideración cabe entender también la filosofía como análisis de *presupuestos*, pero de una manera distinta a como acaba de señalarse más arriba. Los presupuestos hay que entenderlos ahora como prejuicios, como ilusiones, en el sentido negativo y crítico que la Ilustración dio a estos términos. En ese sentido G. Deleuze ha señalado que la filosofía consiste en la práctica del desengaño, en el infatigable ejercicio de la desilusión. Y eso explica también que la filosofía haya sido en ocasiones —por más que resulte paradójico, si se tiene en cuenta la intencionalidad primera y platónica— sinónimo de desmoralización.

---

4. Cf. G. Colli, *El nacimiento de la filosofía*, trad. de C. Manzano, Tusquets, Barcelona, 1977, p. 11.

Pero la paradoja desaparece si se tiene en cuenta el doble sentido del término «ilusión»: fuerza vital, empuje, por un lado; y, por otro, representación falseada que nos confunde sobre la verdadera naturaleza de las cosas. Conviene tener esto en cuenta en tiempos como estos, en los que ya no resulta tan claro que la filosofía pueda elevar el tono moral y parece que tuviera que pulverizar las ilusiones. Siempre cabe preguntar si es posible vivir sin ilusiones; si la filosofía debe distinguirlas o sencillamente eliminarlas. Y finalmente cabe también preguntarse si no es posible llevar a cabo una rehabilitación del término «ilusión», tan criticado por la filosofía del XIX y, en concreto, por la llamada «escuela de la sospecha», una rehabilitación parecida a la que intentó Gadamer a propósito de los «prejuicios», tan denostados por la Ilustración. De momento solo deseo plantear el problema sin adelantar una respuesta.

Volviendo a nuestro punto de partida, hay que reconocer la esencial vinculación de la filosofía al *lógos*. Que la filosofía, en cuanto reflexión radical acerca de «lo que es» con pretensiones de ultimidad y universalidad, es decir, como *metafísica*, haya sido denominada *ontología* no puede sorprender, pues ella es, en sentido fuerte y como señala Aubenque, «palabra sobre el ser». Pero hay algo más: también ya desde antiguo, desde Platón hasta hoy, este *lógos* ha tomado la forma de la conversación y del intercambio: del *diálogo*.

El diálogo es la forma fundamental del discurso, de la razón. Que ese diálogo lo hable el alma consigo misma o se entable entre dos o más almas, poco importa; lo fundamental es que a través de (*diá*) la palabra (*lógos*) el hombre intenta orientarse en este mundo y emprender el camino hacia la verdad. Y así como no es posible desligar la *meta* del camino elegido para llegar hasta ella (el *método*), así tampoco es posible separar la búsqueda de la verdad del instrumento dispuesto para ella. Las condiciones de posibilidad de la verdad no parece que puedan ser ajenas a las condiciones que hacen posible el diálogo. Estas condiciones tienen sin duda el carácter de supuestos, de hipótesis, en el sentido de lo que está siempre ahí debajo y condiciona —se quiera o no, se sepa o no— nuestro discurso. Si existe algo así, se trata, pues, de *presupuestos*, pero no de presupuestos cualesquiera, sino de presupuestos últimos. Porque podría muy bien ocurrir que así como existen presupuestos, prejuicios, ilusiones, que son como un lastre que nos impide vivir, o que, al menos, estorban nuestro esfuerzo por llegar a la verdad, existan también presupuestos que sean imprescindibles para orientarse, condiciones de posibilidad para vivir[5].

---

5. En su obra *Ideales e ilusiones*, McCarthy plantea esta posibilidad y alude a la necesidad de distinguir el estatuto de los prejuicios, que la Ilustración entendió siempre de

En este caso habría que reconocer que no se puede prescindir de todos los prejuicios, y que Gadamer tiene toda la razón en su esfuerzo por llevar a cabo una rehabilitación de los mismos. A esta clase de presupuestos habría que llamarlos *trascendentales*, en el doble sentido, usual y filosófico, que tiene el término: en primer lugar, porque se trata de algo que tiene una importancia fundamental; y, en segundo lugar, porque se trata de condiciones o presupuestos imprescindibles para que el *lógos* mismo tenga lugar.

Sin prejuzgar todavía si tales presupuestos últimos existen y cuáles son, su búsqueda misma tiene ya el carácter de lo buscado, y así como puede calificarse de «metafísica» la indagación acerca de lo que es (*ens, ón*) con pretensiones de *universalidad y ultimidad*, se puede denominar «trascendental» la búsqueda de aquellos presupuestos *últimos* que, aunque sea ocultamente, se hallan presentes *siempre* en nuestro uso y en nuestra práctica del *lógos*.

En todo caso, de la respuesta a la pregunta «¿se puede prescindir de todos los prejuicios o es preciso reconocer que hay algunos que son imprescindibles para nosotros y que son *posibilitadores* de nuestra actividad vital?», depende la posibilidad o imposibilidad de la metafísica o, si se prefiere, de una ontología trascendental. Y depende también el modo en que entendamos el ejercicio de la filosofía, en cuanto «filosofía primera». En el caso de que se decida prescindir de todos los prejuicios, tendríamos que la actividad filosófica se realiza como *de-construcción*. La filosofía es solo crítica de las ideologías, de las ilusiones; su labor se realiza como negación y como denuncia, y su progreso es negativo en el sentido de que avanza «descartando» posibilidades. En el caso de reconocer que no es posible prescindir de todos los prejuicios, la filosofía se nos presenta como tarea crítica y también como *re-construcción*. Se trata de llevar a cabo una doble labor negativa y positiva: la filosofía sigue siendo crítica de las ilusiones, pero también reconocimiento de los supuestos que tienen el estatuto de «condiciones de posibilidad».

Estas «condiciones de posibilidad» han afectado a lo largo de la historia al ser, al conocimiento o al lenguaje, correspondiendo así con tres grandes etapas de la metafísica, representadas por el realismo, el idealismo y la hermenéutica. Todas ellas, a pesar de sus diferencias, tie-

---

forma negativa, pero que luego Gadamer se vio en la necesidad de rehabilitar. Me refiero a la diferencia entre aquellos prejuicios que son un lastre y que, en cuanto *ilusiones*, deben ser objeto de crítica, y otros prejuicios, absolutamente necesarios, que deben ser objeto de rehabilitación y de reconocimiento, aunque tengan el estatuto de *ideales*, en el sentido kantiano.

nen en común la búsqueda de supuestos últimos o *trascendentales*, en el siguiente y doble sentido: se trata, en primer lugar, de supuestos últimos o trascendentales, en el sentido de que están «más allá» de lo inmediato (por eso son trascendentales, en cuanto metafísicos); y se trata, en segundo lugar, de supuestos últimos o trascendentales, en el sentido de que son imprescindibles (por eso son trascendentales, en cuanto condiciones de posibilidad).

Para designar la búsqueda misma de esos presupuestos y el resultado, haré uso del término «ontología», diferenciándola de aquella otra materia que hacía coincidir esa pregunta con la que recaía sobre la Entidad suprema («teología»). Por otro lado, la indagación que propongo en las páginas que siguen me atrevo a llamarla «trascendental», aun cuando tengo conciencia de no respetar absolutamente los términos en que esa investigación tiene lugar en aquel pensador que, si bien no acuñó el término, lo dotó al menos de tal fuerza y originalidad que hoy es imposible dejar de asociarlo a su investigación. Me refiero a Kant. A pesar de todo, creo que puede aspirar a la denominación de «trascendental» aquella reflexión que se ocupa de las condiciones que hacen posible el diálogo y que, precisamente por ello, no se establecen mediante él. A lo sumo, el diálogo las explicita, pero no puede aspirar a determinarlas, porque él mismo está *determinado y conformado* por ellas. No prejuzgo, de momento, nada más... Y nada menos. Y aunque, como se verá, se precisa una noción revisada y «transformada» de la filosofía trascendental (tal es el caso de la actual pragmática trascendental[6]), la expresión continúa siendo válida, pues, al fin, se sigue tratando de «los secretos juicios de la razón común», y este ha sido y sigue siendo «el quehacer de los filósofos».

Intentaré clarificar en lo que sigue las nociones de metafísica, ontología y trascendentalidad, así como la forma en que la noción misma de *diálogo* ha influido en el contenido y las relaciones de tales conceptos. Ahora, y tras señalar muy sumariamente la posibilidad de que existan supuestos que pueden considerarse inherentes a la reflexión, quisiera mencionar, también sumariamente y hasta donde me es posible, algunos míos en la medida en que ellos «dan razón» o marcan las páginas que siguen. Si ningún discurso carece de supuestos, tampoco este carece de ellos. En lo que a él respecta, he tratado de permanecer fiel a dos autores y a dos críticas que están aparentemente en las antípodas. Se trata de las reflexiones respectivas de Kant y de Nietzsche. A medida que avanzaba en la elaboración de este escrito, y en un proceso que tiene algo que ver con el conocido

---

6. Véase al respecto mi libro *El desafío del nihilismo*, cit., pp. 58-60.

«círculo hermenéutico», se han ido haciendo para mí algo más claras, algo más comprensibles, algunas claves que siempre y más o menos conscientes estuvieron ya ahí, es decir, en mi propio «interés» por la filosofía. Se trata en cierto modo de atender a dos necesidades que, al menos en principio, no resultan fácilmente conciliables: la necesidad de permanecer fiel a las enseñanzas extraídas de la reflexión nietzscheana, la fidelidad a un autor cuya lectura ha sido siempre estimulante y digna de gratitud, y otra necesidad de suelo firme, de compromiso, de arraigo. Quizás no sea posible dar cumplida satisfacción a ambas urgencias, pero deseo intentarlo. Y antes de abandonar, por miedo o por comodidad, la tierra movediza de «la sospecha»; y antes también de instalarme en ella sin crítica, por previsión de un fracaso posible o por pereza; antes de todo eso, desearía intentar un diálogo —no una dialéctica, con superación asegurada— entre ambos contendientes. Quizás sea posible el acuerdo. Quizás no. Todo depende de que el enfrentamiento sea o no trágico. De que ambos contendientes, a los que presupongo ya razón y sinrazón, sean capaces de escucharse y comprenderse mejor a sí mismos en la comprensión del otro. No anticipo un resultado: planteo el problema. Y creo que mi negativa a la anticipación del final no se justifica en la elusión de compromisos, sino más bien en otra fidelidad: la fidelidad al ideal ilustrado de apartar en lo posible las soluciones dictadas por el miedo o la pereza, por la precipitación o la simple autoridad no sometida al tribunal de la razón. Desde luego, el esfuerzo por tal conciliación no prejuzga en modo alguno un «buen» resultado, pero sería imposible de realizar si se contara con el fracaso como con un destino.

En términos menos concretos y subjetivos, podría decir que las reflexiones que siguen expresan la necesidad de luchar contra el nihilismo y el reconocimiento de que este es en nuestro tiempo un hecho incuestionable. Frente a Heidegger y a Nietzsche, tal vez no haya que pensar que la metafísica sea el ritmo, la cadencia particular del nihilismo. Al menos que no es eso solamente. Decía Hölderlin que allí donde crece el peligro crece también lo que salva, y pienso que ahí se contiene una extraña y paradójica lección sobre el sentido de la metafísica: ella puede ser la expresión del nihilismo, pero puede ser también el camino hacia su superación.

2. EL ÁMBITO DE LO TRASCENDENTAL

2.1. *Metafísica, trascendentalidad e historia*

La actitud de uno de los grandes representantes del pesimismo de todos los tiempos, que hoy goza del favor del nuestro, no parece alentar duda alguna acerca de la naturaleza de la especulación metafísica. Schopenhauer cifraba la necesidad de traspasar los límites estrictos de la experiencia en dos condiciones universales: el desarrollo de la inteligencia por encima del umbral estrictamente animal, y la experiencia del dolor y de la muerte. Ambas cosas, constitutivas de la condición humana, originaban la necesidad metafísica que es, por la naturaleza misma de sus condicionantes, una necesidad universal.

Quizás la historia toda del saber humano describa un esfuerzo inútil, que la imaginación griega elevó a la estatura de un melancólico Sísifo; quizás el resultado de la especulación metafísica no sea distinto del que se auguraba en la antigua sentencia bíblica del *Eclesiastés*: «Y comprendí que también eso es caza de viento, pues a más sabiduría más pesadumbre, y aumentando el saber se aumenta el sufrir» (1, 17-19). Pero, independientemente del lugar a donde conduzca el deseo platónico de la sabiduría y el esfuerzo humano por el conocimiento, parece que ese esfuerzo y aquel deseo no se hubieran producido sin una cierta experiencia. Y seguramente fue el devenir mismo, la experiencia de la caducidad y del cambio, lo que condujo a los primeros filósofos griegos a la búsqueda de lo permanente, de lo inmutable y de lo esencial. Esa búsqueda no solo inició la investigación metafísica, sino que, además, determinó su carácter, hasta el punto de que la metafísica es más el objeto de una búsqueda incesante que una disciplina definitivamente constituida.

Hablamos de experiencias radicales: la experiencia del dolor, de la caducidad, a la que podría añadirse la experiencia actual de la «huida de los dioses»... Y aún cabría referirse a otro tipo de experiencias, quizás no tan patéticas, pero sin duda igualmente radicales: la experiencia de la comunicación lingüística y social, la experiencia de la historicidad del ser humano, etc. A estas experiencias radicales cabe asociar la metafísica: se trata de experiencias radicales desde una doble dimensión perfectamente articulada: radicales en cuanto que apuntan (y lo abren cada una de ellas a su modo) al ámbito *último* del sentido (ultimidad), y en cuanto que lo hacen inevitablemente de modo *totalizador*, situando al hombre en su relación con la totalidad de lo real (universalidad).

Desde la perspectiva de tales experiencias se hace posible una primera aproximación, siquiera sea por el momento de carácter meramente formal, a los rasgos fundamentales de la metafísica como búsqueda *meta*-física. En efecto, el «meta» de la palabra «metafísica» no indica otra cosa que aquellos rasgos de *ultimidad* y de *universalidad* que caracterizan su preguntar. Tal vez nadie lo ha expresado en nuestra época con mayor rigor y perspicacia que el propio Heidegger en el capítulo primero de su *Introducción a la metafísica*.

Tal vez —y también se acaba de señalar con la referencia al *Eclesiastés*— un cuestionar con pretensiones de ultimidad y universalidad no sea a la postre sino un intento de «cazar el viento». En todo caso, y en esta previa y primera aproximación, puede señalarse que la ultimidad y universalidad del pensar metafísico ha apuntado siempre *al ser* (ultimidad) *de cuanto es* (universalidad). Cuanto es —lo que es— se denominó desde los griegos «ente» (*ón*), y de ahí que la búsqueda teórica correspondiente viniera a considerarse *ontología*. Acaso la pregunta metafísica por lo que es o hay en su totalidad deba abandonarse, como han aconsejado siempre todos los empirismos; pero no es este todavía el momento de decidir dogmáticamente sobre tan problemática cuestión. Y probablemente la pregunta por el ser de cuanto es tenga el rango de elemento constitutivo del ser mismo del hombre que interroga y pregunta por el ser.

Por otra parte, ultimidad y universalidad se coimplican mutuamente de modo inevitable, como sería fácil de comprobar en la propia indagación de todos los grandes filósofos desde Platón (al menos) hasta Heidegger (al menos, también). Y ello porque tal coimplicación (de ultimidad y universalidad) es estructural, independientemente de que la ontología adopte o no un forma onto-teo-lógica. A esta ineludible coimplicación estructural apuntaba Aristóteles cuando, en el libro VI de la *Metafísica* decía, refiriéndose a la «filosofía primera», que esta última «es universal así: porque es primera»[7]. Igualmente cabría decir que «es primera así: porque es universal». Pues bien, estos rasgos de universalidad y ultimidad han encontrado un importante vehículo expresivo en las nociones de *trascendentalidad* y de *trascendencia*, donde la preposición latina *trans*, ha venido a matizar la griega *metá*. Y es de sobra conocido cómo los matices que respectivamente marcan uno y otro de aquellos términos («trascendentalidad»/«trascendencia») constituyen los dos polos de una tensión sentida en el seno mismo del pensar metafísico, la tensión entre las orientaciones ontológica y teológica de la metafísica.

La reflexión que sigue (en cierto modo, la metafísica que buscamos) se determina primariamente como metafísica trascendental, como ontología. Y, de acuerdo con lo que se ha señalado más arriba, ha de entenderse que, más que una disciplina definitivamente constituida, lo que se busca es abrir un ámbito de reflexión ontológica y mantenerlo abierto. Por lo demás, ha de señalarse igualmente que la metafísica trascendental (ontología) se impone, en tanto que ámbito de reflexión, desde una

---

7. *Metafísica* (en lo sucesivo, *Met.*) VI, 1 1026a 30. Introducción, traducción y notas de T. Calvo Martínez, Gredos, Madrid, 1994.

doble e ineludible instancia: desde el propio acontecer y constituirse histórico de la metafísica, y desde las posibilidades y exigencias de nuestro momento histórico en orden a un pensar crítico y reflexivo. Esto último requiere, a su vez, dos matizaciones fundamentales que afectan al sentido de lo que se dirá a continuación. En primer lugar, las exigencias de la historia de la metafísica y las posibilidades actuales de un pensar metafísico-ontológico son en realidad inseparables. En este sentido, es preciso asumir las implicaciones ontológico-históricas del pensamiento hermenéutico. En segundo lugar, es preciso reconocer que, de esta manera, nuestro planteamiento queda afectado de modo inevitable por la tensión vivamente sentida en la reflexión filosófica actual: la tensión entre el punto de vista hermenéutico y el punto de vista trascendental.

De momento quede constancia de que de esa búsqueda que constituye a la metafísica misma forma parte una actitud autocrítica. Y en tal actitud desempeña un papel fundamental la atención a la historia. Si es verdad que los hombres que no tienen memoria están condenados a no ubicarse adecuadamente en el presente, entonces también es cierto que toda actitud crítica que se precie ha de volver la vista atrás y constituirse en el diálogo con otros pensadores. No en vano Aristóteles, Kant y el propio Heidegger constituyen ejemplos relevantes de esa actitud crítica mediada por la reflexión histórica. Y más aún: el diálogo con la historia viene impuesto por la propia naturaleza de la reflexión, según la perspectiva hermenéutica, porque, desde siempre, estamos inmersos en una tradición, porque *somos* lo que *fuimos*.

2.2. *Origen y evolución del concepto de lo trascendental: el contexto filosófico aristotélico y el kantiano*

Antes de que Kant lo convirtiera en uno de los centros nucleares de su reflexión, el término «trascendental» tenía una larga historia y un profundo contenido filosófico. Y cabe plantear la cuestión de si, habida cuenta de la disparidad de presupuestos que en cada caso asume la reflexión filosófica, el término conserva o no el mismo sentido.

Es verdad que aunque Aristóteles mismo no utilizara nunca el término, podría afirmarse, como se verá en lo que sigue, que la suya es una reflexión interesada por lo trascendental. Una buena muestra de esto mismo es la afirmación que inicia el libro IV de la *Metafísica*, y que dice que hay una ciencia de lo que es en tanto que algo que es y de las propiedades que de suyo le pertenecen. Esta ciencia no coincide con ninguna de las llamadas ciencias particulares y se ocupa, además, de los principios y las causas más altas. En la época medieval estas propiedades fueron llamadas trascendentales. No se trata de géneros ni de categorías, sino de los atributos o predicados más generales que todo lo que es (*ens*), por el hecho de ser, posee. De acuerdo con Zubiri[8], pueden considerarse trascendentales las propiedades y principios que convienen a todo lo que es real en tanto que es real, independientemente de su talidad.

Apoyándose en la expresión aristotélica según la cual hay una ciencia de lo que es en tanto que algo que es y de las propiedades que de suyo le convienen, se diseñó en la filosofía medieval una doctrina de los trascendentales, entendiendo por estos aquellas propiedades y principios característicos de lo que es en tanto que algo que es. Y en el ámbito concreto de las propiedades trascendentales santo Tomás destaca, junto al *ens* mismo, el resto de las propiedades trascendentales: *res, unum, aliquid, verum* y *bonum*[9].

Sin embargo, y a partir de la reflexión kantiana, se manifestará un uso absolutamente nuevo y distinto del concepto de lo trascendental. De momento, cabe advertir que la reflexión kantiana se destaca sobre la oposición a Aristóteles, pero también a Hume. Kant y Aristóteles difieren en el concepto de naturaleza. Para Aristóteles, naturaleza o *physis* es lo que las cosas son en sí mismas. Para Kant, la naturaleza es el conjunto de los objetos de experiencia. Pero «objeto de experiencia» es todo lo que nosotros podemos aspirar a conocer. Es el fenómeno, opuesto a la cosa en sí o noúmeno. Nuestro conocimiento es siempre conocimiento de fenómenos. Y Kant suscribe así una posición fenomenista en el sentido gnoseológico. Con todo, se trata de un fenomenismo profundamente matizado por la orientación distinta que lo separa de Hume.

La posición fenomenista que Kant suscribe es perfectamente compatible con la aceptación de un conocimiento universal y necesario. Y en esto difieren Kant y Hume, a saber: en el modo como cada cual resuelve el problema de la universalidad y en el sentido distinto que cada uno atribuye al término «principio». Por lo que respecta al problema de la universalidad, Kant sostiene que cuando la universalidad es esencial a un juicio (tal es el caso de los juicios *a priori*, ya se trate de juicios analíticos, ya sintéticos), la fuente de la cual procede dicho juicio no puede ser la experiencia. Para Hume, esta universalidad es simplemente inexistente: no existen juicios universales y necesarios. Y no hay más juicios *a priori* que los juicios analíticos, pero estos juicios no amplían

---

8. Cf. X. Zubiri, *Sobre la esencia*, Sociedad de Estudios y Publicaciones, Madrid, 1972, pp. 376 ss.
9. Cf. Tomás de Aquino, *De veritate* I, 1.

nunca nuestro conocimiento y se limitan a atribuir redundantemente a un sujeto lo que ya estaba contenido en su concepto. Hume no admite otra fuente de conocimiento distinta de la experiencia, y esta no confiere jamás universalidad y necesidad a los juicios.

En cuanto al sentido del término «principio»[10], una posición empirista como la de Hume lo entiende siempre como sinónimo de origen en el sentido temporal o cronológico. Los principios auténticos no pueden ser otros que las sensaciones. Y la filosofía, como indagación de principios, cumple su cometido cuando explica la génesis de las ideas. En cambio y según Kant, la filosofía debe buscar los principios verdaderos acerca del ser de las cosas. Pero «principio» no es ya sinónimo de origen en el sentido temporal, sino de fundamento. Y estos principios verdaderos coinciden, además, con los primeros principios del entendimiento humano. Con todo y a pesar de la diferencia notable que lo separa de Hume, Kant está ya muy lejos del planteamiento dogmático tradicional, y de esta distancia es perfectamente consciente, cuando propone el cambio del «arrogante nombre de una ontología» por el otro «más modesto» de «analítica»:

> La analítica trascendental llega, pues, a este importante resultado: lo más que puede hacer *a priori* el entendimiento es anticipar la forma de una experiencia posible; nunca puede sobrepasar los límites de la sensibilidad —es en el terreno demarcado por esos límites donde se nos dan los objetos—, ya que aquello que no es fenómeno no puede ser objeto de experiencia. Los principios del entendimiento puro no son más que principios de la exposición de los fenómenos. El arrogante nombre de una Ontología que pretende suministrar en una doctrina sistemática conocimientos sintéticos *a priori* de cosas en general (el principio de causalidad, por ejemplo) tiene que dejar su sitio al modesto nombre de una analítica del entendimiento puro[11].

Por su parte, Aristóteles y el pensamiento escolástico-medieval inspirado en él suscriben una metafísica realista que toma en consideración, entre otras cosas, lo que es en tanto que algo que es (*ens qua ens*) y lo que le corresponde de suyo. Mientras que el planteamiento kantiano, pasado por el tamiz de la crítica característica del pensamiento moderno, se ocupa del estudio del objeto en cuanto objeto (*obiectum qua obiectum*). En ambos casos, puede decirse que son trascendentales aquellas propiedades

---

10. Cf. X. Zubiri, *Cinco lecciones de filosofía*, Moneda y Crédito, Madrid, 1970, pp. 71 ss.
11. *Crítica de la razón pura* (en adelante *KrV*) A 247/B 303, trad. de P. Ribas, Alfaguara, Madrid, 1983.

de todo lo que es real en tanto que es real. En ambos casos se requiere también la misma universalidad para el ámbito de lo trascendental. Pero hay un importante viraje: en un caso la ontología se ocupa del ente, en el otro, del objeto. Cuando la ontología se define a sí misma como saber de objetos, entonces nos hallamos ante una metafísica de la subjetividad, cuya interpretación del mundo es ya muy distinta. El mundo es concebido como representación, y, en cuanto tal, consta de dos elementos básicos, correlativos e interdependientes —sujeto y objeto—, de tal modo que el objeto es algo referido a y dependiente de un sujeto que lo representa. Tanto en el contexto aristotélico-medieval como en el kantiano, la metafísica es entendida como ciencia de los primeros principios. Pero la significación ha cambiado: mientras que en el contexto realista estos primeros principios lo son del ente en cuanto tal; en el contexto crítico, lo son del objeto, o, más estrictamente, del pensamiento del objeto, y, en la medida en que este es representado por un sujeto, coinciden con los primeros principios del entendimiento humano.

Sin obviar las diferencias apuntadas, pero yendo más allá de ellas, Zubiri ha subrayado que el término «trascendental» conserva básicamente las mismas características en el contexto aristotélico-medieval y en el contexto kantiano[12]. Brevemente, la posición de Zubiri es la siguiente: la Escolástica llama trascendentales a aquellas propiedades y principios que convienen a todo lo que es real en tanto que es real, independientemente de su talidad; para la filosofía moderna, en cambio, lo trascendental es, además, un carácter del yo. Esto es algo que no puede extrañar, ya que, en este último caso, el concepto de realidad viene dado por las condiciones de inteligibilidad. El yo es trascendental, porque consiste básicamente en ir a los objetos, en salir de sí mismo, en trascenderse. Pero hay que entender rectamente el término «trascender», el cual indica no un «ver», sino un «hacer» (el objeto no es meramente aprehendido, sino «puesto»). Y así, el yo es trascendental, primero, porque sale de sí, y, en segundo lugar, porque, al salir de sí, «pone» el carácter trascendental de los objetos.

Según Zubiri, solo aparentemente hay un cambio significativo entre el contexto moderno-kantiano y el aristotélico-medieval. Los dos momentos del trascendentalismo del yo subrayados son trascendentales en el sentido clásico. El primero, porque el yo referido es el yo puro, el yo como pura realidad, independientemente de su talidad (que es la que definiría al yo empírico); el segundo, porque lo que «pone» *a priori*

---

12. Véase X. Zubiri, *Sobre la esencia*, cit.

el yo es aquello en lo que deben coincidir los objetos; lo único que ha cambiado es la procedencia del *a priori*, que en el último caso depende en exclusiva del yo.

Con todo, y a pesar de que la significación básica del término «trascendental» se mantenga en uno y otro contexto, los cambios producidos en la Modernidad y asumidos por Kant son muy espectaculares y lo son también sus consecuencias. Entre ellas, cabe destacar, por un lado, lo que, en terminología nietzscheana pudiera caracterizarse como la primera «inversión del platonismo»; por otro, la distinción —básica en la reflexión kantiana— entre fenómeno y noúmeno.

Por lo que respecta a la primera, conviene recordar que, aunque sea Kant quien extraiga las últimas consecuencias del paso de una metafísica del ente hasta una metafísica del objeto, ese paso estaba propiciado por su época y por el racionalismo de Wolff y de Baumgarten. Bajo la óptica racionalista, el ente será identificado con lo pensable. Baumgarten define la metafísica como *Scientia primorum in humana cognitione principiorum* y la ontología, o metafísica general, es definida a su vez como *Scientia praedicatorum entis generaliorum* (cf. *Met.*, §§ 1, 4 y 5). De acuerdo con tales consideraciones, es de esperar que el ente se defina a partir de los principios del entendimiento y, en cuanto a los predicados más generales del ente, tienen que ver, desde luego, con los llamados trascendentales por la Escolástica. Aparentemente se está diciendo lo mismo; sin embargo, el sentido ha cambiado radicalmente. Estos trascendentales ya no son aprehendidos sin más por el intelecto como principios de inteligibilidad de lo real, sino al contrario: son «puestos» por el entendimiento, de tal manera, que ahora la realidad no es condición de posibilidad de lo inteligible, sino que algo es real porque es inteligible. Podemos decir que nos hallamos ante una «inversión del platonismo» en la medida en que, si Platón consideraba que los grados de inteligibilidad vienen definidos por los grados de realidad, ahora ocurre exactamente al revés.

Por otra parte, Kant extrae las consecuencias del planteamiento racionalista de Wolff y de Baumgarten. Y no cabe dudar del contenido ontológico de la *Crítica de la razón pura*, pues la analítica del entendimiento es justamente la investigación de las condiciones de posibilidad del objeto en cuanto tal:

> La parte de la lógica trascendental que trata de los elementos del conocimiento puro del entendimiento y de los principios sin los cuales ningún objeto puede ser pensado es, pues, la analítica trascendental y constituye, a la vez, una lógica de la verdad (*KrV* A 62/B 87).

Pero ella supone la distinción neta entre fenómenos y noúmenos. Esta distinción no cabe en una metafísica realista, que opera sobre el supuesto de que la mente humana conoce y la filosofía investiga lo que las cosas son en sí mismas, suponiendo así que hay un orden real independiente de la mente humana y que ese orden real es el que se trata de conocer.

A partir de las consideraciones que acabamos de explicitar y de otras sobre las que más adelante volveremos, surge con Kant un nuevo uso y un nuevo sentido del término «trascendental». Pero de momento vamos a detenernos en la relación entre el plano de las categorías y el de lo trascendental.

2.3. *Lo categorial y lo trascendental*

A pesar de las diferencias que hemos constatado a propósito de lo trascendental, este ámbito no puede ser entendido en ninguno de los dos contextos filosóficos aludidos sin referencia al plano de lo categorial. Para mostrarlo, conviene detenerse brevemente en el significado de esto último.

El *Diccionario filosófico* de Ferrater Mora, advierte que el término «categoría» se usa en varios sentidos. En sentido figurado, se usa el término para designar la condición social de una persona y también su condición moral. Desde el punto de vista lingüístico se usa para designar la unidad de clasificación gramatical que se corresponde con la noción de clase (nombre, artículo, adjetivo, pronombre, verbo, adverbio, preposición, conjunción e interjección), o de constituyente (sintagma nominal, sintagma verbal, etc.). Desde el punto de vista filosófico designa «cada uno de los conceptos más generales que puedan decirse o afirmarse de toda cosa». En la lógica aristotélica, cada una de las diez nociones abstractas y generales siguientes: entidad, cualidad, cantidad, relación, tiempo, lugar, acción, pasión, situación y posesión. En la crítica kantiana, cada uno de los doce conceptos puros del entendimiento, que se corresponden con la tabla de los juicios (*cantidad*: unidad, pluralidad, totalidad; *cualidad*: realidad, negación, limitación; *relación*: sustancia-accidente, causalidad-dependencia, comunidad o reciprocidad; *modalidad*: existencia-no existencia, posibilidad-imposibilidad, necesidad-contingencia).

Antes de Aristóteles, el término fue usado en Grecia como opuesto a «apología». Si este último significaba «defensa», el primero significaba «acusación» y «reproche». En sentido técnico lo usó Aristóteles para designar las expresiones sin enlace o términos últimos. Pero Aristóteles, a juzgar por sus escritos en los que unas veces enumera diez, y otras, menos de diez categorías, no dio nunca por terminada esta tabla, no la consideró como algo definitivo. Por su parte, el pensamiento posterior a Aristóteles e inspirado en él distinguió entre las *categorías o predicamentos* y los *predicables o categoremas*. Estos últimos son los predicados que se atribuyen a un sujeto en función de la esencialidad y convertibilidad: género y diferencia específica (no convertibles, pero esenciales); especie o definición (esencial y convertible); propiedad (convertible, pero no esencial) y accidente (ni esencial ni convertible).

Los precedentes de la doctrina categorial de Aristóteles parecen encontrarse en Platón. Este consideraba el Ser, la Igualdad, la Alteridad, el Reposo y el Movimiento como los géneros supremos de la realidad. Y Plotino, siguiendo a Platón, distingue como categorías: el Ser, el Movimiento, el Reposo, la Identidad o lo Mismo y la Diferencia o lo Otro. Pero la clasificación categorial aristotélica y, en general, su concepto de categoría obedece a una doble motivación lógico-lingüística y ontológica. Por una parte, las categorías son las formas diversas de *decirse* el ser («el ser se dice de muchas maneras» [*Met.* IV, 2 1003a 30]); tienen que ver con nuestras diversas maneras de hablar de lo que es; son las diversas maneras de atribuir un predicado a un sujeto... Pero, en un planteamiento realista, estos diversos modos de hablar del ser se corresponden con los diversos modos de la realidad. De manera que las categorías son las diversas flexiones o casos del ser; los géneros supremos de la realidad. En definitiva, lo lógico-lingüístico tiene un fundamento ontológico. Este aspecto tendrá que ser revisado en un planteamiento idealista, y dicha revisión tendrá importantes consecuencias para la relación entre lo categorial y lo trascendental.

En la época moderna, la más importante doctrina de las categorías es la que lleva a cabo Kant en la *analítica trascendental* de su primera *Crítica*. Kant entiende las categorías como conceptos puros del entendimiento que se refieren *a priori* a los objetos de la intuición en general. No son conceptos generales, ni ficciones, ni conceptos-límite, tampoco son formas lógicas. No describen la realidad, pero hacen posible dar cuenta de ella. Kant fundamenta la tabla de las categorías en la tabla de los juicios (deducción metafísica). De manera que la lógica proporciona un fundamento seguro para las categorías, pero aunque estas se correspondan con la forma de los juicios, no son estas formas. Las categorías son constitutivas, es decir, constituyen el objeto del conocimiento y permiten un saber de la naturaleza y de la verdad como verdad trascendental. Por su parte, la deducción trascendental conduce a uno de los problemas cruciales de la razón pura: el problema de la verdad. Y mediante esa deducción se explica el modo como los conceptos *a priori* se refieren a objetos.

La diferencia fundamental entre Aristóteles y Kant estriba en que el primero fundamenta la variedad de las categorías en los tipos de predicados, mientras que el segundo elabora la tabla de las categorías atendiendo a los diferentes tipos de juicios[13]. Y esta diferencia afecta a dos ámbitos fundamentales. Al de la relación entre ellas (en Aristóteles resulta de la mayor importancia el problema de la relación entre la primera categoría —la entidad o sustancia— y el resto de las categorías), y al problema de su número (Aristóteles no parece considerar cerrada la tabla categorial, mientras que Kant considera que esa tabla es una mera rapsodia, y propone una deducción de las categorías que determine su número exacto).

En cuanto al término «trascendental», aunque, como se señalaba más arriba, Aristóteles no haga uso de un término tal o similar (como, por lo demás, no hace uso del término «metafísica»), puede considerarse que el uso de este término, a propósito de su pensamiento, está plenamente justificado, teniendo en cuenta lo que señala en el capítulo 1 del libro IV de la *Metafísica*: «Hay una ciencia que estudia lo que es, en tanto que algo que es, y los atributos que, por sí mismo, le pertenecen» (1003a 20).

En general, para aclarar la relación entre el ámbito de lo categorial y el de lo trascendental, conviene referirse de nuevo a este último y distinguir el término «trascendental» de otros tales como «trascendente» e «inmanente». Para ello es útil tomar como referencia la reflexión kantiana. De acuerdo con ella, el término «trascendente» alude a lo que se halla en absoluto más allá de toda experiencia. En cambio, Kant llama «trascendental» a aquel conocimiento que no se ocupa tanto de objetos como de nuestro modo de conocerlos en tanto que este modo de conocimiento es posible *a priori*. La definición textual la encontramos en la Introducción a la *KrV*: «Llamo *trascendental* a todo conocimiento que se ocupa no tanto de los objetos, cuanto de nuestro modo de conocerlos, en cuanto que tal modo ha de ser posible *a priori*» (*KrV* B 25). Este texto, de la segunda edición de la *Crítica*, puntualiza y concreta la definición ofrecida por la primera edición, donde se llama «trascendental» al «conocimiento que se ocupa no tanto de los objetos cuanto de nuestros conceptos *a priori* de los objetos en general» (*KrV* A 12). Al sistema de semejantes conceptos es a lo que Kant denomina «filosofía trascendental». Y, considerando esas dos definiciones, llama la atención el carácter reflexivo que Kant atribuye a este tipo de conocimiento. Tal

---

13. Cf. A. Alemán, *Teoría de las categorías en la filosofía analítica*, Tecnos, Madrid, 1996, pp. 211-212.

reflexividad es precisamente lo que constituye uno de los rasgos más acusados de lo trascendental en el programa kantiano.

De acuerdo con la definición kantiana, «trascendental» es un término referido primeramente al conocimiento y, en concreto, al ámbito de los conocimientos *a priori*; pero, además, tiene que ver también con la referencia del conocimiento *a priori* a objetos y a su posibilitación, es decir, a su validez objetiva. «Trascendental» aúna la función *a priori* y la validez objetiva[14]. Por lo demás, la noción de trascendente se opone a la de inmanente. Y ello en la medida en que lo trascendente alude al hecho de traspasar un límite, de sobrepasar la experiencia; mientras que se considera inmanente aquello que constituye el campo de lo real, de la experiencia. Si por metafísica se entiende aquella disciplina cuyo objeto sobrepasa los límites de la experiencia, cabría entonces distinguir dos ámbitos que pretenden con derecho un lugar dentro de ella: el ámbito de lo trascendente, definido como el saber de objetos que exceden en absoluto el campo de la experiencia; y el ámbito de lo trascendental, entendido como saber del saber de objetos que, siendo independientes de la experiencia en lo que respecta a su origen, no lo son, en cambio, respecto a su uso o aplicación. Es sabido que, bajo la consideración kantiana, la metafísica, en cuanto saber de lo trascendente, pasa exclusivamente al terreno práctico, o del obrar moral, pero posee un dominio muy limitado en el terreno del saber teórico o del conocimiento, porque este es siempre y necesariamente subsunción de intuiciones bajo conceptos y está, por eso, referido a la experiencia posible.

Por lo que respecta a la relación entre el ámbito de lo categorial y el de lo trascendental cabe señalar que, en la medida en que las categorías o predicamentos son géneros supremos de ser, clasificación última de la realidad, se diferencian de los trascendentales. Estos últimos, trascienden, es decir, están más allá de la división del ser en géneros y en especies. Y esto vale para los dos contextos filosóficos destacados más arriba, aunque hay que señalar algunas e importantes diferencias.

En Aristóteles la noción de *ón* es trascendental (el ser se dice de muchas maneras, por eso, está siempre «más allá de» las categorías) y convertible con la de *unum*. A esta noción los medievales añadieron las nociones de *verum* y de *bonum* (y algunos, además, añadieron las de *aliquid*, *res* y *pulchrum*). Pero, en general, se consideran trascendentales las propiedades y principios de todo lo que es real en tanto que es real independientemente de su talidad. Ahora bien, lo que es válido

---

14. Cf. J. M. Navarro Cordón, «El concepto de 'trascendental' en Kant»: *Anales del Seminario de Metafísica* V (1970), pp. 12 y 14.

para un planteamiento realista no puede mantenerse sin más en una consideración idealista de la realidad cuya consecuencia más señalada es la distinción entre fenómenos y noúmenos. Aunque Kant defina lo trascendental como «todo conocimiento que se ocupa no tanto de objetos como de nuestro modo de conocerlos en tanto que tal modo es posible *a priori*» (*KrV* A 12/B 25), y se refiera básicamente al sujeto de conocimiento como «sujeto trascendental», referencia última y unitaria de la diversidad de los conceptos puros (conciencia unitaria o unidad trascendental de la apercepción); las categorías, en cuanto formas puras del entendimiento, pertenecen al ámbito de lo trascendental, como «condiciones de posibilidad» de los objetos en general, y, por eso, de toda experiencia posible. Las categorías no pueden referirse a cosas en sí, son modos de conceptuar, de ordenar los fenómenos.

Es verdad que en todos los casos la pregunta ontológica (aquella que se interesa por lo que es en tanto que algo que es) queda pendiente del ámbito categorial, si bien es preciso recordar la importante matización kantiana de acuerdo con la cual las categorías no se fundan en los objetos, sino en el entendimiento mismo. Y es válida para los dos contextos (realista e idealista) la consideración que hace de la ontología una reflexión ligada profundamente a la lógica: como señala Aubenque, «ontología» es, en el sentido fuerte del término, palabra sobre el ser; y el sentido profundo de aquello que decimos que es hay que buscarlo en el plano intermedio de la significación (intermedio entre el signo mismo y lo referido por él); de tal manera que la investigación acerca del ser encuentra en el juicio y en las distintas clases de juicios el terreno apropiado para llegar a ser clarificada. La ontología ha de llevarse a cabo, pues, como reflexión categorial y, por tanto, como lógica. Ahora bien, si la lógica estudia la estructura formal del entendimiento, junto a la lógica formal aristotélica, Kant apunta a una lógica trascendental encaminada a estudiar la estructura primaria del yo como principio trascendental que contiene aquellos elementos o condiciones que, sin proceder de la experiencia, la hacen posible.

Las razones que avalan en Kant el recurso a esta nueva lógica se verán en su momento, por ahora cabe destacar, de acuerdo con Zubiri[15], que las categorías son las condiciones de inteligibilidad de la cosa. Inteligibilidad y ser son «lo mismo» en Aristóteles, puesto que todo lo que es, por el hecho de ser, es inteligible, con lo cual resulta que las categorías son tanto las condiciones objetivas de las cosas como sus

---

15. Cf. *Cinco lecciones de filosofía*, cit., pp. 86-88.

condiciones de inteligibilidad; sin embargo, y de acuerdo con el giro kantiano, las cosas son los «objetos» de todo entendimiento finito. Y las categorías son, por su parte, los distintos aspectos de la actividad intelectiva gracias a la cual hay «objetos»; de manera que las categorías no se fundan en los objetos, como pretendía Aristóteles, sino en el entendimiento, que es su condición de posibilidad. El estudio de las condiciones de posibilidad de los objetos y, por tanto, el estudio del entendimiento como condición de posibilidad de los objetos es lo que constituye la lógica trascendental.

Estas condiciones no son fácticas, como lo serían, por ejemplo, las determinaciones que configuran nuestro sistema nervioso, o también las diferencias que se refieren no ya a la especie, como las anteriores, sino a las que singularizan a cada individuo. Tampoco son lógicas, en el sentido de la lógica formal, pues las condiciones de una experiencia posible no pueden ser halladas mediante un análisis puramente formal o lógico. En cambio, sí son lógicas, en el sentido de una lógica trascendental. Para aclarar esto último basta tener en cuenta la diferenciación kantiana entre lógica general pura (que prescinde de todo contenido) y lógica trascendental (que únicamente abstrae de contenidos empíricos, pero no de los contenidos puros *a priori*). Se trata, pues, de condiciones funcionales, es decir, estas condiciones han de entenderse como funciones del conocimiento, teniendo en cuenta el sentido que da Kant al término «función» (actividad determinada por reglas que, a partir de un material dado, es capaz de obtener un todo no dado).

La definición obtenida en términos de función aclara el hecho de que se trata de una actividad y que tal actividad no es extraña al producto de la misma. Esto conlleva una modificación en lo que respecta al sentido de los conceptos puros del entendimiento, los cuales no pueden ser ya entendidos como simples predicados, sino como formas posibles de la actividad unificadora del entendimiento. Y este planteamiento conduce, a su vez, a la búsqueda de un *sujeto* responsable de dicha actividad y a la consideración de tal actividad como algo hasta cierto punto independiente y autónomo del material sobre el que se ejerce.

2.4. *El método trascendental*

A propósito de la definición de A12/B25 de la *Crítica de la razón pura* de Kant, hemos destacado el significado de lo trascendental no tanto como conocimiento de objetos («transitivo»), cuanto como conocimiento que recae sobre sí mismo («reflexivo»): «un conocimiento del conocimiento *a priori*». Para decirlo más exactamente: el conocimiento trascendental se ocupa del origen, la amplitud y la validez del conocimiento *a priori*; de las fuentes, la extensión y los límites del conocimiento *a priori* (*KrV* A XII). Hay, pues, una estrecha relación entre lo trascendental y lo *a priori*. Pero hay que distinguir esos ámbitos. Por *a priori* entiende Kant aquello que es independiente de toda experiencia (*KrV* A 2/B 3) y llama «trascendental» a aquel conocimiento por el cual sabemos que ciertas representaciones (intuiciones y conceptos) son válidas *a priori* y cómo lo son (*KrV* A 56/B 81). A partir de esta caracterización cabe distinguir los ámbitos respectivos de lo trascendental y de lo *a priori*. Todo lo trascendental es *a priori*, pero no todo lo *a priori* es trascendental Como advierte el profesor Navarro Cordón:

> [...] el conocimiento trascendental es un conocimiento en el que se exhibe el fundamento y el originarse de lo *a priori* desde la razón. [...]
> El conocimiento trascendental hace ver (justifica) la posibilidad del conocimiento o de su uso *a priori*. Posibilitar en el doble sentido de referencia y validez objetiva y en el de regirse (originarse) desde la razón pura misma[16].

Y esto nos conduce a la consideración de lo trascendental como método.

En el inicio de la «Deducción de los conceptos puros del entendimiento» de la *Crítica de la razón pura*, Kant recuerda la distinción establecida por los juristas entre una «cuestión de derecho» (*quid iuris*) y una «cuestión de hecho» (*quid facti*) y advierte que si de ambas se exige una demostración, en el primer caso se la llama *deducción*. Pues bien, el procedimiento kantiano es análogo. También él considera su función similar a la de un jurista y diferencia entre el problema de cómo se produce el conocimiento (*quid facti*) y de dónde le viene la legalidad al mismo, es decir, cómo se justifica (*quid iuris*). Esto último es lo que constituye el objeto de su *deducción trascendental*.

Kant asegura, que es indiscutible y fácil de mostrar que poseemos conocimientos *a priori* acerca de los objetos. Y en el § 1 de la Introducción a su primera *Crítica* manifiesta también que no se puede dudar de que, aunque todo nuestro conocimiento comienza con la experiencia, no todo se origina en ella. Este conocimiento, que no tiene su origen en la experiencia, es considerado *a priori*, y, aunque el término *a priori* pueda tener un sentido relativo en cuanto independiente de esta o aquella experiencia, es un hecho el uso que Kant hace del término

---

16. «El concepto de 'trascendental' en Kant», cit., pp. 18 y 23.

en el sentido de «independiente en absoluto de toda experiencia». Así pues, según Kant, estamos en posesión de determinados conocimientos *a priori* (existen juicios sintéticos *a priori*) y la primera *Crítica* está encaminada a demostrar su validez. Kant no duda de que existan tales conocimientos, pero su procedimiento no es dogmático, sino crítico, en la medida en que pretende mostrar cómo son posibles y, además, que son necesarios, es decir, que sin ellos la experiencia no es posible.

Kant pretende dotar a la filosofía de una dirección y de un camino —de un método de investigación— que permita elevar su estatus al rango de un conocimiento riguroso, seguro y cierto: al rango de una ciencia. Este nuevo método pretende abordar los problemas de la filosofía de un modo distinto e inverso al tradicional. En esta inversión estriba el sentido del «giro copernicano». Si antes de Kant se daba por supuesto que todo conocimiento debe regirse por las cosas, si se consideraba que la verdad de un juicio radicaba en la adecuación, entendida de modo que el sujeto debía plegarse a un orden externo e independiente, lo que encontramos a partir del planteamiento kantiano es un concepto de adecuación opuesto: es el objeto el que debe acoplarse a las condiciones impuestas por el entendimiento, y no al contrario. Se observa aquí una importante manifestación de aquella autonomía que es un rasgo determinante de la actitud ilustrada y que tan importantes consecuencias tuvo en los ámbitos respectivos de la religión y de la política. En lo que al plano de la *Crítica* afecta, ya no es la razón la que debe plegarse al orden que le imponen las cosas; ahora es ella la que dicta las normas bajo las cuales las cosas se convierten en objetos y, concretamente, en objetos de conocimiento[17].

Kant llama trascendental a un procedimiento (un método) gracias al cual al menos una parte de la filosofía puede entrar por el camino seguro de la ciencia. Pero, para ello, ha sido necesario que la filosofía experimente un cambio (giro copernicano), consistente en la renuncia a conocer lo que las cosas son en sí mismas, y se sitúe lejos del planteamiento tradicional. Bajo el supuesto de que nuestro conocimiento se rige en absoluto por las cosas, todo lo que conozcamos de ellas será *a*

---

17. Como advierte G. Deleuze, «La idea fundamental de lo que Kant llama la 'revolución copernicana' consiste en lo siguiente: sustituir la idea de una armonía entre el sujeto y el objeto (acuerdo *final*) por el principio de una sumisión *necesaria* del objeto al sujeto. El descubrimiento esencial radica en que la facultad de conocer es legisladora, o, de un modo más preciso, que existe algo legislador en la facultad de conocer [...]. Así el ser racional se descubre nuevas capacidades. Lo primero que nos enseña la revolución copernicana consiste en que somos nosotros quienes mandamos» (*Spinoza, Kant y Nietzsche*, trad. de F. Monge, Labor, Barcelona, 1974, p. 122).

posteriori; en cambio, si usamos el camino inverso —el método trascendental— será posible saber *a priori* algo de ellas. El giro copernicano supone que nosotros solo conocemos *a priori* de las cosas *lo que nosotros mismos ponemos en ellas*[18]. Así pues, conocer es *conocer-se*, o incluso «auto-conocerse»: tomar conciencia de todo aquello que nosotros «ponemos en las cosas». Y «el precio» que paga Kant por su nuevo método puede resumirse en la distinción neta entre fenómenos y noúmenos, y en la renuncia a conocer noúmenos.

Pero no solo eso. También, como se verá, el punto de vista kantiano conduce a una nueva forma de entender la metafísica y la ontología. Como ha puesto de manifiesto E. Fink, Kant no hace solo teoría del conocimiento, y su reflexión no abandona ni el campo de la metafísica ni el de la ontología. Si por *metafísica* se entiende la reflexión que sobrepasa el campo de lo real, de la experiencia (lo contrario de lo inmanente), entonces tenemos dos ámbitos: lo *trascendente* (saber de objetos que sobrepasan el campo de la experiencia) y lo *trascendental* (saber de objetos que, siendo independientes de la experiencia en su origen, no lo son en su uso o aplicación). Hay aquí dos sentidos en los que cabe entender la palabra «metafísica». Y Kant los mantiene. La primera *Crítica* se centra exclusivamente en el ámbito de lo trascendental, un ámbito en el que las ideas de la razón (lo nouménico), son solo «hipótesis», ideas reguladoras, que no constituyen objetos de conocimiento, pues, para que haya conocimiento, se precisan intuiciones y conceptos (conocer es subsumir la variedad de una intuición en la unidad de un concepto). En cambio, la *Crítica de la razón práctica* recupera para su terreno lo que había sido negado en la anterior. Las antiguas hipótesis se convierten ahora en «postulados», en condiciones de posibilidad del obrar moral.

En cuanto a la ontología, Kant no abandona ese campo, rebaja solo sus aspiraciones y la redefine como «analítica del entendimiento puro». Como se advertía en el apartado anterior, «el arrogante nombre de una Ontología que pretende suministrar en una doctrina sistemática conocimientos sintéticos *a priori* de cosas en general (el principio de causalidad, por ejemplo) tiene que dejar su sitio al modesto nombre de una mera analítica del entendimiento puro» (*KrV* A 247/B 303).

Y de nuevo estas consideraciones nos llevan a algo que ya se ha apuntado más arriba, pero que ahora cobra un nuevo y más claro sentido: la filosofía trascendental kantiana puede ser entendida como una inversión del platonismo, entendiendo esto como una exploración de

---

18. «El nuevo método del pensamiento» consiste en tomar conciencia de que «solo conocemos *a priori* de las cosas lo que nosotros mismos ponemos en ellas» (*KrV* B XVIII).

las condiciones preempíricas de posibilidad de la experiencia. En su monografía sobre Kant, O. Höffe lo expresa nítidamente:

> Kant rechaza la idea de que el más allá, el mundo suprasensible, sea un ente objetivo que pueda dar lugar a un conocimiento válido en la esfera de lo teórico. Es verdad que también la investigación trascendental de Kant supera la experiencia. Pero el sentido de esa superación se invierte. Kant gira —al menos en un principio— hacia atrás, no hacia delante. No busca en «la lontananza» o «en las alturas», detrás de la experiencia, un «trasmundo», que Nietzsche pone en solfa como objeto de la filosofía tradicional. Kant trata de descubrir aquellas condiciones de la experiencia que preceden a esta. En lugar del conocimiento de otro mundo, busca el conocimiento originario de este y de nuestro saber objetivo. Kant investiga la estructura profunda, preempíricamente válida, de toda experiencia, estructura que él cree adivinar —a tenor del experimento racional de la revolución copernicana— en el sujeto. La crítica de la razón busca en su «paso atrás» reflexivo los elementos aprioristicos que constituyen la subjetividad teórica[19].

Así pues, y concluyendo, el método trascendental se configura como un «camino regresivo», como un procedimiento que, partiendo de un hecho (*quid facti*), intenta explorar y sacar a la luz aquellas condiciones que lo hacen posible (*quid iuris*). Charles Taylor ha puesto de relieve la actualidad y validez de este tipo de argumentación que constituye el nervio de la reflexión kantiana. Considerado como un procedimiento demostrativo, empleado por Kant y cuyo ejemplo pragmático se encuentra en la analítica trascendental, Taylor resume lo característico de este tipo de argumentos: «se comienza afirmando que algún rasgo de nuestra experiencia es indudable y, por medio de un procedimiento regresivo, se avanza hacia una conclusión más fuerte, que establece algo de la naturaleza del sujeto o de la posición del sujeto ante el mundo»[20]. En cierto modo, en el método trascendental, parece que tiene lugar una especie de «exhibición de presupuestos». Se trata de arrojar luz sobre los juicios secretos de la razón común, como dice Heidegger parafraseando a Kant. O poner de relieve aquello que sabemos, pero que no sabemos que sabemos. El filósofo trascendental actúa como una especie de «terapeuta» que hace patente lo que está ahí, pero en estado de latencia o de inconsciencia. Y, a pesar de todos los prejuicios contra lo «metafísico» y lo «trascendental», es también lo que advierte J. R. Searle a propósito de

---

19. *Immanuel Kant*, Herder, Barcelona, 1986, p. 64.
20. *Argumentos filosóficos*, trad. de F. Birulés, Paidós, Barcelona, 1997, cap. 2: «La validez de los argumentos trascendentales», pp. 43 ss.

lo que él denomina «trasfondo». Siendo una especie de contenido preintencional, el trasfondo «nunca podría mostrarse o demostrarse, puesto que cualquier *mostración* o *demostración* lo presupone»[21]. En todo caso, sobre este trasfondo intentan arrojar luz, entre otras, las reflexiones de muchos autores, algunos de los cuales vamos a tratar en lo que sigue.

---

21. *Intencionalidad. Un ensayo en la filosofía de la mente*, trad. de M. A. Alonso, Tecnos, Madrid, 1992, p. 167.

2

ARISTÓTELES:
«LA CIENCIA QUE SE BUSCA»

1. LOS PRECEDENTES: LA BÚSQUEDA DE LO PERMANENTE
Y EL MODELO PLATÓNICO DE LO MISMO

Seguramente tenía razón Schopenhauer cuando, corrigiendo el tópico según el cual la filosofía habría surgido lisa y llanamente de la admiración, advirtió que la admiración pasiva, la visión del orden y de la belleza, no serían suficientes por sí solas para explicar tanta y tanta literatura filosófica. Solo la admiración acompañada de un fuerte *páthos*, aquella en la que nos sentimos profundamente implicados, es capaz de conducir por el sendero de la reflexión con el deseo de alcanzar la otra cara de ese *páthos*: el ánimo impasible, el corazón imperturbable de la Verdad que tanto persiguió Parménides.

Por otra parte, parece un hecho que la experiencia del devenir y del cambio, y la búsqueda de un principio capaz de dar razón de esa experiencia inquietante, junto al desarrollo de un pensamiento positivo y abstracto, debió de promover, más allá del mito, la investigación metafísica. Sobre tal experiencia se ha ido tejiendo la trama de la reflexión que, a lo largo de la historia, se ha visto situada ante una doble alternativa: el modelo platónico de lo Mismo o el modelo antiplatónico de lo Otro, y probablemente ningún pensador profundo, independientemente de la elección que realice, puede permanecer completamente ajeno al otro extremo de dicha alternativa. Pero de momento retomemos el hilo en torno al cual ha sido elaborado el actual estudio: la noción de trascendentalidad, cuya significación cambia considerablemente desde una perspectiva realista hasta una perspectiva idealista. De ahí que los conceptos respectivos de *ente* y *sujeto* constituyan referencias esenciales tanto para determinar el significado de lo trascendental en cada caso como para el desarrollo de los apartados siguientes.

Debe recordarse en nuestro punto de partida la posición de Zubiri referida antes, según la cual se consideran trascendentales aquellos caracteres que determinan la «realidad» de lo que es, independientemente de su «talidad». Son trascendentales las propiedades y principios de todo lo que es real en tanto que es real independientemente de su talidad, es decir, los caracteres de lo que es en tanto que es independientemente de lo que en cada caso concreto sea. Pues bien, en las consideraciones que hagamos a continuación se intentará mostrar cómo lo trascendental es un carácter del ser, de «lo que es». Además, la reflexión aristotélica acerca de lo que es en cuanto tal (*ón hêi òn*) pondrá de manifiesto que esa disciplina, que nosotros conocemos bajo el nombre de ontología y que en Aristóteles permanece innominada, tiene un extraño estatuto, dada la peculiaridad de su objeto. En efecto, la expresión «lo que es», el ente (*ón*)[1], no es, según Aristóteles, una expresión unívoca; pero tampoco es, por otra parte, equívoca. Precisamente por ello la ontología constituye un proyecto de ciencia, una ciencia buscada, de estatuto revocable, incierto y jamás cerrado. En este punto Aristóteles resulta sorprendentemente más moderno que casi todos sus epígonos, y en este punto también Aristóteles determina su posición filosófica como una posición diferente de la de sus predecesores.

Si el problema del devenir y del cambio está en la base de la reflexión filosófica, la *physis* constituye su horizonte y su marco específicos. Como advierte Aristóteles en el libro B de la *Física*, «que hay la *physis* es ridículo intentar ponerlo de manifiesto». Aquel problema, el del devenir y el cambio, había sido abordado ya por las primeras cosmogonías, que, en un marco todavía mítico, no encontraron nunca una auténtica solución. La narración de una serie de nacimientos sucesivos por generación sexual era la respuesta ofrecida a las indagaciones acerca de la génesis y el origen del cosmos. Pero este problema se transforma luego y en las cosmologías griegas en la búsqueda de un principio abstracto que, más allá del devenir, dé razón de este último y lo fundamente.

---

1. En la traducción al castellano del término *ón* por «lo que es», sigo al profesor Tomás Calvo (cf. *Metafísica* de Aristóteles, Estudio introductorio, trad. y notas de T. Calvo, Gredos, Madrid, 1994). Acerca de la traducción del griego *ón* y del latín *ens* como «lo que es», véase, T. Calvo Martínez, «Sobre la traducción y la tradición latinas de Aristóteles: ser, ente, lo que es», en *Congreso Internacional Extraordinario de Filosofía*, III, Universidad Nacional de Córdoba, República Argentina, 1987, pp. 1245-1252.

Es cierto que la *physis* constituye el marco específico de la reflexión filosófica, y que su realidad nunca apareció como problemática ante tal reflexión, pero es la noción misma de *physis* la que, como ha advertido Jean Pierre Vernant[2], constituye el objeto de una crítica que la alejará definitivamente del mito. Como respuesta a la física jonia, los sabios de la Magna Grecia insisten no ya en la unidad de la *physis*, sino en la distinción de varios niveles de realidad. Detrás de la *physis*, más allá de ella, existe una realidad invisible, un trasfondo más verdadero, pero también más secreto y oculto, accesible tan solo al sabio, al filósofo. Esta distinción de niveles de realidad es justamente lo que singulariza el planteamiento filosófico y lo separa del mito:

> [...] en el mito, la diversidad de niveles recubría una ambigüedad que permitía confundirlos. La filosofía multiplica los planos para evitar la confusión. A través de ella, las nociones de humano, de naturaleza, de divino, mejor distinguidas, se definen y se elaboran recíprocamente[3].

Desde la perspectiva de esa realidad invisible, situada detrás de, o más allá de la *physis*, esta última será descalificada, rebajada al nivel de simple apariencia, puesto que el devenir que la constituye ya no es más inteligible que la «génesis» relatada por el mito[4]. Lo que la filosofía busca detrás de la naturaleza, el objeto de la reflexión auténticamente metafísica, no tiene nada que ver con el ser sobrenatural mítico, sino que es la pura abstracción, inmutable e idéntica, que Parménides llamará «ser».

Este ser (*tó ón*), objeto de la búsqueda de Parménides, supone un cambio fundamental respecto del planteamiento de los físicos jonios. En primer lugar, se diferencia de ellos por su identidad única, singular, opuesta a la pluralidad (*tá ónta*) sobre la que centraban su atención los jonios. Además, siendo inmutable y eterno, constituye el paso primero y decisivo hacia la distinción entre dos mundos: el ser y el devenir, el ser y la apariencia. Por lo demás, el hecho de que ese nivel de realidad, más auténtico que el de la *physis*, sea solo accesible al filósofo no hace sino reforzar la hipótesis según la cual la filosofía se constituyó inicialmente en la diferencia, pero también en la vecindad con el mito. El sabio, como el poeta inspirado por los dioses, o como el adivino que transmite el oráculo, es también un «vidente», alguien que ve más

---

2. Cf. *Mito y pensamiento en la Grecia antigua*, trad. de J. D. López Bonillo, Ariel, Barcelona, 1983, pp. 342 ss.
3. *Ibid.*, p. 344.
4. *Ibid.*

allá que el resto de los mortales. Pero, a diferencia del poeta inspirado y, sobre todo, del adivino, el filósofo es sobre todo un «intérprete» de esa visión[5]. No puede extrañar, por eso, que una de las primeras obras filosóficas aparezca bajo la forma de un poema, sobre cuya inspiración insista Parménides en el Proemio, dotándola de las características de una revelación religiosa.

La primera afirmación filosófica acerca del ser la lleva a cabo Parménides. Con él puede decirse que tiene lugar la fundación de la ontología, si bien este concepto está muy lejos de ser claro. Kirk y Raven insisten en la ambigüedad de la significación de ese término, que oscila entre un sentido predicativo y existencial. En todo caso, resulta característica la identificación establecida por Parménides entre ser —ya se entienda como ser abstracto o como realidad concreta— y pensar. Lo que puede pensarse y puede decirse debe, además, ser. J. Wahl ha interpretado esta identidad entre ser y pensar[6] en el sentido de que este ser es tanto sujeto como objeto del pensamiento, que este ser somos nosotros mismos cuando lo pensamos. Pero lo que interesa subrayar ante todo es que Parménides toma la afirmación del ser como punto de partida y, mediante un razonamiento puramente abstracto, es decir, sin que intervengan en él los datos de los sentidos, deduce todas las propiedades que le son características.

El *Poema*, que se supone fue escrito entre el año 500 o 450 a.C., consta de un Proemio en el que, como se acaba de indicar, Parménides insiste, como ya lo hizo Hesíodo en su *Teogonía*, en el carácter de revelación religiosa del mismo. La diosa benévola ante la cual ha sido conducido Parménides le anima a «aprender el corazón que no tiembla de la bien redonda Verdad». Y es esta imperturbabilidad, este «ánimo impasible», como lo describe Escohotado, lo que constituye la cima de la aspiración del filósofo: «solo ella no se estremece y retrocede ante lo que es, y solo a través de su posesión por el conocimiento le cabe al hombre tenerse a sí mismo sin vacilación»[7].

La diosa muestra enseguida las dos únicas vías de investigación posibles a las que se añadirá luego e inesperadamente una tercera, la vía de la Opinión, a medio camino entre las dos anteriores. La primera vía,

---

5. A propósito de esta cuestión conviene recordar la diferencia establecida en el *Timeo* platónico entre el adivino y el profeta, o, como advierte G. Colli, entre el hombre exaltado, delirante, y el intérprete, que juzga, razona, reflexiona y da un sentido a las visiones del primero (cf. *El nacimiento de la filosofía*, Tusquets, Barcelona, 1977, pp. 35-36).
6. *Tratado de Metafísica*, FCE, México, 1960, p. 84.
7. *De physis a polis*, Anagrama, Barcelona, 1975, p. 92.

«que es y no es posible que no sea», se opone a una segunda impracticable, «que no es y es necesario que no sea»; pero con la introducción de una «tercera vía» Parménides parece revisar su punto de partida: la vía de la Opinión, «por la que los hombres ignorantes vagan bicéfalos» y en la que las mismas cosas parecen ser y no ser a un tiempo, constituye una vía media entre las dos anteriores. En todo caso y finalmente, Parménides, como en el caso de la vía del No-ser, opta también aquí por el rechazo.

Solo hay el Ser, y él es inmutable, eterno, lleno, uno, inmóvil, finito y esférico. La Verdad que le es propia se opone a la opinión como la razón se opone a los sentidos[8]: solo en el primero de esos ámbitos[9] la aceptación de uno de los términos de la contradicción conduce inalterablemente a la negación del otro; en cambio, es propio del nivel de los sentidos y, por tanto, de la vía de la Opinión la aceptación conjunta de los extremos opuestos. Existe, pues, una única realidad de donde no es posible que haya podido surgir la pluralidad. Esta última, como el movimiento, es irracional, ininteligible. Y la primera reflexión acerca del ser, el inicio de la ontología, se salda así con el rechazo del devenir y del cambio. La fuente de inquietud queda cegada, negada en su realidad, voluntariamente oscurecida.

Platón es heredero y continuador de Parménides. Su búsqueda se orienta hacia lo que es verdaderamente, lo realmente real (*óntos ón*), y en esa búsqueda hay que tener en cuenta el papel que juega el enfrentamiento platónico al relativismo y al individualismo de los sofistas[10]. Platón trata de fundar un discurso verdadero, en contraste con el perseguido por los sofistas, puramente retórico e interesado por los efectos producidos en aquellos a los que va dirigido. Platón, por el contrario, se interesa no tanto por los efectos del discurso, como por su racionalidad Esa racionalidad, como ha puesto de manifiesto el profesor A. Vallejo[11], exige tres condiciones: en primer lugar, una cierta consistencia de la realidad: la identidad de las Formas; en segundo lugar, debe evitarse la experiencia sensible: esto se consigue mediante la reflexión interior y el cálculo argumentativo; finalmente, hay que asegurar la coherencia

---

8. Así, al menos, se entendió la oposición parmenídea verdad/opinión, y de este modo fue operante a través de Platón, incitando a la distinción entre razón y sentidos.
9. Cf. G. S. Kirk y J. E. Raven, *Los filósofos presocráticos*, trad. de J. García Fernández, Gredos, Madrid, 1981, p. 392.
10. Sobre esta temática, cf. el estudio de T. Calvo, *De los sofistas a Platón: política y pensamiento*, Cincel, Madrid, 1986.
11. Cf. «Mito y persuasión en Platón»: *Suplementos Er. Revista de Filosofía* (Sevilla), (1993), pp. 60 ss.

racional del proceso argumentativo: para ello es preciso justificar los principios propuestos, mediante la dialéctica. Pero el fundamento último del discurso racional es la Identidad, la Inmutabilidad de las Formas, que son inalterables.

De ese modo intenta Platón fundamentar la pretensión de ser que tienen todas las cosas, y, para ello, le es preciso distinguir, entre los múltiples objetos de nuestro conocimiento que se ofrecen como candidatos al título de ser, aquellos que tienen auténtico derecho a tal pretensión[12]. Lo realmente real tiene en principio para Platón las características de mismidad y autoidentidad. Solo lo que es idéntico tiene una esencia (*ousía*): ella es lo que caracteriza a lo que es verdaderamente y con todo derecho. Platón llamará Ideas o Formas a los integrantes de ese mundo auténticamente real. Por oposición a este, se configura el mundo que «no es» auténticamente, o mejor, que deviene. Pero Platón no está dispuesto a pagar el alto precio de Parménides por aquella afirmación según la cual solo el Ser es. También ese otro mundo cambiante y que deviene sin cesar «es» de alguna manera, pero es tan solo a modo de copia, de imitación, de imagen. Su ser ya no es auténtico, sino prestado y, por así decirlo, «de segunda mano». Ni siquiera constituye un objeto de auténtico conocimiento, sino de opinión. Y no podría ser de otro modo, dado que el conjunto de la realidad que Platón contempla es un conjunto jerarquizado donde el orden del ser condiciona y determina perfectamente el orden del conocimiento[13].

Volveremos más adelante sobre esto último, pero por el momento conviene subrayar dos cosas. En primer lugar, Platón retoma la tesis parmenídea, según la cual una sola y la misma cosa es ser y pensar: cuanta más entidad tiene una cosa es tanto más cognoscible; solo lo auténticamente real puede ser objeto de un conocimiento verdadero. Por otra parte, la dualidad establecida por Platón entre los dos mundos referidos apunta a una segunda dualidad que tiene que ver con la constitución misma del hombre. El dualismo antropológico encuentra un correlato firme en la teoría platónica de las Ideas, dado que el alma humana está emparentada con ellas, aunque provisionalmente y mientras habita este mundo se encuentre «encarcelada» en un cuerpo extraño por completo a su naturaleza. Solo porque la naturaleza del alma está emparentada con la de las Ideas le es posible al hombre conocer (recordar) ese otro mundo; pero, por eso mismo, este conocimiento

---

12. E. Gilson, *El ser y los filósofos*, trad. de R. Echauri, Eunsa, Pamplona, 1979, p. 34.
13. Sobre el fundamento ontológico de los grados de conocimiento, véase A. Vallejo, *Platón. El filósofo de Atenas*, Montesinos, Barcelona, 1996, pp. 61 ss.

es largo, difícil y penoso, y necesita de un camino de ascenso, de una ascesis. Ese camino, ese método, es la dialéctica. La ciencia de la dialéctica, que se presenta en *Teeteto* como la ciencia del filósofo —ciencia de la correcta división de las estructuras de la realidad, de acuerdo con aquellas Formas o Géneros que son los significados a los que se hace referencia en el discurso filosófico[14]—, no ha dejado, sin embargo, de plantear problemas a los estudiosos del platonismo. El procedimiento dialéctico parece ocuparse, en el diálogo referido, de la estructura del mundo real de las Formas, mediante la técnica de reunión y división. Sin embargo, referencias clave al método dialéctico se hallan también en dos importantes pasajes de la *República*. Uno de ellos es el relativo a la descripción de la línea de cortes desiguales (510b-511e); otro es el que concierne a la explicación de la alegoría de la caverna (532a-535a). En ambos pasajes nos enfrentamos al problema de la separación que introduce Platón entre los procedimientos operativos de la geometría (y otras técnicas similares a ella) y el propio de la dialéctica-*epistéme*[15]. El problema estriba en si se trata allí de dos métodos distintos, o de uno solo general, la dialéctica integral, común a ambas disciplinas. La dualidad —que parece abonar la afirmación platónica: «el método dialéctico es el único que, suprimiendo las hipótesis, avanza hasta el principio»— parece a algunos estudiosos más nominal que real y, de acuerdo con ese punto de vista, se funda en la ambigüedad que la voz «dialéctica» posee en la terminología platónica de este diálogo. Sobre la asimilación de los dos momentos ascendente/descendente subrayados en la *República* a la técnica de reunión/división sugerida en *Teeteto*, se ha propuesto llamar «dialéctica» tanto a la ciencia integral, compuesta por los momentos ascendente y descendente, cuanto a uno de esos momentos separado del otro que designa, por sinécdoque, al todo. La división, o segundo momento de la dialéctica, se diferencia del primero (reunión) por la pérdida de la intuición como principio cognoscitivo y la exaltación, en su lugar, de la deducción racional[16]. Además, solo si la dialéctica es la ciencia integral que engloba tanto a la matemática, como, por descontado, al conocimiento intuitivo de las Formas o Ideas, puede sostenerse la distinción entre el carácter intuitivo de la dialéctica ascendente y el carácter deductivo de la descendente.

---

14. Cf. F. M. Cornford, *La teoría platónica del conocimiento*, trad. de N. Cordero y M. C. Ligatto, Paidós, Buenos Aires, 1983, p. 239.
15. Sobre esta temática, cf. A. Vallejo, *Platón*, cit., pp. 62-66.
16. Cf. N. Montes, *La dialéctica platónica*, Universidad Central de Venezuela, Caracas, 1962.

Pero la división, uno de los elementos fundamentales de la dialéctica platónica, no apunta solo a la distinción entre dos mundos, inteligible y sensible, sino también a una diferencia radical que tiene lugar en el interior mismo del mundo sensible, entre copias bien fundadas y simulacros sin fundamento. Sobre ese aspecto ha insistido especialmente Gilles Deleuze, que, en un interesante estudio dedicado a Platón, señala que las primeras tienen siempre una referencia que las respalda, de manera que, en el mundo sensible, las cosas «son» tanto más cuanto más se parecen y cuanto mejor imitan sus correlatos respectivos del mundo inteligible. Sobre la dualidad modelo-copia el mundo aparece ordenado, organizado, regularizado; por el contrario, el simulacro introduce un elemento de desorden, de inquietud, de desorganización. La falta de referencia y de fundamento apunta a una perversión radical, a la existencia de un punto vulnerable, de un elemento «insano» en la raíz misma del ser.

Y así, la «pretensión de ser» que tienen todas las cosas y a la que hemos aludido más arriba (aunque solo sea a modo de imitación) puede ser bien fundada y legítima, o, por el contrario, infundada e ilegítima. Y este es otro aspecto que no conviene olvidar a propósito de la interpretación del método platónico de la división. Sobre la base proporcionada por diálogos tales como *Fedro*, *Político* y *El Sofista*, G. Deleuze nos invita a considerar que la técnica de la división se halla orientada a fundamentar la diferencia entre las «copias-iconos» y los «simulacros-fantasmas»[17]. Las primeras se hallan avaladas por la similitud, por la semejanza y son, por tanto, copias bien fundadas y legítimas; los últimos se construyen sobre la disimilitud y se denominan simulacros, en el sentido de copias ilegítimas. Sobre tal interpretación, justificada por las mismas referencias platónicas, Deleuze concluye que el propio Platón no habría sido ajeno a la inversión misma de su doctrina. Y a ella se apunta si se considera que tanto la copia como el simulacro refieren cada una a un modelo diferente: la primera, al modelo de lo Mismo (la Identidad); el segundo, al modelo de lo Otro (la Diferencia). En realidad podría tratarse de dos lecturas complementarias, si se considera el supuesto respectivo de cada una: «solo las cosas semejantes difieren» o «solo las diferencias se parecen»[18]. Pero lo que ante

---

17. Cf. *Lógica del sentido*, trad. de A. Abad, Barral, Barcelona, 1971, pp. 321 ss. La diferencia entre copia y simulacro aparece expuesta desde un punto de vista literario en un magistral relato de Jorge Luis Borges titulado «El impostor inverosímil Tom Castro», en *Historia universal de la infamia*, Alianza, Madrid, 1975, pp. 31-40. Sobre toda esta problemática, véase el capítulo 2 de mi libro *El desafío del nihilismo. La reflexión metafísica como piedad del pensar*, Trotta, Madrid, 2005.

18. Cf. *Lógica del sentido*, cit., p. 332.

todo salta a la vista es que se trata de dos lecturas y de dos cosmovisiones, en principio al menos, alternativas. El modelo platónico es, desde luego, lo Mismo; la copia es lo Semejante y, en definitiva, el discurso platónico trata por todos los medios de asegurar el triunfo de la copia y de lo Semejante sobre el simulacro y lo Diferente.

Con todo, la dialéctica, que debe encontrar un fundamento último del discurso racional en la identidad e inmutabilidad de las Formas, resulta insuficiente para la solución de los problemas planteados por la dualidad entre los dos mundos y que tienen que ver con la relación entre ellos y con la naturaleza misma de las Ideas. Ya se apuntó con anterioridad que el mundo sensible no es verdaderamente, que su realidad no pasa de ser una realidad «prestada». Y que si el mundo cambiante y en constante devenir de la apariencia «es», es solo por participación de lo único que posee realidad por derecho propio. No es nada fácil, sin embargo, mostrar en qué consiste esta participación, o cómo pueden mundos tan distintos relacionarse mediante ella. Las dificultades se agravan si se piensa que lo realmente real ha sido caracterizado como aquello que posee unidad e identidad; pero las Ideas mismas no parecen cumplir totalmente tan difíciles requisitos. Y Platón se verá arrastrado a afirmar que ser es algo más que ser Uno y ser lo Mismo[19]. En la *República* VI, 509b, tras describir el orden inteligible, coincidente con el máximo grado de realidad, Platón llega afirmar que incluso lo realmente real no es lo supremo: por encima de él se encuentra un principio supremo, causa de aquello que el ser actualmente es. Ese principio es el Bien, «que está más allá de la *ousía* en cuanto a dignidad y a potencia». Sobre esta base se examinará a continuación la propuesta de Aristóteles.

2. LA FÓRMULA ARISTOTÉLICA *ÓN HÊI ÒN*: MULTIPLICIDAD DE SENTIDOS DE SER (*ÓN*)

2.1. *El problema: el enfrentamiento entre sofistas y eleáticos*

Los capítulos 1 y 2 del libro IV de la *Metafísica* aluden, respectivamente, a la posibilidad de la ontología y a la peculiaridad de la misma. Como se sabe, esa disciplina que nosotros llamamos «ontología» permanece innominada en Aristóteles, que, en el citado capítulo 1, se limita a señalar que «hay una ciencia que estudia lo que es, en tanto que algo que es, y los atributos que, por sí mismo, le pertenecen. Esta ciencia, por lo

---

[19]. Cf. *Parménides*, 143-144 y *El Sofista*, 235b-c.

demás, no se identifica con ninguna de las denominadas particulares» (*Met.* IV, 1 1003a 20). Además, Aristóteles añade que corresponde a la ontología buscar los principios y las causas supremas, que son causas primeras de lo que es en tanto que algo que es. Así pues, como señala T. Calvo, se da una doble definición de la ontología: de acuerdo con su carácter universal y desde la perspectiva causal[20].

Pero esta disciplina nace ya marcada por una cierta condición aporética, pues Aristóteles advierte al inicio del siguiente capítulo que «algo que es» se dice en muchos sentidos, es decir, que la expresión «lo que es» no es unívoca. Ciertamente, esa expresión no podría ser equívoca, pues, siendo así, la posibilidad de la ontología no podría mantenerse, ya que solo hay ciencia «cuando se determina unívocamente un género»[21]; y esa es la razón por la que, a pesar de rechazar la univocidad de la expresión «algo que es», aclara a renglón seguido que, aunque se diga en muchos sentidos, se dice siempre «con relación a una sola cosa y una sola naturaleza y no por mera homonimia» (*Met.* IV, 2 1003a 30-35). Volveremos enseguida sobre el problema de la homonimia, pero antes conviene señalar que con estas afirmaciones Aristóteles se sitúa a distancia (aunque no a la misma distancia) tanto de los sofistas como de los eléatas.

Como ha advertido Aubenque, cuyas indicaciones seguiremos en lo que sigue[22], lo mismo que Platón, Aristóteles se sitúa ante un doble frente representado, respectivamente, por Parménides y los sofistas. Por lo demás, tanto Platón como Aristóteles parecen abordar la misma problemática: la dialéctica entre unidad y pluralidad; el hecho de que una cosa puede ser una y múltiple. Platón, frente a la posición «excesiva» de Parménides, que mantenía que solo el Ser es, y que este Ser es inmutable, eterno, lleno, uno, inmóvil, finito y esférico; frente a las dos vías apuntadas en el *Poema* —la primera, «que es y no es posible que no sea», la segunda, «que no es y es necesario que no sea»—, reconoce que hay algún tipo de entidad para lo que deviene y admite en *El sofista* la existencia de un No-ser relativo que es la alteridad. En esta obra, cuyo protagonista no tiene nombre y aparece identificado como «Extranjero», parece hacerse cargo de los puntos de vista de Platón.

El Extranjero, que viene de Elea (por lo cual hay que suponer que se ha formado en las doctrinas de Parménides), ruega a los que lo escuchan que no lo consideren «un parricida» y sostiene la existencia de cinco

---

20. «Estudio introductorio» a la *Metafísica* de Aristóteles, cit., p. 161.
21. Ver nota 5 de T. Calvo a la ed. cit., p. 163.
22. *El problema del ser en Aristóteles*, trad. de V. Peña, Taurus, Madrid, 1974, pp. 130-152.

géneros supremos: Ser, Reposo, Movimiento, Uno y Múltiple. Con ello, Platón se había situado expresamente frente a Parménides, pero no significa que sostuviera tesis afines al relativismo sofístico. En ese mismo diálogo y como para disipar posibles dudas al respecto, desmarca su posición de la del sofista, un simulacro de filósofo, que no distingue con precisión, que mezcla todo con todo, en suma, que no practica la necesaria *división* que el verdadero filósofo, el dialéctico, lleva a cabo y que había dejado clara en la *República*.

También Aristóteles, como Platón, se sitúa ante un doble frente: por un lado, se opone a una ontología que, como la de los sofistas, se ocupa solo del accidente; y, por otro, se manifiesta en contra de la tendencia opuesta (Parménides, los eléatas y hasta cierto punto el propio Platón), que mantiene que la ontología se ocupa exclusivamente de la esencia. Muy brevemente, cabría señalar que tanto su defensa de la validez del principio de no contradicción como de la multiplicidad de sentidos de «ser» constituyen las formas en que pretende salir airoso de tales enfrentamientos.

Centrémonos de momento en la multiplicidad de sentidos del verbo ser. Aristóteles distingue entre un discurso accidental y otro esencial. Para los sofistas, el discurso es accidental y «todo es accidente». Ahora bien, si todo es accidente, no hay nada sobre lo que inhieran los accidentes, nada a lo que se refieran los accidentes como accidentes. Pero, según Aristóteles, ni los accidentes pueden existir sin la esencia, ni esta última se reduce al conjunto de accidentes. Además, con las tesis sofísticas, no hay posibilidad de ontología alguna, porque del accidente no puede haber ciencia. Y Aristóteles combate tales tesis, no mediante la estrategia opuesta, es decir, considerando exclusivamente la esencia, sino manteniendo la distinción entre esencia y accidente[23].

Pero, si rechazamos el accidente como insuficiente para construir una ontología, ¿habrá que sostener que solo la esencia *es*? Parménides y sus seguidores sostenían que el Ser es y el No-ser no es, o, dicho de otra manera, que todo lo que no es el Ser, no es de ninguna manera. Platón, por su parte, había defendido una cierta entidad para el mundo sensible, que tiene un estatuto a medio camino entre el Ser y el No-ser absolutos. Pero ninguna de esas posiciones convence a Aristóteles, que combate estas tesis manteniendo la distinción entre esencia y accidente.

Aristóteles repara en que, ya sea que atribuyamos un predicado esencial o accidental, en los dos casos recurrimos al verbo *ser*. Luego,

---

23. Cf. *Ibid.*, pp. 131 ss.

de ambos, de la esencia y del accidente, se dice que *son*. Y así, señala Aubenque que, poco a poco, la posición de Aristóteles se matiza: si en un primer momento Aristóteles tendía a identificar el sujeto con la esencia y el predicado con el accidente («el hombre es blanco»), tendrá que reconocer que no solo el accidente puede atribuirse, sino también la esencia («Sócrates es hombre»). Pero entonces habrá que sostener que, en cada caso, el verbo *ser* expresado en la cópula tendrá diversas significaciones, y que el accidente de ninguna manera se deja rechazar al terreno del No-ser.

La primera consecuencia que se deduce de este planteamiento es la multiplicidad de sentidos de «ser». O, lo que es lo mismo, que el ser se dice de muchas maneras y que no tiene una única significación. Es decir, que *el término «ser» no es unívoco* (frente a los eleatas). Pero entonces, ¿es equívoco? ¿Habrá que volver al planteamiento sofista? Y ¿no se ha dicho que para que sea posible la ciencia tiene que haber univocidad? La segunda consecuencia es que *el término «ser» no puede ser equívoco*, porque, si así fuera, se destruiría la posibilidad misma de la ontología, ya que solo hay ciencia si hay unidad de objeto (frente a los sofistas). Si esto último sitúa a Aristóteles frente a los sofistas, lo primero lo separa de los eleatas, y también del platonismo.

Platón había planteado en *El sofista* el problema de la coexistencia de lo uno y lo múltiple en el seno de una misma cosa. Y su solución pasaba, frente a los eleatas, por la aceptación de un No-ser relativo que es la alteridad. Pero Platón recurre a la teoría de la participación, y no a la predicación, para solucionar un problema que tiene que ver con el discurso y con las maneras diversas en que un predicado puede atribuirse a un sujeto. Aristóteles, por su parte, se muestra insatisfecho ante una solución que es ella misma un problema, pues no está nada claro cómo hay que entender la participación. Además, si es en el discurso mismo donde primeramente se produce el problema, es allí donde hay que buscar la solución. Y dicha solución pasa por el reconocimiento de la multiplicidad de significaciones del término «ser».

2.2. *El principio de solución: la fórmula aristotélica* ón hêi òn: *multiplicidad de sentidos de* ser

Existe una continuidad entre el planteamiento platónico y el de Aristóteles. Este último incorpora a su propia reflexión la noción y los caracteres definidos por Platón a propósito del «conocimiento científico». Ciencia es, para él, conocimiento de lo auténticamente real, esto es, conocimiento de las esencias y por sus causas[24]. Y, como su maestro, también Aristóteles está interesado por aquello que es realmente, por la *ousía*, solo que esta no es ya para Aristóteles una Idea, en el sentido platónico de realidad fundante y separada.

De alguna manera, con el planteamiento aristotélico se produce lo que pudiéramos llamar la «primera inversión» del platonismo. Aristóteles sostiene que el auténtico ser se manifiesta en el *tóde ti* (esto concreto), aunque, junto a ello, considerará que son las determinaciones eidéticas las que constituyen el auténtico sentido de «esto concreto» que es el *tóde ti*. La trayectoria platónica se continúa en el sentido de que, aun siendo la *ousía* presencia, también es *eîdos*: toda presencia es eidética, también la de lo concreto (*tóde ti*). Pero la diferencia con Platón estriba en la concepción del *lógos*: solo la palabra articula esa dimensión eidética coextensiva con lo concreto. *Lógos* es, más que palabra, juicio, proposición. Y es bajo esta última como la cosa aparece siendo como es. La proposición es un *légein ti katá tinos*, un decir (*légein*) algo (*ti*) acerca de algo (*katá tinos*). El contraste surge, así, entre la esencia y lo concreto, y la diferencia clave entre Platón y Aristóteles estriba en el radical esencialismo de aquel. Aristóteles busca, por su parte, la otra dimensión, aquello acerca de lo que se dice algo, lo concreto coextensivo con la esencia.

Esta atención al lenguaje muestra, por su parte, un elemento común a Aristóteles y la sofística. Ya se ha mencionado, a propósito de Platón, el problema del relativismo y conviene recordar el interés sofístico por los efectos del discurso (carácter perlocutivo del discurso, como diríamos hoy). Pero Aristóteles, como Platón, se muestra interesado por la verdad, y por la capacidad que tiene el lenguaje de mostrar lo que las cosas son y que son.

En *Metafísica* IV, 1, alude Aristóteles a una disciplina que se ocupa del estudio de lo que es en tanto que algo que es y de los principios y las causas más altas[25]. Y no deja de llamar la atención que, tras re-

---

24. «La ciencia es conocimiento de lo real y no meramente de las apariencias. Es, además, un conocimiento necesario y universal cuyo contenido es inmutable. Como conocimiento auténtico de lo real, la ciencia ha de conocer qué son las cosas, es decir, ha de conocer las esencias y no meramente las determinaciones accidentales, los rasgos inesenciales de lo real. Por último, el conocimiento científico es causal, es un saber por causas: no basta con saber que algo sucede o es de cierto modo, sino que ha de alcanzarse a explicar por qué es o sucede precisamente de tal modo» (T. Calvo, «Estudio introductorio» al *De anima* de Aristóteles, Gredos, Madrid, 1978, p. 38).

25. «Hay una ciencia que estudia lo que es, en tanto que algo que es, y los atributos que, por sí mismo le pertenecen. Esta ciencia, por lo demás, no se identifica con ninguna de las ciencias particulares [...] Y, puesto que buscamos los principios y las causas supre-

conocer que «la expresión 'algo que es' se dice en muchos sentidos», pero «en relación a una sola cosa y una sola naturaleza y no por mera homonimia» (*Met.* IV, 2, 1003a 30), Aristóteles asigne a esa disciplina el estudio de «los axiomas comunes y, en particular, del principio de no contradicción» (IV, 3), de ese modo y, como veremos, se reconocerá el carácter no solo lógico, sino fundamentalmente ontológico de dicho principio. Y, en cuanto a la multiplicidad de sentidos de la expresión «lo que es» (*ón*), hay que decir que Aristóteles no sostiene que esa multiplicidad sea infinita. Al destacar que «lo que es» se dice en varios sentidos, Aristóteles advierte contra el empeño en considerar el ente como algo unívoco —lo que habrían sostenido Parménides y Platón—; pero, al subrayar que se dice en relación a una sola cosa, se advierte contra la consideración de dicha expresión como algo equívoco —como habían sostenido los sofistas—. El problema de la homonimia y de la sinonimia queda, pues, apuntado.

2.3. *Homonimia y sinonimia*

Una primera reflexión conduce a Aristóteles a considerar uno de los sentidos fundamentales de «lo que es»: lo que es por sí, el «qué es». Pero son por sí las categorías, es decir, los diversos modos de atribuir un predicado a un sujeto. Estos modos, que constituyen el universo categorial aristotélico, son los siguientes: Sustancia (entidad, *ousía*), Cantidad, Cualidad, Relación, Tiempo, Lugar, Acción, Pasión, Posesión y Posición (*Categorías*, 2 1a 16). Dicha clasificación categorial resulta de especial importancia en la ontología aristotélica como expresión sistemática de los significados de «lo que es», es decir, de la realidad. Resulta válida, por tanto, para el lenguaje, pero, como se verá más tarde, porque previamente resulta válida para la realidad.

Aquello en torno a lo cual se articula el lenguaje y lo real es la sustancia, y si hablar es siempre decir algo (*ti*) acerca de algo (*katá tinos*), si los diversos modos de decir se corresponden con los diversos modos de ser, el modo fundamental de decir y de ser es la entidad. Es verdad que Aristóteles se refiere unas veces a la categoría primera, pero otras, a todas las categorías como al ámbito constitutivo de «lo que es» por sí mismo. Sin embargo, y aunque el ser pertenezca a todas las categorías, no pertenece a ellas del mismo modo ni con la misma intensidad: de manera especial pertenece a la primera categoría, la entidad o sustancia,

mas, es evidente que estas han de serlo necesariamente de alguna naturaleza por sí misma» (*Met.* IV, 1, 1003a 20 y 25).

y solo derivadamente al resto de las categorías. Las categorías representan los significados en los que se divide el ser, la clasificación última de los géneros de realidad. Ahora bien, si, como ha advertido Reale, los significados de «lo que es» suponen el ser de las categorías, y si, a su vez, ellas suponen el de la primera categoría, resulta comprensible que la pregunta por lo que es quede inmediatamente reducida o subsumida bajo la pregunta por la entidad o sustancia.

Pero es preciso insistir en que Aristóteles presta una atención especial al lenguaje y a la relación que este mantiene con la realidad. Precisamente ahí su posición parece acercarse a los sofistas, pero también se aleja de ellos: como ha advertido Aubenque[26], Aristóteles es el primero en elaborar una teoría de la significación, es decir, del espesor que separa al lenguaje de lo referido por él: la referencia del discurso a las cosas está mediada por el significado. Para decirlo con terminología aristotélica, las palabras son «símbolos» que no se refieren directamente a la realidad, sino indirectamente, es decir, a través de los «estados del alma»[27]. Advierte Aristóteles:

> Los sonidos emitidos por la voz son símbolos de los estados del alma y las palabras escritas, símbolos de las palabras emitidas por la voz. Lo mismo que la escritura no es la misma en todos los hombres, tampoco las palabras son las mismas, aunque los estados del alma de los cuales estas expresiones son los signos inmediatos sean idénticos en todos, como también son idénticas las cosas respecto de las cuales son imágenes estos estados (*Sobre la interpretación* I, 16a 3-10)[28].

De ese modo, como observa la profesora Rosario Zurro, es preciso concluir la duplicidad del realismo aristotélico: se trata, por una parte, de un realismo ontológico, «al postular que las cosas son idénticas para todos»; y, por otra, de un realismo epistemológico, dado que los estados del alma son los mismos en todos y son signos de la realidad. Otro es el caso de las palabras habladas, que son símbolos —no signos, no

---

26. En la exposición de esta problemática hemos seguido las reflexiones de Aubenque en *El problema del ser en Aristóteles*, cit., pp. 97 ss.
27. Aquí es preciso tener en cuenta la diferencia entre signo y símbolo. Entre el signo y lo designado por él hay una relación natural (por ejemplo, el humo es signo del fuego); en cambio, entre el símbolo y lo simbolizado por él existe una relación convencional (por ejemplo, la paloma es símbolo de la paz). Este último sería el caso de la relación entre el lenguaje y la realidad.
28. Sobre esta temática, cf. el excelente artículo de R. Zurro, «Los géneros y las especies entre las palabras y las cosas», en AA.VV., *Homenaje a Alfonso Candau*, Universidad de Valladolid, 1988, p. 342.

imágenes— de los estados del alma, y de las palabras escritas, que son símbolos de estas últimas, símbolos de símbolos[29].

La falta de espesor, la ausencia de distancia, es justamente, y de acuerdo con Aubenque, lo que caracteriza las tesis sofísticas sobre el lenguaje. Aristóteles, en cambio, advierte que la referencia del lenguaje a las cosas no es inmediata, y, al definir el lenguaje como símbolo de los estados del alma, o al considerar simbólica la relación del lenguaje con las cosas, reconoce la distancia, la mediación profunda que constituye nuestro lenguaje. Que la relación entre el lenguaje y las cosas sea simbólica significa que entre nombres y cosas no hay semejanza completa, dada la infinidad de cosas y la limitación de nombres. Y así, más que una conquista, el universal parece suponer una inevitable imperfección del discurso (algo muy distinto ocurre con la proposición, pues ella sí que implica semejanza con la realidad, en tanto que nuestro discurso sea verdadero: no en cuanto el discurso es significativo, sino en cuanto juzga, en cuanto cumple una función apofántica y hace ver lo que las cosas son y que son). Pero lo que interesa subrayar es que, puesto que lo que las cosas son no se manifiesta por sí mismo, puesto que siempre se precisa la mediación del discurso, «el pensamiento del ser será, pues, en primer lugar, una *palabra* sobre el ser, o, lo que es lo mismo, en el sentido más fuerte del término, una onto-*logía*»[30].

Aristóteles señala a propósito del lenguaje una doble referencia: a las intenciones humanas que lo animan (un ámbito subjetivo, el del pensamiento) y a las cosas hacia las que se dirigen tales intenciones humanas (un ámbito objetivo, la realidad). Sin embargo, ya se ha advertido la impotencia inevitable del discurso en la medida en que no existe una relación biunívoca entre las palabras y las cosas: precisamente por ello se produce la equivocidad. Pero ¿en qué consiste tal equivocidad y cómo afecta al término «ser»?

«Equívoco» y «unívoco» se oponen en el plano de los términos, como «homónimo» y «sinónimo» se oponen en el plano de las cosas (*Categorías*, 1a 1-15)[31]. Aristóteles considera sinónimas las cosas cuyo nombre es común y el significado de este es el mismo (por ejemplo, perro y hombre son sinónimos en cuanto que de ambos se dice que son animales). En cambio, son homónimas las cosas cuyo nombre es común,

29. *Ibid.*
30. *El problema del ser en Aristóteles*, cit., p. 115.
31. Se advierte que el modo como Aristóteles emplea los términos «homónimo» y «sinónimo» es diferente del modo como actualmente los usamos. Actualmente consideramos «sinónimos» los términos que, siendo diferentes, tienen el mismo significado. Y consideramos «homónimas» las personas o cosas que, siendo distintas, tienen el mismo nombre.

pero el significado de este es distinto (es el caso del can, considerado unas veces como constelación, y otras como un animal). La diferencia entre una y otra no hay que buscarla, de acuerdo con Aubenque[32], ni en el nombre (que es único) ni en el referente (que es múltiple), sino en el plano intermedio de la significación, que es doble o múltiple en el caso de la homonimia, y única en el caso de la sinonimia.

Y se advierte ya el problema: el ser, ¿qué es? No es, desde luego, un término unívoco, porque sus significaciones son múltiples. Pero si fuese un término equívoco, las consecuencias serían inmediatamente destructivas, y habría que concluir la imposibilidad misma de la ontología, dado que solo puede haber ciencia cuando hay unidad de objeto, algo que solo ocurre en el plano de la univocidad y de la sinonimia. Es este un punto fundamental que tiene que ver con el reproche que Aristóteles dirige a Platón, en el sentido de que este último habría considerado que «ser» sería un término unívoco: que tendría un único significado y se expresaría mediante un único nombre[33]. Y la solución aristotélica al problema viene dada por la referida multiplicidad de sentidos de «lo que es», pero también por el diferente estatuto que cada una de esas significaciones posee.

«La expresión 'algo que es' —escribe Aristóteles (*Met.* IV, 2 1003a 33)— se dice en muchos sentidos, pero siempre en relación con una sola cosa y una sola naturaleza y no por mera homonimia.» Ese término único es la entidad o sustancia. Y así, Aristóteles reconoce la existencia de un tipo de homonimia inevitable, que, sin ser accidental, puesto que no carece de fundamento, se aproxima a ella, pero no se confunde con ella[34]. El ser es, además, un *pròs hèn legómenon*, pues sus diferentes sentidos se refieren todos a una misma cosa, tienen un mismo fundamento:

32. Cf. *El problema del ser en Aristóteles*, cit., pp. 166 ss.
33. Cf. *Ibid.*, pp. 152-191.
34. Creo que en el reconocimiento de esta homonimia *inevitable* radica uno de los puntos auténticamente originales —y yo diría geniales— de Aristóteles, que, además, nos lo hace extraña y sorprendentemente próximo. La homonimia es inevitable, sí, pero no es accidental. Ello hace que la ontología que resulte sea una investigación revocable, jamás definitiva, nunca acabada: en expresión genuinamente aristotélica, se trata de una «ciencia buscada». Como advierte agudamente Aubenque, la ontología aristotélica se debate entre «la exigencia de univocidad y la imposibilidad de alcanzarla», pero «resulta *esencial* a la tabla de las categorías —que *no puede* establecerse como sistema— el estar siempre inacabada, o, por lo menos, ser de tal manera que nunca sabremos si está acabada» (*El problema del ser en Aristóteles*, cit., p. 182). O, como se afirma más adelante: en Aristóteles «el carácter peculiar de la homonimia reside en ser, a un tiempo, irracional e inevitable». Y ello nos lleva a preguntar si la ontología no será otra cosa que «el esfuerzo propio del hombre para solucionar, mediante una búsqueda necesariamente infinita, la radical homonimia del ser» (*ibid.*, p. 191).

la entidad. Ello no significa que la primera categoría contenga en sí misma al resto, ni que las categorías que no son la sustancia nos hablen de ella, ellas solo dicen relación (*pròs*) a la entidad. Y así el término por respecto al cual las categorías significan el ser, es él mismo una categoría, una significación más del ser entre otras.

El estatuto de la primera categoría es, por tanto, doble: significación del ser entre otras y, a la vez, aquello en virtud de lo cual las demás significaciones del ser son tales. La entidad no está ni más acá ni más allá de las categorías: es «el fundamento inmanente a la serie». Se ve, pues, cómo Aristóteles podrá hacer coincidir la pregunta «¿qué es el ser?» con la pregunta «¿qué es la sustancia?» (*Met.* VII, 1, 1028b). Y habrá que advertir, sin embargo, que tales preguntas coinciden en la medida en que esta última es la primera forma que reviste aquella, y no coinciden en el sentido de reducir a esta última aquella. Pero analicemos esto más despacio y veamos cuáles son todos los sentidos de «ser», cómo se relacionan entre sí la sustancia y la esencia, y qué tiene que ver la esencia con la forma y el acto.

2.4. La ousía *como sujeto formalmente determinado y como* eîdos *o* forma específica

En *Metafísica* V, 7 y VI, 2, enumera Aristóteles los sentidos posibles de «lo que es» (*ón*): Uno de esos sentidos es «lo que es» por accidente[35]; otro, como verdadero; en tercer lugar, se hace referencia a las figuras de la predicación (las categorías); y, por último, a «lo que es» en potencia y «lo que es» en acto (*Met.* VI, 2 1026a 33 ss.). Ni lo que es por accidente, es decir, los acontecimientos casuales, ni lo que es verdadero —un ser puramente ideal o lógico, que solo subsiste en la razón o en la mente que piensa— pueden aspirar con derecho a llenar el significado de «lo que es». En cambio, algo muy distinto ocurre con los otros dos sentidos señalados. Y, en cuanto a lo que es «por sí mismo» coincide con las diez figuras de la predicación o categorías: sustancia o entidad, cantidad, cualidad, relación, tiempo, lugar, acción, pasión, posición y posesión. Aunque, como se ha señalado, es la primera categoría, la entidad o sustancia, la significación fundamental entre ellas.

---

35. No confundir «por accidente» (acontecimientos fortuitos, casuales) con el resto de las figuras de la predicación que no son la sustancia o entidad. Sobre el significado del ser «por sí mismas» (*kath'hautá*) de las categorías y la interpretación del importante capítulo 7 del libro V de la *Metafísica*, véase T. Calvo, «La fórmula *kath'hautó* y las categorías: a vueltas con *Metafísica* V, 7»: Methéxis, IV (1991), pp. 39-57.

Por otra parte, en *Metafísica* VII, 3 1028b 33 ss., se advierte que hay cuatro sentidos en los que cabe referirse a la sustancia o entidad. El primero de ellos es la esencia o quididad (*tò tí êin eînai*); también se habla de la sustancia como universal; también, como género, y, por último, cabe hablar de la sustancia como sujeto. A propósito de la diferencia entre la reflexión platónica y la aristotélica, ya hemos hecho alguna alusión al modo como Aristóteles invierte el punto de partida de aquella: Aristóteles se interesa por las sustancias concretas, por lo que él designa *tóde ti*. Esto último equivale a las llamadas realidades individuales, los individuos, que naturalmente se diferencian del conjunto de propiedades o predicados esenciales que los definen. Es la conocida distinción entre la sustancia primera y la sustancia segunda (distinción que aparece en los libros de lógica, pero que desaparecerá posteriormente de la terminología aristotélica, al interpretarse la esencia como forma y como acto). Tal distinción resulta clarificada si se tiene en cuenta los cuatro sentidos del término *ousía* que se acaba de reseñar y si se examina la reflexión aristotélica acerca de la sustancia entendida como sujeto. Para resolver el problema en torno a la sustancia, Aristóteles se basará en las sustancias que nadie discute: las sustancias sensibles. Ellas constituyen en principio, como entidades primeras, los sujetos de toda predicación posible, ya sea esta una predicación esencial o accidental.

De manera que son los sujetos primeros los que parecen constituir la sustancia en sumo grado. Pero como tal sujeto se menciona (*Met*. VII, 3 1029a 1 ss.) la materia o *hyle* (sujeto o *substratum* absolutamente indeterminado y sujeto de inherencia o predicación); la forma, *morfé* (conjunto de determinaciones absolutamente universales que hacen de la materia algo determinado e inteligible): y, por último, el compuesto o *synolon* de los anteriores. Esta última sería la entidad primera individual.

Sin embargo, de los cinco caracteres definitorios de la sustancia[36] —lo que no es inherente a otro ni se predica de él y es, por eso, sujeto de inherencia o predicación; lo que puede subsistir por sí, separada e independientemente del resto; lo que es algo determinado (*tóde ti*); lo que tiene una unidad y lo que está en acto o es un acto—, la materia solo cumple satisfactoriamente el primero de los requisitos, mientras que la forma y el compuesto se adecuan perfectamente a ellos. Así que, en sentido propio, únicamente la forma y el compuesto de materia y forma pueden ser llamados con pleno derecho sustancias. Ahora bien, desde un punto de vista físico o empírico, sustancia es el individuo concreto,

---

36. Cf. G. Reale, *Introducción a Aristóteles*, trad. de V. Bazterrica, Herder, Madrid, 1985, p. 55.

esto es, el compuesto, la entidad primera. Pero, desde un punto de vista metafísico, sustancia es verdaderamente la forma, siendo el compuesto, respecto a ella, algo secundario y derivado. Como advierte Reale[37], el ser es la sustancia, y la sustancia, en un primer sentido (impropio) es materia, en un segundo sentido es el compuesto y, en un tercer sentido (por excelencia) es la forma, «causa primera del ser», ya que ella informa la materia y constituye el fundamento del conjunto.

Con todo, el término «forma» traduce al castellano dos términos griegos, *morfé* y *eîdos*. Si, además, se tiene en cuenta que Aristóteles caracteriza la forma como acto, por oposición a la materia, que es potencia, este hecho no deja de presentarse como problemático y necesitado de clarificación. Aristóteles entiende el acto como *télos*, es decir como la realización o perfección que actúa o actuada ya de hecho. El alma, por ejemplo, en cuanto esencia o forma del cuerpo, es acto y entelequia del mismo. Tenemos, pues, tres términos —*morfé*, *eîdos* y *télos*—, cuya relación debe ser clarificada.

La solución a este problema pasa, como explica el profesor Calvo[38], por el reconocimiento de que los términos y la relación «materia»/»forma» no expresan cosas, sino funciones. Se trata, pues, de términos *correlativos* (ambos se refieren mutuamente), *formales* (en cada caso el contenido se determina de una manera y determina, a su vez, el término de la correlación) y *contextuales* (suponen una distinción y oposición de niveles). La oposición resulta establecida entre los tres niveles siguientes: ante el movimiento, forma es *télos*, fin o perfección adquirida; ante la constitución física de los cuerpos, forma es *morfé* opuesta a la materia sobre la que inhiere y a la que determina; ante la estructuración metafísica de las sustancias, forma es *eîdos*, quididad o esencia, determinación universal[39].

La reflexión aristotélica desvía necesariamente el concepto de forma desde una significación física, explicativa de la sustancia primera o individual (donde forma es *morfé*), hasta una significación metafísica, en la que forma es preferentemente *eîdos*, forma específica y predicado esencial. Este proceso se muestra claramente en el libro VII de la *Metafísica*. Allí insiste Aristóteles en el hecho de que «lo que es» es algo que se dice de muchas maneras: por lo tanto, la sustancia (*ousía*) no es ya tanto «lo que está ahí», el *tóde ti*, lo concreto señalable, cuanto «una forma de hablar» sobre lo que está ahí. Lo mismo ocurre con el sujeto

---

37. *Ibid.*, p. 56.
38. *Vid.* su artículo «La teoría hilemórfica de Aristóteles», en *Anales del Seminario de Metafísica*, (1968), pp. 11 ss.
39. *Ibid.*, pp. 12-13.

(*hypokeímenon*), que «es ya lo afectado intencionalmente por mi decir: el lugar de soporte para el decir y el pensar. El sustrato se hace sujeto gramatical»[40]. *Eîdos* es ahora lo que hace inteligible la realidad concreta, prescindiendo de sus aspectos accidentales: es *ousía*, pero en el sentido de esencia. Ella asegura la permanencia en el ser, asegurando la identidad de mi decir. Forma es, pues, *eîdos*, lo expresado por la definición, y es también *lógos*, manera de hablar sobre las cosas[41].

Pero *eîdos* tiene, además del sentido de *esencia*, el sentido de *acto* (el alma, hemos señalado más arriba, en cuanto esencia o forma del cuerpo, es acto y entelequia del mismo). Y es esta doble dimensión del *eîdos* —como esencia y como acto— lo que caracteriza de modo más radical la ontología aristotélica frente a la platónica[42]: el *eîdos* es esencia, contenido inteligible, y *lógos* de las entidades o sustancias. Pero *eîdos* es también acto, actividad. De acuerdo con lo que señala Tomás Calvo, es como si Aristóteles hubiera querido aunar *genialmente* la doble perspectiva, el fuera y el dentro, de lo real. Desde fuera, desde el entendimiento que contempla las cosas y desde el lenguaje que las dice, el *eîdos* es la esencia, el *aspecto* esencial que define a cada cosa y que cada cosa nos muestra. Ser un hombre se nos muestra como vitalidad, animalidad y racionalidad. Pero, por otro lado, visto desde dentro de las cosas mismas, el *eîdos* es acto, *actividad* inmanente: ser hombre es vivir, sentir, razonar; en suma, *ejecutar* la esencia humana. Es también lo que profunda y magistralmente plantea Ortega a propósito de su reflexión sobre la concepción griega del Ser y, en concreto, sobre la aristotélica:

> La concepción griega del Ser posee, ciertamente, un lado estático que le viene no tanto de que se orienta en los objetos según están ante él y le son meros aspectos o espectáculos, sino a causa de la fijación o «cristalización» que en ellos pone el concepto. El concepto, en efecto, es inmóvil (idéntico a sí mismo); no varía, no se esfuerza, no *vive*. Es lo que ya es, y nada más. Pero el Ser en los griegos, aun poseyendo esa fijeza y parálisis que del concepto le sobreviene —cuya proyección en el plano de «la existencia fuera» (*tò ektós*) es— consiste, permítaseme la expresión, en estar *haciendo* su esencia, en estarla ejecutando. Este lado del Ser —frente al de su estatismo— aparece oficialmente formulado en la idea aristotélica del Ser *como* actualidad (*enérgeía ón*), el Ente como operante. «Ser» es la primordial y más auténtica operación. «Ser caballo» no es solo presentar al hombre la forma visible «caballo», sino *estarla siendo* desde dentro, estar haciendo o

40. *Ibid.*, p. 20.
41. *Ibid.*, p. 21.
42. Cf. T. Calvo, «Estudio introductorio» a la *Metafísica* de Aristóteles, cit., pp. 27-28.

sosteniendo en el ámbito ontológico su «caballidad»; en suma, ser caballo es «caballear», como ser flor es «florear» y ser color, «colorear»[43].

Tal vez aquí se halle el sentido más auténticamente radical de la «inversión» aristotélica del platonismo: no basta con decir que Aristóteles «bajó» las Ideas a la tierra, poniéndolas —como formas— en las sustancias naturales. Hizo más y otra cosa: hizo de las Ideas actos, actividad inmanente de tales sustancias. Y quizás también aquí reside la diferencia entre Platón y Aristóteles: para este último no se trata de introducir el *alma* en el mundo de las Formas, sino, más radicalmente, de convertir a las Formas (valga la expresión) en almas, en actos. En suma, si la ontología de Platón ha de caracterizarse como ontología de la esencia, la aristotélica es una ontología de la *forma como acto* o, si se prefiere, del *acto formal*. Y será precisamente esta atención de la reflexión aristotélica al acto y a los problemas que este último plantea lo que también explicará la vertiente teológica de su metafísica.

2.5. *Ontología y teología*

La integración por parte de la reflexión aristotélica del problema del devenir y del cambio nos conduce al último sentido de «lo que es» que señalábamos al principio: «lo que es» como potencia y como acto. Tales son los elementos capaces de dar razón del movimiento. Y así, desde una perspectiva dinámica, desde el ámbito del movimiento, el esquema materia/forma es sustituido o entendido bajo la oposición potencia/acto. En esta consideración, de importantes implicaciones ontológicas, merece subrayarse el hecho de que Aristóteles considere, en todo cambio, la influencia de un ser ya en acto. El alma, que es forma del cuerpo, es también acto del mismo, principio de movimiento. Forma es, desde una perspectiva física y metafísica, y no meramente lógica, acto.

Sin embargo, esta consideración no tiene su término en sí misma ni puede entenderse sin recurrir a un orden superior metafísico-teológico. Que el movimiento precise de una causa eficiente ella misma ya en acto —en todo movimiento puede distinguirse una diversidad de planos causales: material, formal, eficiente y final, independientemente de que algunos de ellos puedan, en determinadas circunstancias, coincidir—, es precisamente lo que conduce, en la reflexión aristotélica, de la onto-

---

43. *La idea de principio en Leibniz*, Alianza, Madrid, 1979, § 29, pp. 277-278. La referencia al texto de Ortega la debo a una amable y generosa sugerencia del profesor Tomás Calvo.

logía a la teología, y lo que hace que su filosofía primera pueda y deba ser entendida como metafísica, en el sentido de estudio volcado sobre realidades trascendentes.

Lo que está en acto y es causa eficiente del movimiento de otra cosa en potencia puede, asimismo, estar en potencia respecto de otra cosa. Y así ocurre en los seres compuestos de materia y forma. Pero en el universo finito de Aristóteles es impensable un movimiento producido siempre por una causa que está relativamente en acto. El principio supremo y último del movimiento no puede ser sino Acto puro del cual la materia esté desde siempre excluida. Este Acto puro sin mezcla de potencia no puede, por eso mismo, moverse, mueve siendo Inmóvil: es, además de Acto puro, Motor inmóvil (cf. *Met.* XII, 6 1071b 15-22)[44].

Télos y *érgon*, *entelequia* y *enérgeia* encierran en sí la idea de algo que está plenamente acabado. Si la caracterización de lo real se hace a partir de la actualidad (*enérgeia*) y la potencia (*dynamis*), la causa última y la realidad por antonomasia es inmóvil (*akíneton*). Tal es el Dios de Aristóteles: Entidad suprema e inmóvil, Forma pura inmaterial, Acto sin mezcla de potencia, Pensamiento que no tiene otro objeto distinto de sí mismo. Autosuficiente, independiente y feliz, objeto de deseo, que no desea a su vez ninguna cosa. Tenemos, así, lo que podríamos llamar el carácter ontoteológico y circular de la reflexión metafísica aristotélica. Lo inmóvil es afrontado a partir de la movilidad, pero esta última resulta irracional e impensable si no se justifica a partir de lo inmóvil. Y así advertirá Aristóteles que, en el caso de que no existiese ninguna sustancia aparte de las constituidas por la naturaleza, la Física sería la ciencia primera, pero si hay una sustancia inmóvil, la ciencia que la estudie será auténticamente Filosofía primera o Teología. Y será universal precisamente por ser primera[45].

El problema metafísico fundamental, es decir, el problema del ser y, dentro de él, el problema del devenir y del cambio, que Aristóteles pretende afrontar de otro modo que Platón, nos conduce, bajo el punto de vista adoptado hasta aquí, a dos consideraciones. Por un lado, cabe señalar que la adopción de una perspectiva metafísico-categorial nos lleva inmediatamente a la inevitabilidad de una *ontología*. Aunque se trate necesariamente de una reflexión fragmentaria, nunca acabada, jamás definitiva; porque el ser mismo, aun reflejándose en el conjunto

---

44. Cf. también el «Estudio introductorio» de T. Calvo al *De anima* de Aristóteles, cit., p. 60.
45. Sobre esta temática, cf. T. Calvo, «Estudio introductorio» a la *Metafísica* de Aristóteles, cit., pp. 34 y 47 ss.

de las categorías, no se identifica con dicho conjunto, no equivale a él: está «más allá» de las categorías. Además, no cabe hablar de sistema categorial, porque no es el resultado de una deducción. Por otra parte, la consideración del hecho físico y empíricamente constatable del movimiento, conduce, y por otra vía, a la necesidad de postular un «más allá» del movimiento y del cambio, que, siendo Inmutable y Eterno, dé razón de lo que es mudable y de lo efímero: la *Teología*.

Desde luego, la Escolástica encontró en Aristóteles el terreno abonado para justificar sus propias consideraciones en torno a un uso muy específico de «lo trascendental», derivado de ese «más allá» en que siempre está el ser respecto de las categorías[46]; y, en segundo lugar, y a partir del Motor inmóvil, que mueve «como objeto de deseo», contaba ya con un fundamento nada desdeñable —aunque sin duda habría que reformarlo— para su propia consideración de Dios como realidad «trascendente», y de las pruebas que racionalmente podrían legitimar su existencia[47]. Pero, en el caso concreto de Aristóteles, es preciso insistir en la importancia de algunos hallazgos que, bajo la doble perspectiva que se acaba de señalar, son de interés para el hilo conductor adoptado en el presente estudio.

En primer lugar, y en el plano de la reflexión metafísico-teológica, cabe señalar el carácter fundamental de la distinción aristotélica acto/potencia. Si la metafísica es estudio de las causas y de los principios primeros y supremos (causa y principio significan lo que funda), las causas material y formal, consideradas clave desde una perspectiva estática, se revelan insuficientes bajo una consideración dinámica. Y es bajo esta consideración dinámica como acto y potencia resultarán en Aristóteles los instrumentos básicos de gradación de los seres, de jerarquización del universo. Junto a ello hay que destacar, además, que la distinción

---

46. Ya lo hemos apuntado al hablar de la unidad como propiedad trascendental y del principio de no contradicción como principio trascendental. A ellos unirá la Escolástica la propiedades trascendentales, *verum* y *bonum*, y los principios de razón suficiente y de conveniencia, respectivamente. Sobre esta temática, cf. A. González Álvarez, *Tratado de metafísica*, Gredos, Madrid, 1967, sec. I, cap. III, pp. 113-170.

47. No está de más señalar la radical diferencia entre las reflexiones respectivas de Platón, Aristóteles y Tomás de Aquino. La ontología de Platón es una ontología esencialista, una ontología de la esencia, que él identifica con la Idea. La de Aristóteles es una ontología de la forma o del acto: todo acto es una forma y toda forma es un acto. En santo Tomás la perspectiva habrá cambiado: se trata de una ontología existencial, donde la noción de forma está incluida en la de acto, pero este último no se agota en ella. Toda forma es un acto, pero no todo acto es una forma. El *actus essendi*, siendo un acto, es más que una forma. Y así, la Escolástica considerará una doble síntesis: categorial (la de la materia con la forma) y trascendental (la formada conjuntamente por la materia y la forma, por un lado, y, por otro, con el acto de ser, con el existir).

aristotélica entre potencia y acto «desborda el ámbito del movimiento», pues «potencia y acto alcanzan también a la estructura de la realidad, de la *ousía* o entidad compuesta de materia y forma: aquella, la materia, es potencia; esta, la forma, es acto, realización plena. Este doble ámbito comporta el carácter analógico de tales nociones»[48].

En segundo lugar, y en el plano de una reflexión metafísico-categorial, hay que considerar la trascendentalidad de la noción de *ens* en Aristóteles, que está siempre «más allá de» las categorías; la trascendentalidad del atributo referido bajo el nombre de unidad y, además, el carácter también trascendental del principio de no contradicción.

Cada ciencia asumirá premisas y principios propios dentro de los cuales se cuentan los axiomas. Pero entre los axiomas los hay que son comunes a todas las ciencias: son «principios trascendentales». Puesto que pertenecen a todo lo que es, se trata, según Aristóteles, de principios de lo que es en cuanto tal, en cuanto que algo que es. Y son conocidos en sí mismos y primeros. De ellos trata el libro IV de la *Metafísica*, donde se consideran las condiciones absolutas e indemostrables de toda demostración y donde se advierte que el principal de ellos es el principio de no contradicción.

3. EL TRIPLE ALCANCE —LÓGICO, ONTOLÓGICO Y TEOLÓGICO—
DEL PRINCIPIO DE NO CONTRADICCIÓN.
UN MODELO DE ARGUMENTACIÓN TRASCENDENTAL

Desde el punto de vista adoptado en este trabajo, la reflexión aristotélica en torno al principio de no contradicción constituye una temática apasionante y una de las razones de mayor peso para mantener la vigencia y la modernidad del pensamiento de Aristóteles. Dos aspectos podrían destacarse sobre todo en la reflexión aristotélica en torno al principio de no contradicción: por una parte, el hecho de que Aristóteles subraye que el estudio de dicho principio compete a la ontología; por otra, la argumentación original que Aristóteles adopta para probar la validez del principio, que puede considerarse un modelo de argumentación trascendental.

El primero de los aspectos subrayados constituye la temática central del capítulo 3 del libro IV de la *Metafísica*. Al comienzo de dicho capítulo sostiene Aristóteles que a una sola y a la misma ciencia —la ontología— corresponde el estudio de la entidad y el de los «axiomas co-

---

48. Cf. T. Calvo, «Estudio introductorio» a la *Metafísica* de Aristóteles, cit., pp. 23-24. Este carácter aparece con toda claridad en *Met.* V, 7 y IX, 1.

munes», pues esos axiomas pertenecen a todo lo que es en tanto que algo que es y no a un género particular de lo que es (*Met.* IV, 3 1005a 20)[49].

Estos axiomas —que poco más adelante concreta Aristóteles en el principio «más firme de todos» (el principio de no contradicción)— podrían considerarse trascendentales en el siguiente sentido: todas las ciencias se sirven de ellos, y se dicen de todo lo que es (universalidad) en cuanto es. De ellos no se ocupan las ciencias particulares: solo algunos físicos, creyendo que investigaban «la naturaleza en su totalidad» se han ocupado de ellos. Pero Aristóteles sostiene que «hay alguien que está por encima del físico», y es a ese a quien compete el estudio de tales axiomas, porque estudia «lo universal y la entidad primera» (*Met.* IV, 3 1005a 30).

Aristóteles se ocupa luego (IV, 3 1005b 10-15) de los caracteres que singularizan al principio más firme de todos: 1) se trata de un principio del que no cabe error. Es absolutamente *cierto*; 2) es el más conocido de todos. *No es hipotético*, y 3) es condición de posibilidad del conocimiento de cualquier otra cosa (también en ese sentido puede considerarse que es *trascendental*). Finalmente, enuncia el principio que posee los caracteres señalados. En otros lugares Aristóteles lo había referido a los enunciados[50]: «es imposible que la contradicción sea a la vez verdadera respecto de lo mismo». Pero en este caso la primera enunciación (doble) se refiere al plano de la realidad: «es imposible que lo mismo se dé y no se dé en lo mismo a la vez y en el mismo sentido» y «no es posible que los contrarios se den a la vez en lo mismo» (*Met.* IV, 3 1005b 15 ss.). Y hay una tercera forma de enunciarlo, referida al pensamiento: «es imposible que un individuo crea que lo mismo es y no es. Pues no es necesario creerse también las cosas que uno dice» (*Ibid.*)[51]. Todo esto pone de relieve, como señala T. Calvo, que el principio no es ni meramente lógico, ni ontológicamente neutral, pues supone la identidad del sujeto. De ese modo hay un recurrencia especial aquí a la entidad o sustancia y, por eso, su estudio corresponde a la ontología.

El recurso a la entidad o sustancia no solo facilita la resolución del problema sobre si el ser es —y de qué modo lo es— un homónimo, como se ha visto con anterioridad; sino que fundamenta, además, el hecho objetivo de la comunicación, jugando así un papel fundamental

---

49. Sobre ese aspecto —la trascendentalidad del principio de no contradicción— véanse las notas 15 y 16 de T. Calvo a la edición citada de la *Metafísica* de Aristóteles, pp. 171-172.
50. Ver nota 17 de T. Calvo, *ibid.*, p. 173.
51. Es interesante esta distinción entre el plano del decir y el del pensar (creer), pues apunta, como se verá más tarde, a un conflicto especial (autocontradicción preformativa): al conflicto entre lo que decimos y lo que hacemos diciendo eso.

en la defensa que Aristóteles lleva a cabo, frente a los sofistas, de la validez del principio de no contradicción[52]. De ese modo se defenderá la doble vertiente, lógica y ontológica, del principio de no contradicción. En efecto, ¿por qué, si ese principio tuviese exclusivamente una validez lógica, iba a formar parte de la disciplina que se ocupa de «lo que es en tanto que algo que es» y que trasciende el ámbito de las llamadas ciencias particulares? Solo porque «lo que es» es uno, idéntico a sí mismo, ese principio trasciende el ámbito puramente lógico. Y mucho más: tiene validez lógica, porque previamente afecta a lo que las cosas son, a la realidad; en definitiva, porque previamente tiene validez ontológica. Así se entiende también que posteriormente la unidad sea considerada una *propiedad trascendental* de «lo que es», y el principio de no contradicción, un *principio trascendental* de «lo que es»[53].

A este carácter trascendental del principio hay que añadir que el modo como Aristóteles defiende su validez frente a los sofistas constituye un buen precedente de lo que puede considerarse un modelo de argumentación trascendental. Y es lo que se pone de relieve en el capítulo 4 (y en los siguientes) del libro IV de la *Metafísica*. Allí sostiene Aristóteles tanto la imposibilidad de demostrarlo —pues lo que es el principio de toda demostración no puede demostrarse sin caer en *petitio principii* o en una especie de *regressus ad infinitum*—, como la posibilidad de refutar a los que le niegan validez:

> Pero también acerca de este principio cabe una demostración refutativa de que es imposible, con solo que el que lo cuestiona diga algo. Si no dice nada, sería ridículo buscar algo que decir frente al que nada tiene que decir, en la medida en que no tiene <nada que decir>. Un individuo así, en tanto que tal, sería ya como un vegetal. Por lo demás, digo que «demostrar refutativamente» es algo distinto de «demostrar», ya que si uno intentara demostrarlo, se juzgaría que comete una petición de principio, mientras que si el que la comete es el otro, sería refutación y no demostración (*Met.* IV, 4 1006a 10-20).

De este principio puede haber, según Aristóteles, al menos una demostración refutativa, con solo que el que lo cuestiona diga algo (*Met.* IV, 4 1006a 10). Por un lado, es preciso advertir que demostrar no es lo mismo que demostrar refutativamente: lo primero supone ya la validez del principio, lo segundo, no. Por eso, no se puede demos-

---

52. Cf. al respecto *Met.* IV, 4.
53. Sobre este aspecto, véase el «Estudio introductorio» de T. Calvo a la *Metafísica* de Aristóteles, cit., pp. 29 ss.

trar el principio sin caer en una *petitio principii*. Por otra parte, Aristóteles se dirige a alguien que esté dispuesto a dialogar, que se avenga a hablar: con el que se niega a hablar no hay nada que hacer[54]. Ese sería el auténtico escéptico, el que se calla. Pero, se insiste, en que en favor de este principio, es posible una prueba refutativa con tal de que el que lo cuestiona diga algo. Ahora bien, ¿qué significa para Aristóteles «decir algo»? No se trata de decir de algo que es o que no es, ni de pronunciar una sentencia concreta; Aristóteles pide al que niega validez a ese principio que diga algo, que pronuncie una palabra «que tenga significado para sí mismo y para otro» (*Met*. IV, 4 1006a 20). De ese modo, la carga de la prueba cae del lado del que dice algo. Si dice algo, «habrá demostración, pues habrá ya algo determinado» (*Ibid*.). En realidad, ¿qué hacemos diciendo algo? Admitir la *intención significativa* del lenguaje; admitir que el nombre posee cierto significado y que su significado es uno; admitir que la palabra tiene sentido para sí mismo y para otro. Y que ese sentido es el mismo, que las palabras tienen *un* sentido. En fin, admitir la existencia de algo determinado, pues «no significar algo determinado es no significar nada en absoluto» (*Met*. IV, 4 1006b 5-10). En definitiva, hablar es admitir que las palabras tiene un sentido.

«Admitir que las palabras tienen un sentido». Y así, el que habla, lo quiera o no, lo diga o no, lo sepa o no, admite eso. Hablando, admite que sus palabras tienen un sentido. ¿Qué hacemos al hablar? Manifestar una convicción que da igual que sea o no consciente: la convicción de que compartimos un terreno común, que hay denominadores comunes entre nosotros. Manifestamos que *creemos* que hay algo donde todos estamos instalados, que hay una cierta universalidad, aunque se trate de la comunidad del lenguaje y del sentido: de la comunicación. Y en este punto es preciso recordar a quién se dirige Aristóteles con esta prueba, cuál es el papel que desempeña en su reflexión esta argumentación refutativa, y, en definitiva, qué o a quién intenta refutar.

Como se pone de relieve especialmente en los capítulos 5 y 6 del libro IV de la *Metafísica*, el interés aristotélico en probar la validez del principio de no contradicción hay que entenderlo en el contexto de su lucha contra los sofistas y contra el relativismo y el fenomenismo de sus posiciones. Los que niegan validez al principio de no contradicción son los mismos que confunden todo con todo, como había sostenido Platón en *El sofista*. Se trata, pues, de refutar el fenomenismo y el relativismo. Pero no todos los sofistas mantienen la misma posición en

---

54. El que no habla, dirá Aristóteles, es «como una planta». Sobre este aspecto, véase *Met*. IV, 4 1006a 10; 1008b 5-20 y 1010a 5-15.

un problema que será de gran importancia en la reflexión aristotélica: el de la relación del lenguaje con lo real. Por eso conviene referirse, aunque sea brevemente, a la diferencia entre naturalismo y convencionalismo.

Aristóteles presta una atención especial al lenguaje y a la relación que este mantiene con la realidad. Precisamente en eso su posición parece acercarse a la de los sofistas, pero también se aleja de ellos, como muy bien advierte P. Aubenque[55]. La originalidad de Aristóteles radica en haber elaborado una teoría de la significación, es decir, del espesor que separa al lenguaje de lo referido por él: la referencia del discurso a las cosas está mediada por la significación. Como ya se ha advertido más arriba, las palabras son «símbolos» que no se refieren directamente a la realidad, sino indirectamente, es decir, a través de los *pathémata psychés*[56]:

> Los sonidos emitidos por la voz son símbolos de los estados del alma, y las palabras escritas, símbolos de las palabras emitidas por la voz. Y así como la escritura no es la misma en todos los hombres, tampoco las palabras son las mismas, aunque los estados del alma de los cuales estas expresiones son los signos inmediatos sean idénticos en todos, como también son idénticas las cosas de las cuales son imágenes estos estados (*Sobre la interpretación* I, 16a 3-10)[57].

Y se ve así la duplicidad del realismo aristotélico: ontológico y epistemológico.

Precisamente, y recordando una vez más lo indicado antes, las tesis sofistas sobre el lenguaje no advierten que la referencia del lenguaje a las cosas no es inmediata; pero Aristóteles, al definir el lenguaje como símbolo de los estados del alma, o al considerar simbólica la relación del lenguaje con las cosas, reconoce la distancia, la mediación profunda que constituye nuestro lenguaje. Los sofistas no reconocen esa distancia y mantienen, por el contrario, una adherencia completa entre el lenguaje y el ser. Pero sus posiciones, aunque finalmente concluyan en un común denominador, pueden y deben matizarse.

Por un lado, tenemos una posición que puede caracterizarse como «naturalista»: la que, por ejemplo, sostiene Antístenes, para quien no es posible contradecir, ni mentir, ni equivocarse. El lenguaje es una sola cosa con el ser que expresa, y el verbo *légein* es así empleado en su uso

---

55. Véase al respecto *El problema del ser en Aristóteles*, cit., pp. 97 ss.
56. Recuérdese lo advertido en la nota 27 a propósito de la diferencia entre signo y símbolo.
57. Véase nota 28.

transitivo: hablar es nombrar. No es hablar de algo ni hablar a alguien, sino fundamentalmente decir (nombrar, referir) algo. Toda predicación es tautológica y existe así una adherencia natural entre las palabras y las cosas. Es la misma posición de Crátilo en el diálogo platónico del mismo nombre[58]. El lenguaje es, pues, (una sola cosa con) el ser.

Por otra parte, está la posición que podríamos caracterizar como «convencionalista» y de la que sería un claro representante Gorgias. Este último sostiene que nada existe; si existiera, sería incognoscible; si pudiera conocerse, sería incomunicable. Para probar esto, Gorgias se basa en la incomunicabilidad de los sentidos, que tiene como corolario la incomunicabilidad del discurso. El lenguaje es una cosa entre las cosas y no es posible que trascienda su propia naturaleza en dirección a otra cosa más allá de él. Las palabras no comunican realmente nada y hablar es ligar de manera caprichosa y convencional un ser (la palabra) a otro ser (la cosa). Esta posición es análoga a la que sostiene Hermógenes en *Crátilo*. Y viene a concluir que el lenguaje es (él mismo) un ser[59].

En realidad, las dos posiciones, aunque diferentes, vienen a concluir en lo mismo: no hay distancia entre ser y lenguaje. En un caso «el lenguaje es (una sola cosa con) el ser», en el otro «el lenguaje es (él mismo) un ser». No es posible considerar desde tales perspectivas aquella función clave del lenguaje y de las palabras. Las palabras no dicen las cosas, no son las cosas; pero las refieren, las muestran, las evocan. Eso muestra una cierta incapacidad, una cierta insuficiencia de todo lenguaje hablado, porque las palabras no son las cosas, sino ellas mismas que cumplen una extraña paradoja: siendo ellas mismas, evocan otra cosa distinta de ellas. Esa función expresiva de las cosas no sería posible sin el reconocimiento de distancia entre lenguaje y ser, de la importancia del plano intermedio (entre el ser y el lenguaje) del sentido (o la significación). Ese es justamente el mérito de Aristóteles.

Para determinar más precisamente la posición aristotélica, conviene tener en cuenta tres aspectos de su reflexión con respecto al lenguaje: su carácter simbólico, su capacidad de reflejar la realidad y su impoten-

---

58. Ver P. Aubenque, *El problema del ser en Aristóteles*, cit., pp. 98-101. Y es también la posición que Swift describe en *Los viajes de Gulliver*, en el capítulo 5 (Anaya, Madrid, 1983, pp. 203-204), en el que se describe la visita a la Academia de Lagado, donde, para evitar por completo la equivocidad, se propone hablar de las cosas con las cosas.
59. Ver P. Aubenque, *El problema del ser en Aristóteles*, cit., pp. 99-103. Y también T. Calvo, *De los sofistas a Platón*, cit., pp. 95 ss. Es también la posición que Carroll describe en *Alicia a través del espejo*, en el capítulo 6, sobre Humpty Dumpty, en el que se recoge el chispeante diálogo con Alicia y que concluye así: «cuando yo uso una palabra, quiere decir lo que yo quiero que diga» (Alianza, Madrid, 1973, pp. 95-116).

cia. Por una parte y como ya se apuntó, las palabras son símbolos, o, si queremos, signos convencionales, cuya relación con la realidad no es natural. Sin embargo, puesto que el lenguaje refleja la realidad, hay que considerar que existe entre los dos una relación de semejanza. Pero la semejanza no se da, naturalmente, entre la palabra y la cosa designada por ella, sino entre la proposición y el estado de cosas reflejado por ella: la proposición es el lugar de la verdad y de la falsedad: «Es en cuanto verdadero y no en cuanto discurso como se dice que el lenguaje se asemeja a las cosas»[60]. De hecho, la función apofántica del discurso expresa esa semejanza: el lenguaje hace ver lo que las cosas son y que son. Finalmente, no hay más remedio que reconocer la natural impotencia del lenguaje: la semejanza no puede ser completa, pues entre las palabras y las cosas no es posible establecer una relación biunívoca, una aplicación biyectiva. No hay «semejanza completa» entre nombres y cosas: «los nombres son limitados en número, mientras que las cosas son infinitas».

Pero conviene tener en cuenta, además, otra cosa: el lugar exacto que ocupa la significación (el sentido, diríamos hoy) en la reflexión aristotélica sobre el lenguaje. Eso y su carácter intencional. El hecho de que no haya «semejanza completa» entre nombres y cosas, y de que sean limitados los nombres frente a las cosas podría conducir —y de hecho conduce muchas veces— a la equivocidad, y esta podría conducir —y de hecho conduce muchas veces también— al malentendido, a la falta de «buena comunicación» entre los usuarios del lenguaje. Y, sin embargo, hay un hecho real e incontestable: que hay comunicación y entendimiento. Que muchas veces las intenciones humanas coinciden en el diálogo. Para explicar eso no hay más remedio que «corregir» esa equivocidad inevitable y connatural a las palabras, no hay más remedio que reducir la multiplicidad posible de significados a la unidad de significación (o sentido). Así se entiende que Aristóteles observe, como ya se advirtió antes, que «no significar algo determinado es no significar nada en absoluto».

Una vez más: hablar es admitir que las palabras tiene un sentido. Pero ¿en qué se basa la unidad de sentido? No en la fuerza. No en la convención. Sino en un compromiso ontológico que supone admitir una esencia en las cosas. Algo que, más allá del cambio, permanece. El recurso a la entidad tiene, como se ve, una importancia radical en el pensamiento aristotélico. Sirve a Aristóteles para determinar su posición frente a Parménides y Platón, por un lado, y frente a los sofistas, por otro. Respecto a los primeros, Aristóteles defiende la homonimia del ser, que

---

60. P. Aubenque, *El problema del ser en Aristóteles*, cit., p. 109.

es incorregible; pero, frente a los sofistas, Aristóteles advierte que esa homonimia no es accidental, que tiene un fundamento, y tal fundamento es la entidad. Además, y también frente a los sofistas, Aristóteles defiende la validez del principio de no contradicción, que se basa en la existencia de unidades significativas y, en última instancia, en el reconocimiento de la existencia de la entidad.

Pero ¿cómo podrá garantizarse la absoluta validez, lógica y ontológica, de tal principio, frente al ataque de que ha sido objeto por parte de los sofistas? Ya se ha señalado que Aristóteles no pretende demostrar en ningún caso el principio de no contradicción, pues, si lo hiciera, no podría librarse de la acusación de *petitio principii*. La estrategia de Aristóteles no consiste en mostrar simplemente que el sofista, al negar validez al principio, se contradice, «por cuanto considera esa afirmación verdadera, con exclusión de la afirmación que la contradice»[61]. El nervio de la posición aristotélica no consiste tampoco en pedir al sofista que afirme o niegue algo respecto de algo, sino en pedirle, sencillamente, que diga algo, que exprese algo. Si el sofista se aviene a hablar —y el que permanece callado será, como se señalaba más arriba, algo así «como un vegetal»—, admite, por lo menos, que sus palabras tienen *un* sentido; si dice algo, está admitiendo ya —lo sepa o no, lo diga o no, lo quiera o no— que la esencia del discurso estriba en cumplir *una* intención significativa y, en ese caso —al admitir *un* sentido y *una* intención— cae, por decirlo con Aubenque, bajo el peso inexorable del discurso. En definitiva, si alguien habla y, al mismo tiempo, niega validez al principio de no contradicción, comete petición de principio. Y mucho más: pone en evidencia un desacuerdo radical entre lo que dice (al negar la validez del principio) y lo que hace diciendo eso (comunicar algo). Como diría Apel, el sofista comete una especie de «autocontradicción performativa»: evidencia un conflicto que tiene lugar entre el plano de los hechos y el de las intenciones humanas que se manifiestan en el diálogo, en la comunicación.

Hablar es, así, admitir que las palabras tienen un sentido. Y no se trata aquí, como también advierte Aubenque, de una proposición entre otras, sino de la condición de posibilidad misma de todo discurso: la esencia del discurso es la significación. Cabría la posibilidad de que una misma palabra pudiese significar una cosa y la contraria: situación problemática y de fatales consecuencias para evitar las cuales podría recurrirse a la convención. En tal caso, la unidad de significación estaría garantizada por la universalidad de la convención; pero Aristóteles no

---

61. Para lo que sigue cf. *ibid.*, pp. 121-131.

parece estar dispuesto a admitir que la universalidad tenga una base tan frágil, pues lo convencional solo sería universal por accidente. Si las intenciones humanas se corresponden en el diálogo, si el diálogo es posible, este debe tener un fundamento objetivo: tal fundamento es la esencia. Si las palabras tienen un sentido es porque las cosas tienen una esencia. Y así, el principio de no contradicción posee un doble alcance lógico y ontológico y su estudio compete también a la ciencia de lo que es en tanto que algo que es. Y este principio da cuenta, como su condición de posibilidad, del lenguaje humano.

Es en este punto donde puede verse en la reflexión aristotélica un modelo de argumentación filosófica, de argumentación trascendental, pues sirviéndose de un procedimiento o de un análisis regresivo, pone de relieve lo que en esencia son las condiciones de posibilidad de la comunicación.

Como sugiere Aubenque, lo primero que salta a la vista en la reflexión aristotélica es la experiencia de la distancia: distancia entre lenguaje y pensamiento, del cual aquel es siempre instrumento imperfecto y revocable; pero distancia también entre lenguaje y ser, según lo atestigua el hecho de la contradicción y del error. Ahora bien, esta experiencia se halla matizada por el hecho no menos incontestable de la comunicación. Si la experiencia de la distancia entre el *lógos* y el *ón* desalienta cualquier proyecto de ontología, el hecho incontestable de la comunicación humana subraya su necesidad. Si los hombres se comunican, lo hacen dentro del ser. Y, así, el ser es un *presupuesto indispensable* de la comunicación, del lenguaje: todo lenguaje es una ontología, pero la ontología no puede prescindir del lenguaje. Una ontología como ciencia puede y debe proponerse la tarea de establecer el conjunto de las condiciones *a priori* que permiten a los hombres comunicarse: estudiar los *axiomas comunes* (entre ellos, el principio de no contradicción), «cuyo sistema sería la ontología, equivaldría a algo así como una axiomática de la comunicación»[62].

Esta última expresión debe ser entendida en su justo alcance: acabamos de decir que «el ser es presupuesto indispensable de la comunicación»; por tanto, la «axiomática de la comunicación» *es* una axiomática del ser, de lo que es, y los principios son, por consiguiente, principios de lo que es en tanto que algo que es (*ón hêi òn*), en definitiva, principios onto-*lógicos* y principios *onto*-lógicos[63]. Pero se trata, prime-

---

62. Ibid., pp. 128-129.
63. Acerca de esta temática, cf. el artículo de T. Calvo «El principio de no-contradicción en Aristóteles: sus presupuestos e implicaciones de carácter ontológico»: *Méthexis* I (1988), pp. 53-69.

ra y fundamentalmente, de esto último. Además, si la objetividad del discurso, puesta en peligro por la subjetividad de la intención, ha sido rescatada en nombre de la intersubjetividad del diálogo, la ontología tiene que hacerse cargo del examen de las distintas significaciones de la palabra humana sobre el ser y del hecho no menos importante de que la comunicación se funda en la existencia de unidades objetivas de significación que Aristóteles llama esencias.

Y en esta línea hay una reflexión final y un último paso que puede darse teniendo en cuenta la afirmación de Aristóteles sobre la disciplina a la que compete el estudio del principio. En efecto, «si las palabras tienen un sentido es porque las cosas tienen una esencia». Y así, se ve con claridad la importancia subrayada en estas páginas del recurso por parte de Aristóteles a la entidad. Pero todavía el recurso a esto mismo nos permite, en una última vuelta de tuerca, considerar el alcance, no solo lógico y ontológico del principio de no contradicción, sino su vertiente teológica. ¿Qué es aquello que permanece el mismo, idéntico a sí mismo? La entidad, en general, pero especialmente, la Entidad Primera, aquello que es Acto puro sin mezcla de potencia. Luego, el principio de no contradicción se cumple perfectamente en Dios y es a la filosofía primera o teología a la que corresponde su estudio. Eso es lo que Aristóteles parece advertir cuando señala que «puesto que hay alguien por encima del físico, su investigación corresponderá al que investigue lo universal y la entidad primera» (*Met.* IV, 3 1005a 30[64]). Y de ese modo se evidencia no solo su carácter trascendental, sino también la triple vertiente lógica, ontológica y teológica del principio de todos los principios, el principio de no contradicción.

---

64. Ver también IV, 5 1010a 35 y IV, 8 1012b 30.

3

DESCARTES:
LA BÚSQUEDA DE LA FUNDAMENTACIÓN Y LOS UMBRALES DE UNA ARGUMENTACIÓN TRASCENDENTAL EN EL PROBLEMA DE LA *CIRCULATIO*

1. EL PROBLEMA

Es conocida la acusación de haber incurrido en *circulatio* que ya en su tiempo fue lanzada contra Descartes. Dicho con brevedad, esta acusación consiste en lo siguiente: Descartes reconoció abiertamente que sin estar seguros de que Dios existe y de que, además, no puede engañar, no es posible establecer con seguridad la verdad de ningún contenido de la conciencia (refiriéndose expresamente a aquellos que se presentan ante ella clara y distintamente); pero, al mismo tiempo, parece sostener que la existencia y la veracidad divinas solo pueden ser admitidas por la claridad y distinción con que aparecen ante la conciencia. Y entonces, ¿es Dios o es la evidencia la garantía última de la verdad? Si es Dios, como parece afirmar Descartes, y si, por otra parte, el único instrumento que tenemos para validar su existencia y veracidad es la evidencia, entonces parece también que nos encontramos ante un razonamiento circular y vicioso.

Además de eso, el reconocimiento por parte de Descartes de la omnipotencia de Dios y su interpretación de esta última en la línea voluntarista de Scoto y de Ockham, le ha hecho acreedor a una segunda acusación que no es independiente de la primera: E. Cassirer advierte que el peso excesivo del voluntarismo en el sistema cartesiano deja sin fundamento y desarraigada su metafísica.

La reflexión que sigue intenta hacerse cargo de esa doble acusación y mostrar cómo una y otra están conectadas entre sí y obedecen en el fondo al fracaso cartesiano en la búsqueda de la solución al problema del escepticismo. Pero, sobre todo, intenta mostrar que, como ha señalado agudamente y entre otros Vidal Peña, supone un auténtico preludio del planteamiento trascendental posterior, y deja ver el fracaso del planteamiento de un problema en los términos de «o todo o nada»: «o fundamento absoluto o relativismo radical». Además de eso, es posible mostrar la modernidad del planteamiento cartesiano, no tanto en el descubrimiento de un individualismo muy discutible por cierto (el precedente del individualismo moderno parece encontrarse mucho más en Montaigne que en el propio Descartes[1]), como en el hecho de haber apuntado el problema de la falsa conciencia (a través del genio maligno, que supone el reconocimiento cartesiano de la fuerza de la hipótesis escéptica).

El desarrollo de lo que sigue se estructura en tres partes. En primer lugar, intentaré mostrar cómo Descartes forma parte de una gran tradición filosófica que se opone al escepticismo y entiende la filosofía, entre otras cosas, como búsqueda de un fundamento. Esto es precisamente lo que explica la relación problemática que Descartes tiene con su tiempo y, en concreto, con el Barroco. En segundo lugar, se verá cómo el modo en que plantea Descartes el problema de la fundamentación lo hace acreedor a la doble acusación de *circulatio* y de desarraigo de su metafísica, y se examinarán las salidas posibles y la defensa que Descartes mantiene contra tales acusaciones. Finalmente, trataré de enjuiciar la posición cartesiana mostrando, junto a sus logros, aquellos elementos de su reflexión que resultan insuficientes para una filosofía que hoy, a pesar de todo, no quiere renunciar al título de metafísica.

2. LA BÚSQUEDA DE LA FUNDAMENTACIÓN
Y LA AMBIGUA RELACIÓN DE DESCARTES CON EL BARROCO

Aunque Aristóteles no usara nunca el término «metafísica», es un hecho fuera de toda duda que ese término está, desde siempre, unido a él y designa una de sus obras fundamentales. Una obra, la *Metafísica*, que apunta a una disciplina con múltiples objetos: tratado del ser en cuanto ser y de las propiedades y principios que le son propios (ontología); teoría de la sustancia (ousiología) y de las causas (aitiología); además, se ocupa también de Dios (filosofía primera o teología)[2]. Dejando a un lado el problema de su unidad y el de su identificación total o parcial con la ontología, lo cierto es que ya desde el principio encontramos una clara oscilación entre la metafísica entendida como ontología y/o como teología, que se prolongará hasta que la ontología como metafísi-

---

1. Sobre esta temática, resultan de interés las consideraciones de Ch. Taylor, *Fuentes del yo. La construcción de la identidad moderna*, Paidós, Barcelona, 1996, pp. 197-198.
2. Esta diversidad de objetos resulta patente en la obra de Aristóteles (cf. *Met.* IV, 1 1003a 21-22; XII, 1 1069a 18; II, 1 y 2; VI, 1 1026a 19).

ca general alcance un estatuto autónomo y diferenciado del resto de las disciplinas «metafísicas» entendidas como ontologías especiales o parciales. En todo caso y desde el principio, la metafísica se va perfilando como una disciplina que intenta atender a las demandas humanas de fundamentación y de sentido.

Un paso clave en aquella dirección de independencia de la «metafísica general» respecto de las «metafísicas especiales» lo da Kant, que distingue y analiza los términos *trascendente* y *trascendental*[3]. El método trascendental y, en definitiva, la filosofía trascendental busca un fundamento, un terreno firme sobre el cual elevar el edificio del conocer y del hacer, de la especulación y de la moral, de la teoría y de la práctica. Y, en este sentido, el trascendentalismo tiene un contendiente señalado: el escepticismo. Kant, como antes Aristóteles, y como ahora Apel y Habermas, constituye un ejemplo señalado de la lucha que una parte de la filosofía emprende contra otra: la primera, trascendentalista; la segunda, escéptica[4].

---

3. Recuérdese lo que ya se apuntaba más arriba: el término «trascendente» alude a lo que se halla en absoluto más allá de toda experiencia; en cambio, Kant llama «trascendental» a aquel conocimiento que no se ocupa tanto de objetos como de nuestro modo de conocerlos en tanto que este modo de conocimiento es posible *a priori*. La definición textual la encontramos en la Introducción a la *KrV*: «Llamo *trascendental* a todo conocimiento que se ocupa no tanto de los objetos cuanto de nuestro modo de conocerlos, en cuanto que tal modo ha de ser posible *a priori*» (*KrV* B 25). Este texto, de la segunda edición de la *Crítica*, puntualiza y concreta la definición ofrecida por la primera edición, donde se llama «trascendental» al «conocimiento que se ocupa no tanto de los objetos cuanto de nuestros conceptos *a priori* de los objetos en general» (*KrV* A 12). Al sistema de semejantes conceptos es a lo que Kant denomina «filosofía trascendental». Y llama la atención, al considerar esas dos definiciones, el carácter reflexivo que posee este tipo de conocimiento. Esa reflexividad es precisamente lo que constituye uno de los rasgos más acusados de lo trascendental en el programa kantiano.

A partir de esta caracterización cabe distinguir los ámbitos respectivos de lo trascendental y de lo *a priori*. Todo lo trascendental es *a priori*, pero no todo lo *a priori* es trascendental. En la *lógica trascendental*, advierte Kant que no todo conocimiento *a priori* puede llamarse trascendental, sino únicamente aquel por el que conocemos que ciertas representaciones (intuiciones y conceptos) son empleadas o son posibles solamente *a priori* y cómo lo son. Pero esta temática será ampliamente desarrollada en el siguiente capítulo.

4. Con razón ha advertido Zubiri que la versión clásica (aristotélica y tomista) y la moderna (kantiana) de lo trascendental no difieren en lo fundamental. En ambos casos se trata de la misma consideración: son trascendentales las propiedades y principios de todo lo que es real en tanto que es real, independientemente de su talidad (cf. *Sobre la esencia*, Sociedad de Estudios y Publicaciones, Madrid, 1972, pp. 376 ss.). Pero en cualquier caso, se trata de buscar un fundamento entendido como condición de posibilidad, como algo previo y fundamental sin lo cual otras cosas no se darían y de lo que dependen esas cosas. Y esto vale también cuando, tras el giro pragmático, la filosofía trascendental reconoce

Pues bien, en este panorama, en el que las reflexiones respectivas de Aristóteles, Kant y la llamada pragmática trascendental representan un esfuerzo por mantenerse firmes frente al escepticismo, ¿dónde situar a Descartes? En lo que respecta al papel que Dios representa en su filosofía, ¿cae del lado de una actitud regresiva y dogmática?, ¿o representa, más bien, un paso hacia adelante y una apuesta por la Modernidad? Tal vez Descartes, aun pagando su cuota a un mundo que empieza a derrumbarse, pero que ejerce todavía en él una fuerte influencia —el mundo medieval—, se inscribe en la gran tradición filosófica que opta por la fundamentación y contra el escepticismo, y esto explica su ambigua relación con el Barroco.

Se ha afirmado no sin razón y, aunque resulte sorprendente, que Descartes representa lo contrario de la sensibilidad barroca:

> La ciencia y la filosofía modernas atribuyen a menudo su nacimiento a un gesto inaugural: aquel con el que Descartes, fundando el saber en un ápice de certeza, en el pequeño destello del *cogito*, logra finalmente sustraerlo a la duda, la ilusión, el engaño, la locura y el naufragio: precisamente, de esas sirenas que seducían y mantenían subyugadas a la mente barroca. Descartes representa, pues, el antagonista por excelencia de la sensibilidad barroca[5].

Llama la atención esta afirmación que descuenta el planteamiento cartesiano del haber del Barroco, pero, examinada con detenimiento, no deja de ser verdadera. Pues ser cartesiano, además de poner de manifiesto una clara voluntad de dudar, es, como se ha reconocido, «buscar un fundamento»[6]. Por lo demás, Descartes no llevó más allá de ciertos límites su voluntad de dudar: la duda queda neutralizada por el miedo a la pérdida de la identidad, el miedo razonable a la locura. Pero el problema es complejo y, aunque Descartes represente el contrapunto de la sensibilidad barroca, ello es verdad en lo que respecta al punto de llegada; pero no en el inicio, en el planteamiento que le sirve de punto de partida.

La Modernidad inicia una nueva visión del mundo y del hombre, y la consideración de la vida como sueño y del mundo como teatro, tan pre-

---

su estrecho parentesco con el lenguaje. En todos los casos se trata de condiciones de posibilidad: de lo que hay (realismo); de lo que nos representamos que hay (idealismo); o de lo que decimos que hay (pragmática trascendental). Desde esta última consideración podríamos decir —como ya se ha advertido repetidamente a lo largo de este ensayo— que son trascendentales las condiciones que hacen posible el diálogo, pero que, precisamente por ello, no se establecen mediante él; el diálogo a lo sumo las reconoce, las «ilumina», pero no las determina, porque está, él mismo, determinado por ellas.

5. R. Bodei, *Una geometría de las pasiones*, Muchnik, Barcelona, 1995, p. 370.
6. V. Gómez Pin, *Conocer Descartes y su obra*, Dopesa, Barcelona, 1979, p. 99.

sente en la literatura de la época, afecta profundamente al género filosófico. *El gran teatro del mundo*, *La vida es sueño*, obras cumbre de nuestra literatura, son títulos suficientemente expresivos de una preocupación y de una sospecha propias de la época: la posibilidad de que todo fuese una especie de mascarada, de carnaval, de teatro. La respuesta filosófica a esa consideración teatral del mundo viene dada por el concepto de representación. El mundo como representación supone un desdoblamiento —teatral también—, una distinción entre actores y espectadores, que no se refiere solo a la distinción entre un sujeto y lo que se le opone —el objeto—, sino que atraviesa el mundo de la subjetividad, dividiéndola entre un yo contemplador y otro contemplado. Ese desdoblamiento supone una pérdida tal de espontaneidad, que no puede extrañar de ninguna manera que los siglos XVII y XVIII sean considerados los siglos de la «crítica». Descartes no fue ajeno a esa interpretación teatral de la existencia —«Y en los nueve años siguientes no hice otra cosa sino andar de acá para allá por el mundo, procurando ser más bien espectador que actor en las comedias que en él se representan»[7]—, y junto a su divisa *bene vivit qui bene latuit* (bien vive quien bien se oculta), expresó su voluntad de entrar en ese gran teatro que es el mundo, aunque, eso sí, escondido: «así como los actores [...] se ponen una máscara, yo, en el momento de salir a la escena del mundo, en la que hasta ahora he sido solo espectador, voy enmascarado (*larvatus prodeo*)»[8].

La consideración de la vida como sueño es un lugar común al arte y a la filosofía de esa época. Ya antes de Calderón, Shakespeare alude a la condición humana diciendo que estamos hechos de la misma materia de los sueños, y Descartes, con su hipótesis del *Deus deceptor*, no hace sino abundar en las posibilidades de la pesadilla. Segismundo, Hamlet y el propio Descartes aparecen bajo una misma luz. Pero, tal vez el más radical de todos sea el más antiguo, Hamlet, porque su duda no es metódica, sino profunda y radical hasta el extremo de convertirse en una duda existencial que conduce finalmente al extravío. Descartes, sin embargo, no llevará las cosas a ese punto.

La filosofía no es ni ha sido nunca una meditación fría y desapasionada: la dimensión existencial es su punto de partida y de llegada, y Descartes mismo inaugura un modo de pensar que es también un modo

---

7. *Discurso del método*, ed. y trad. de M. García Morente, Espasa-Calpe, Madrid, 1990, p. 64.
8. Cit. por V. Peña en su «Introducción» a las *Meditaciones metafísicas con Objeciones y Respuestas* (en lo sucesivo, *Meditaciones metafísicas*), Alfaguara, Madrid, 1977, p. xvi.

de vivir. Se trata, pues, de saber cómo vivir y, por descontado, de vivir. De ahí que la pérdida final de la identidad a la que puede conducir una duda profunda y radical, trate de evitarse y se transmute en una reconstrucción de la misma, a través de una duda que solo tiene un carácter funcional y metódico. En definitiva, inicialmente la vida podría considerarse como un sueño y el mundo como un teatro, pero para el filósofo, y, en concreto, para el filósofo Descartes, el mundo es algo más que un teatro y la vida es algo más que un sueño. Con todo, Descartes no fue ajeno al abismo y sus peligros. Y si apuntó una solución —discutible, como se verá, y hasta insuficiente—, lo que, desde luego, no dejó de plantear fue el problema en toda su profundidad. Tal es el caso de la primera de las *Meditaciones* donde se plantea como en ningún otro lugar el peligro de una duda radical, es decir, de una conciencia falsa.

La filosofía es para Descartes el estudio de la verdad por sus primeras causas[9], y gracias al procedimiento metodológico de la duda, la evidencia, es decir, la intuición clara y distinta, será establecida como criterio de verdad. De ese modo, la teoría cartesiana de la verdad, que también atiende a las exigencias de objetividad, inmediatamente pretende satisfacer un estado interior que garantice la verdad de los juicios emitidos. Esto significa que, aunque la verdad siga siendo entendida como *adaequatio*, será, primera e inmediatamente, *certitudo*. Así es como el *cogito* ingresa en el haber de la razón como primera verdad, cuya evidencia salva con éxito rotundo los obstáculos puestos por la duda. El *cogito*, que se manifiesta mediante la intuición, cuando el espíritu se vuelve hacia sí mismo, es un punto central de la problemática metafísica cartesiana, y la propia existencia se presenta como una verdad necesaria y evidente cada vez que se reflexiona adecuadamente. Ese es el sentido de la fórmula *cogito, ergo sum*.

Claridad y distinción son las condiciones —el criterio— para dictaminar acerca de la verdad de un conocimiento; constituyen, pues, las señas de identidad de la evidencia. Pero, siendo esta una condición necesaria, ¿se trata también de una condición suficiente para establecer la verdad objetiva de un conocimiento? ¿Qué garantías tenemos para asegurar que al estado psicológico y subjetivo de la *certitudo* corresponde un estado real y objetivo de las cosas tal como se nos aparecen a la conciencia? Parafraseando a Fink, cabría preguntar cómo es posible que lo que «nos aparece» bajo la luz de universalidad y necesidad se corresponda exactamente con «lo que es». Podría ocurrir, como en un

---

9. Cf., «Introducción» de J. M. Navarro Cordón a *Reglas para la dirección del espíritu*, Alianza, Madrid, 1984, pp. 30-31.

sueño, que fuésemos víctimas de un engaño tranquilizador, capaz de acallar la angustia ante el abismo al que se enfrenta toda metafísica: la distinción entre el sueño y la vigilia, entre la realidad y la alucinación, entre la cordura y la locura. Justamente aquí estriba la complejidad y la profundidad metafísica de la hipótesis cartesiana del «genio maligno».

Después de considerar la oportunidad del momento para plantear de una vez por todas la problemática filosófica:

> He advertido hace ya algún tiempo que, desde mi más temprana edad, había admitido como verdaderas muchas opiniones falsas, y que lo edificado después sobre cimientos tan poco sólidos tenía que ser por fuerza muy dudoso e incierto; de suerte que me era preciso emprender seriamente, una vez en la vida, la tarea de deshacerme de todas las opiniones a las que hasta entonces había dado crédito, y empezar todo de nuevo desde los fundamentos, si quería establecer algo firme y constante en las ciencias. Mas pareciéndome ardua dicha empresa, he aguardado hasta alcanzar una edad lo bastante madura como para no poder esperar que haya otra, tras ella, más apta para la ejecución de mi propósito; y por ello lo he diferido tanto, que a partir de ahora me sentiría culpable si gastase en deliberaciones el tiempo que me queda para obrar[10].

y tras considerar también lo idóneo de su situación:

> Así pues, ahora que mi espíritu está libre de todo cuidado, habiéndome procurado reposo seguro en una apacible soledad, me aplicaré seriamente y con libertad a destruir en general todas mis antiguas opiniones[11].

Descartes se propone en la primera de las *Meditaciones*, rechazar todo aquello en lo que se encuentren motivos para dudar:

> Ahora bien, para cumplir tal designio, no me será necesario probar que son todas falsas, lo que acaso no conseguiría nunca; sino que, por cuanto la razón me persuade desde el principio para que no dé más crédito a las cosas no enteramente ciertas e indudables que a las manifiestamente falsas, me bastará para rechazarlas todas con encontrar en cada una el más pequeño motivo de duda[12].

Primeramente son llamados a juicio los sentidos, e inmediatamente serán rechazados como fuente de fiabilidad: son engañosos y es pru-

---

10. Meditación primera, en *Meditaciones metafísicas*, cit., p. 17.
11. *Ibid.*
12. *Ibid.*

dente no fiarse por completo de quien nos ha engañado alguna vez[13]. Luego, para ahondar más en los abismos de la duda, Descartes reconoce que aun cuando muchas cosas nos parecen muy ciertas en los sueños, no dejan de ser eso: solo sueños que apenas alcanzamos a distinguir de la vigilia. Finalmente, y cuando ya parece que nos encontramos en el camino adecuado para encontrar verdades de las que no es posible dudar, cuando topamos con las verdades matemáticas cuyo contenido nos parece cierto e indudable, «pues, duerma o esté despierto, siempre dos más tres sumarán cinco»[14], entonces, en una última y magistral pirueta, Descartes, como un consumado mago de la duda, nos pone ante el mayor escollo, ante la gran dificultad. Pudiera ocurrir que un Dios omnipotente y malo hubiera dispuesto las cosas de tal modo que me confunda en lo fundamental: que allí donde las cosas me parecen ser ciertas son solo eso, un puro parecerme, un parecer sin ser, un ser «para mí» sin respaldo ontológico. El problema, dicho con precisión, es el siguiente: que la *certitudo* no fuese de ninguna manera *adaequatio*: que la certeza y la objetividad no coincidieran. Este es justamente el problema de la falsa conciencia, del escepticismo: la duda no puede ser más radical.

El planteamiento cartesiano toca fondo en ese momento: cuando la duda afecta a aquellos contenidos de la conciencia de los que no parece prudente dudar (las verdades de la matemática), dado que se presentan clara y distintamente. La duda se radicaliza, pues, en el momento en que afecta a la objetividad de la evidencia. Y eso —la radicalización de la duda— es lo que Descartes plantea con la hipótesis del genio maligno. Es cierto que comienza atribuyendo ese papel a Dios:

> Y, sin embargo, hace tiempo que tengo en mi espíritu cierta opinión, según la cual hay un Dios que todo lo puede, por quien he sido creado tal como soy. Pues bien: ¿quién me asegura que el tal Dios no haya procedido de manera que no exista tierra, ni cielo, ni cuerpos extensos, ni figura, ni magnitud, ni lugar, pero a la vez de modo que yo, no obstante, sí tenga la impresión de que todo eso existe tal como lo veo? Y más aún: así como yo pienso, a veces, que los demás se engañan, hasta en las cosas que creen saber con más certeza, podría ocurrir que Dios haya querido que me engañe cuantas veces sumo dos más tres, o cuando enumero los lados de un cuadrado, o cuando juzgo de cosas aun más fáciles que esas, si es que son siquiera imaginables. Es posible que Dios no haya querido que yo sea burlado así, pues se dice de Él que es la suprema bondad. Con todo, si el crearme de tal modo que yo siempre me engañase repugnaría a su bondad, también parecería del

---

13. *Ibid.*, p. 18.
14. *Ibid.*, p. 19.

todo contrario a esa bondad el que permita que me engañe alguna vez, y esto último lo ha permitido, sin duda[15].

Pero, enseguida, la hipótesis de un Dios malévolo es sustituida por otra más neutra, la del genio maligno:

> Así pues, supondré que hay, no un verdadero Dios —que es fuente suprema de verdad—, sino cierto genio maligno, no menos artero y engañador que poderoso, el cual ha usado de toda su industria para engañarme[16].

Lo que empezó siendo el problema —Dios, que puede engañarme—, acabará, como veremos, siendo la solución —Dios, que no puede engañar—. Pero esta inconsecuencia, que no ha pasado desapercibida, acaba exhibiendo los límites del sistema cartesiano.

3. *CIRCULATIO* Y DESARRAIGO DE LA METAFÍSICA

Desde una consideración estrictamente cronológica, la primera verdad alcanzada por el procedimiento metodológico de la duda es la de la proposición *cogito, ergo sum*. Pienso —dudar es una forma de pensar— y mientras pienso, al menos, no puedo sino aceptar que existo necesariamente. Descartes insiste en que no se trata aquí de la conclusión de silogismo alguno: la verdad de la proposición señalada es captada inmediatamente. Y diferencia así entre el conocimiento de los principios —que se alcanza intuitivamente— y el conocimiento a partir de los principios —que se alcanza de manera deductiva:

> [...] el conocimiento de los primeros principios o axiomas no suele ser llamado *ciencia* por los dialécticos—. Mas cuando percibimos que somos cosas pensantes, esa es una noción primera, no sacada de silogismo alguno; y cuando alguien dice, *pienso, luego soy o existo*, no infiere su existencia del pensamiento como si fuese la conclusión de un silogismo, sino como algo notorio por sí mismo, contemplado por simple inspección del espíritu[17].

Descartes instaura el punto de partida de la idea clara y distinta, que es desde su consideración lo inmediatamente cierto. La primera idea que presenta esas características es la del *cogito*, la *res cogitans* finita.

15. *Ibid.*, pp. 19-20.
16. *Ibid.*, p. 21.
17. Segundas respuestas, en *Meditaciones metafísicas*, cit., p. 115.

Sin embargo, poco podríamos avanzar más allá de ella: ella sola no es suficiente para garantizar la verdad de los contenidos de conciencia. La duda metódica, que posibilita la instauración de la primera verdad y el hallazgo de un criterio, nos ha hecho perder el mundo, que solo será recuperado mediante el concurso de otra idea que lleva en sí la garantía de existencia objetiva de su contenido. Dios es la única idea que encierra en sí misma la garantía de que lo pensado en ella existe necesariamente fuera del pensamiento; en ella se funden entidad y realidad, esencia y existencia. Y es mediante el concurso de la idea de Dios como podrá resolverse el problema de la objetividad[18].

En definitiva, no solo debo garantizar la verdad de mi existencia como ser-pensante, sino también la verdad de los contenidos de ese pensar que yo soy y, en concreto, la de aquellos contenidos que se presentan clara y distintamente a la conciencia. Esta es la verdad que garantiza Dios. Sin embargo, Dios mismo, en cuanto idea cuya realidad objetiva ha de ser probada, parece depender del criterio de evidencia referido con anterioridad. Y encontramos así una de las dificultades tópicas en la reflexión cartesiana: la *circulatio*.

Pero hay, además, otro problema. Dios no solo respalda el ser objetivo de las verdades eternas de la lógica, de la matemática y del resto de las verdades, sino también su ser así y no de otro modo. Esta cuestión resulta fundamental, según Cassirer, pues nos hace aparecer (como en Scoto y Ockham) toda verdad como el producto del libre albedrío de la divinidad, hasta el punto de que el mismo principio de identidad es una verdad inculcada desde fuera como un postulado fijo, y no una norma incondicionalmente válida y obligatoria para el ser. De ese modo, se sacrifica el principio fundamental del racionalismo, y Descartes desarraiga no solo su teoría del conocimiento, sino también su metafísica.

3.1. *La idea de Dios en el sistema cartesiano:*
 las condiciones de posibilidad de la racionalidad
 y los umbrales de la argumentación trascendental

La doble acusación referida es grave y afecta a la médula del sistema cartesiano. Para valorarla debidamente, vamos a tener en cuenta dos aspectos: en primer lugar, será preciso insistir brevemente en la naturaleza del «yo pienso», la primera verdad adquirida por el procedimiento de la

---

18. Cf. E. Cassirer, *El problema del conocimiento*, vol. I, FCE, México, 1964, pp. 498 ss.

duda; en segundo lugar, habrá que examinar el papel desempeñado por Dios en su metafísica.

Vidal Peña ha subrayado el hecho de que la Modernidad, que desembocará en la disolución del sujeto (como sustancia), ya sea desde una posición empirista o racionalista, encuentra en el planteamiento cartesiano un terreno abonado para tal disolución[19]. Bien es verdad que Descartes continúa aplicando al «yo» la única categoría que queda en pie en su sistema: la sustancia. Pero tal sustancialización se basa en la eliminación de elementos sensoperceptuales que hacían peligrar la evidencia con que es percibido. Si se tiene en cuenta que es la materia la que ha funcionado filosóficamente como *principium individuationis*, como principio en el que descansan las características individuales y el proceso concreto de *in-formación*, al eliminarla, se elimina un posible yo empírico que, en cuanto privado, individual y concreto, no es nada. Tal es la razón que conduce a Vidal Peña a rastrear en Descartes los inicios de una reflexión, la reflexión trascendental, que vuelve al yo —pero al yo como conciencia— para fundar en él las condiciones de posibilidad de todo ser, de todo existente en cuanto objeto del pensamiento.

Pero en esta misma línea es fundamental prestar especial atención a la idea de Dios. Sin entrar en el análisis ni en la discusión de las pruebas que da Descartes en favor de la existencia de Dios, conviene examinar lo que representa Dios en su sistema.

Es conocido el balance de la segunda de las *Meditaciones*: la absoluta certeza de que somos mientras pensamos, y las señas de identidad de la verdad: claridad y distinción. Pero se sabe también qué hemos perdido con el procedimiento metódico de la duda llevado hasta sus últimas consecuencias: la certeza no es única garantía de la objetividad, al menos no lo es mientras persista la duda acerca de la posibilidad de un Dios malvado y omnipotente; de un «genio maligno», si se quiere, para no comprometer las verdades de la religión. La evidencia, siendo condición necesaria, no parece ser —mientras persista el peligro— condición suficiente, justificación única y última.

Es verdad que, en este punto, Descartes no hace honor a la claridad, y que hay muchos textos que son, por lo menos, difíciles desde el punto de vista de la coherencia interpretativa. Pero solo bajo el presupuesto que se acaba de señalar puede entenderse la preocupación que expresa Descartes en la tercera Meditación, donde recoge de nuevo el estado de cosas descrito en la primera, cuando la duda afectaba a las verda-

---

19. V. Peña, «Introducción», cit., p. xvii.

des matemáticas. Reconoce allí Descartes una cierta perplejidad. Por un lado, Dios —o un genio maligno—, si quiere, puede engañarme; por otro, apenas es posible dudar de lo que se manifiesta clara y distintamente al pensamiento:

> Pero cuando consideraba algo muy sencillo y fácil, tocante a la aritmética y la geometría, como, por ejemplo, que dos más tres son cinco, o cosas semejantes, ¿no las concebía con claridad suficiente como para asegurar que eran verdaderas? Y si más tarde he pensado que cosas tales podían ponerse en duda, no ha sido por otra razón sino ocurrírseme que acaso Dios hubiera podido darme una naturaleza tal, que yo me engañase hasta en las cosas que me parecen más manifiestas. Pues bien, siempre que se presenta a mi pensamiento esa opinión, anteriormente concebida, acerca de la suprema potencia de Dios, me veo forzado a reconocer que le es muy fácil, si quiere, obrar de manera que yo me engañe aun en las cosas que creo conocer con grandísima evidencia; y, por el contrario, siempre que reparo en las cosas que creo concebir muy claramente, me persuaden hasta el punto de que prorrumpo en palabras como estas: engáñeme quien pueda, que lo que nunca podrá será hacer que yo no sea nada, mientras yo esté pensando que soy algo, ni que alguna vez sea cierto que yo no haya sido nunca, siendo verdad que ahora soy, ni que dos más tres sean algo distinto de cinco, ni otras cosas semejantes, que veo claramente no poder ser de otro modo que como las concibo[20].

Pero, admitida la perplejidad, no parece haber modo de salir de ella sino examinando en cuanto sea posible el problema de si Dios existe y, en caso afirmativo, si puede engañar:

> Ciertamente, supuesto que no tengo razón alguna para creer que haya algún Dios engañador, y que no he considerado aún ninguna de las que prueban que hay un Dios, los motivos de duda que solo dependen de dicha opinión son muy ligeros y, por así decirlo, metafísicos. Mas a fin de poder suprimirlos del todo, debo examinar si hay Dios, en cuanto se me presente la ocasión, y, si resulta haberlo, debo también examinar si puede ser engañador; pues, sin conocer esas dos verdades, no veo cómo voy a poder alcanzar certeza de cosa alguna[21].

Tanto en la tercera de las *Meditaciones* como en la cuarta parte del *Discurso*, ofrece Descartes una serie de pruebas de la existencia de Dios y de la veracidad divina. No entramos en su discusión ni tampoco en su exposición, solo importa advertir dos cosas: la primera, que en todos

---

20. Meditación primera, en *Meditaciones metafísicas*, cit., p. 32.
21. *Ibid.*

los casos se trata de ofrecer pruebas racionales: que una y otra —la existencia y la veracidad divinas— son admitidas no por fe, sino por la evidencia, es decir, por la claridad y distinción con que se presentan al pensamiento[22]. En segundo lugar, Descartes reconoce abiertamente la dependencia de todas las demás verdades de una primera y definitiva: la verdad de la existencia y la veracidad de Dios, y, de ese modo, no hay más remedio que admitir el estatuto absolutamente privilegiado de la idea de Dios.

Pero ¿cómo puede ser eso? Sobre todo, ¿cómo afecta la existencia de Dios a la verdad primera conseguida mediante el procedimiento de la duda, la verdad de la proposición *cogito, ergo sum*? La existencia y la veracidad divinas no parecen afectar a esa verdad, al menos a primera vista. Y no parecen afectarla, porque esa verdad tiene que ver con el acto mismo del pensamiento, y no con el contenido. Pero tampoco es por completo independiente de ellas, pues Descartes examina que esa primera verdad *supone* algo más. Si dudo, no tengo más remedio que admitir que soy imperfecto y, si me reconozco así, es porque tengo en mí la idea de perfección que, no pudiendo provenir de mí mismo, he de admitir que ha sido puesta en mí por alguien que es perfecto en grado sumo. De manera que, aunque la existencia de Dios no se necesite para probar la verdad de que estoy en lo cierto cuantas veces pienso que soy algo, el reconocimiento de mi propia existencia tiene como *presupuesto* el reconocimiento previo de la existencia de Dios. Dios es así la segunda verdad alcanzada desde el punto de vista cronológico; pero es

---

22. En las páginas que inician las *Meditaciones metafísicas* y que Descartes dirige a los señores decanos y doctores de la Sagrada Facultad de Teología de París, leemos: «Señores, [...] he estimado siempre que estas dos cuestiones de Dios y del alma eran las principales de entre aquellas que deben ser demostradas, mediante razones de filosofía más bien que de teología; pues aunque a los que somos fieles nos baste con creer, mediante la fe, que hay un Dios y que el alma humana no muere con el cuerpo, ciertamente, no parece posible inculcar a los infieles religión alguna, ni aun casi virtud moral alguna, si antes no se les prueban aquellas dos cosas mediante la razón natural; y siendo así que en esta vida se otorgan a menudo mayores recompensas a los vicios que a las virtudes, pocos serían los que prefiriesen lo justo a lo útil, si no los retuviera el temor de Dios y la esperanza de otra vida. Y aunque sea del todo cierto que debemos creer en Dios, pues así lo enseñan las Sagradas Escrituras, y, de otra parte, que debemos creer en las Sagradas Escrituras, pues proceden de Dios (y ello porque siendo la fe un don de Dios, el mismo que da la gracia para creer en las demás cosas, puede darla también para que creamos que existe), con todo, a los infieles no podríamos decírselo de ese modo, pues tal vez imaginarían que con ello se comete el error que los lógicos llaman círculo [...] todo cuanto puede saberse de Dios es ostensible mediante razones que no es preciso buscar en otro lugar que en nosotros mismos, y que nuestro espíritu puede suministrarnos por sí solo» (ed. cit., pp. 3-4).

lógicamente primera como fundamento y presupuesto de toda verdad, sea cual sea[23].

Los que sí parecen estar mucho más afectados por la existencia y la veracidad divinas son aquellos contenidos de la conciencia de los que aparentemente no se puede dudar: las verdades de la matemática que han sido puestas en duda por la hipótesis de un genio maligno. Y Descartes se manifiesta inequívocamente en este sentido en varios e importantes lugares de su obra.

En la cuarta parte de *Discurso* escribe:

> Pues, ¿cómo sabremos que los pensamientos que se nos ocurren durante el sueño son falsos, y que no lo son los que tenemos despiertos, si muchas veces sucede que aquellos no son menos vivos y expresos que estos? Y por mucho que estudien los mejores ingenios, no creo que puedan dar ninguna razón bastante para levantar esa duda, como no presupongan la existencia de Dios. Pues, en primer lugar, esa misma regla que antes he tomado, a saber, que las cosas que concebimos muy clara y distintamente son todas verdaderas, esa misma regla recibe su certeza solo de que Dios es o existe, y de que es un ser perfecto, y de que todo lo que está en nosotros proviene de Él; de donde se sigue que, siendo nuestras ideas o nociones, cuando son claras y distintas, cosas reales y procedentes de Dios, no pueden por menos de ser también, en ese respecto, verdaderas [...] Mas si no supiéramos que todo cuanto en nosotros es real y verdadero procede de un ser perfecto e infinito, entonces, por claras y distintas que nuestras ideas fuesen, no habría razón alguna que nos asegurase que tienen la perfección de ser verdaderas[24].

También en la tercera Meditación vuelve Descartes a reconocer esto mismo cuando advierte:

> Esta idea es también muy clara y distinta, pues que contiene en sí todo lo que mi espíritu concibe clara y distintamente como real y verdadero, y todo lo que comporta alguna perfección [...]. Y basta que entienda esto bien, y juzgue que todas las cosas que concibo claramente, y en las que sé que hay alguna perfección [...], están en Dios formalmente o eminentemente, para que la idea que tengo de Dios sea la más verdadera, clara y distinta de todas[25].

---

23. En este sentido puede afirmar Grimaldi lo siguiente: «La idea de Dios sostiene todo el edificio de la filosofía cartesiana. No solamente es la primera y más clara de todas, sino que precede a la que tenemos de nosotros mismos» (*Études cartesiennes. Dieu, le temps, la liberté*, J. Vrin, París, 1996).
24. *Discurso del método*, cit., pp. 72-73.
25. *Ibid.*, p. 40.

Finalmente, aunque de manera no ya tan inequívoca, en la quinta
Meditación vuelve Descartes sobre la misma temática y se expresa de
modo parecido:

> Por lo demás, cualquiera que sea el argumento de que me sirva, siempre se vendrá a parar en lo mismo: que solo tienen el poder de convencerme por entero las cosas que concibo clara y distintamente [...]. Y por lo que a Dios toca, es cierto que si mi espíritu estuviera desprovisto de algunos prejuicios, y mi pensamiento no fuera distraído por la continua presencia de imágenes de las cosas sensibles, nada conocería primero ni más fácilmente que a Él. Pues, ¿hay algo más claro y manifiesto que pensar que hay un Dios, es decir, un ser supremo y perfecto, el único en cuya idea está incluida la existencia, y que, por tanto, existe? Y aunque haya necesitado una muy atenta consideración para concebir esa verdad, sin embargo, ahora, no solo estoy seguro de ella como de la cosa más cierta, sino que, además, advierto que la certidumbre de todas las demás cosas depende de ella tan por completo, que sin ese conocimiento sería imposible saber nunca nada perfectamente[26].

Y entonces, he aquí el problema: ¿es Dios o es la evidencia la última
garantía de la verdad? ¿Cómo se pueden compatibilizar, por un lado, el
hecho de que Dios garantice que mis contenidos de conciencia claros y
distintos sean, además, objetivos, y el hecho de que se acepte la existencia
y la veracidad de Dios en virtud de la evidencia con que tal cosa se presenta ante mi conciencia? ¿Es la idea de Dios una mera reiteración del
criterio cartesiano de evidencia? ¿Tiene alguna base la acusación de haber incurrido en *circulatio* de la que el propio Descartes fue objeto en su
tiempo? Sin duda Descartes, que conoció esta acusación, intentó comba-
tirla, aunque a veces parece responder de forma un tanto sorprendente.

La acusación de haber incurrido en *circulatio* no fue desconocida
por Descartes, que trató de defenderse, a costa de hacer ambiguo el
estatuto de las verdades de la matemática. Un rápido balance nos lleva a considerar lo siguiente: en primer lugar, está fuera de duda que
Descartes llega a la idea de Dios en virtud de la evidencia con que esta
idea es concebida por el espíritu que la piensa; es también claro que
la evidencia es el criterio para establecer la idea del *cogito*, que supera
como ninguna otra los obstáculos de la hipótesis del *Deus deceptor*; finalmente, en algunos textos —que resultan de alguna manera inconsis-
tentes con los citados al respecto—, Descartes admite que existen otras
verdades cuya claridad y distinción son percibidas por el pensamiento

---

26. *Meditaciones metafísicas*, cit., pp. 57-58.

sin el auxilio de la idea de la divinidad. En ese caso, advierte también que un pensamiento finito no tiene siempre presentes las razones que fundamentan la claridad y distinción de las verdades así percibidas en un momento dado. Y son precisamente los inconvenientes de la finitud y los peligros del error que ella conlleva los que fundamentan la necesidad de recurrir a Dios:

> Por último, ya he explicado con bastante claridad en las respuestas a las segundas objeciones, número 3 y 4, que no he incurrido en lo que llaman círculo, al decir que solo estamos seguros de que las cosas que concebimos muy clara y distintamente son todas verdaderas, a causa de que existe Dios, y, a la vez, que solo estamos seguros de que Dios existe, a causa de que lo concebimos con gran claridad y distinción; pues ya entonces distinguí entre las cosas que concebimos, en efecto, muy claramente, y aquellas que recordamos haber concebido muy claramente en otro tiempo. En efecto: en primer lugar, estamos seguros de que Dios existe, porque atendemos a las razones que nos prueban su existencia; mas, tras esto, basta con que nos acordemos de haber concebido claramente una cosa con claridad para estar seguros de que es cierta: y no bastaría con eso si no supiésemos que Dios existe y no puede engañarnos[27].

A propósito de este texto advierte Rábade[28] que hay que distinguir entre lo que percibimos actualmente con claridad y distinción y lo que recordamos haber percibido antes. Para lo primero no hace falta contar con Dios; para lo segundo, sí. La razón sería que la memoria es una facultad en la que interviene en considerable proporción la sensibilidad, y no cuenta con las garantías de la intuición intelectual. Así se explica la alternancia de criterios impuesta por la filosofía cartesiana, una filosofía que está a caballo entre la Antigüedad y la Modernidad, que respeta la dimensión objetiva del conocer, pero que instaura el papel básico del sujeto en esa dimensión. Para lo primero, para la verdad entendida como *adaequatio*, Dios es un recurso obligado, pero Dios mismo y otras de las verdades que contiene nuestro pensamiento se obtienen mediante un estado de plenitud subjetiva que es la *certitudo*.

Con todo, existe aquí una profunda ambigüedad. Y, para afrontarla, creo que habría que distinguir en Descartes dos planos diferentes a partir de los cuales intenta defenderse de la acusación de *circulatio*: por un lado, está lo que podríamos llamar el «orden de la ciencia» o el

---

27. Cuartas respuestas, en *Meditaciones metafísicas*, cit., p. 197.
28. *Descartes y la gnoseología moderna*, en S. Rábade, *Obras* III, Trotta, Madrid, 2006, pp. 233-234.

plano «de las conclusiones». En ese plano es preciso distinguir entre lo que actualmente percibimos clara y distintamente y lo que recordamos haber percibido antes: para lo primero —señalaría Descartes—, no necesito a Dios; para lo segundo, sí. Dios garantiza, pues, un orden eterno de verdades. Pero hay un segundo plano que trasciende el orden de las razones, de las consecuencias, de las conclusiones: es el plano estrictamente trascendental en el que se tienen en cuenta los presupuestos, los implícitos. Un plano que está cercano a lo que hoy conocemos como reflexión trascendental y que Descartes sitúa en la línea de la intuición intelectual. En este plano la verdad de una proposición no es probada —ni puede serlo—deductivamente[29].

Esta última clave interpretativa se encuentra respaldada por numerosos textos de Descartes. En el que ya ha sido citado más arriba de las segundas *Respuestas* a las correspondientes *Objeciones*, Descartes responde a Mersenne, que le había advertido que «el principio del conocimiento claro y distinto debe, a su vez, ser explicado, tan clara y distintamente, que nadie que sea razonable pueda, en adelante, sospechar engaño alguno en lo que crea saber de ese modo; de no ser así, aún no vemos cómo podemos estar ciertos de la verdad de cosa alguna». Y Descartes escribe lo siguiente:

> *En tercer lugar*, al decir yo *que no podemos saber nada de cierto, si antes no sabemos que existe Dios*, dije expresamente que solo me refería a la ciencia de aquellas conclusiones *cuyo recuerdo puede volver a nuestro espíritu cuando ya no pensamos en las razones de donde las hemos inferido*. Pues el conocimiento de los primeros principios o axiomas no suele ser llamado *ciencia* por los dialécticos. Mas cuando percibimos que somos cosas pensantes, esa es una noción primera, no sacada de silogismo alguno; y cuando alguien dice, *pienso, luego soy o existo*, no infiere su existencia del pensamiento como si fuese la conclusión de un silogismo, sino como algo notorio por sí mismo, contemplado por simple inspección del espíritu[30].

También el primero de esos planos —el de la ciencia, el de las conclusiones— lo constata Descartes allí mismo, cuando, en la línea de la quinta Meditación y sobre la posibilidad de que hubiese incurrido en

---

29. Cf. S. Rábade, *Descartes y la gnoseología moderna*, cit., p. 254 ss. También resulta clarificadora la reflexión de Grimaldi. Este autor advierte que la certeza posee en Descartes un doble estatuto, intuitivo y deductivo. Pues bien, la veracidad divina garantiza no la *praesens evidentia* —intuición—, sino la *evidentia aeterna* —deducción—. Apoyándose en esta distinción rechaza Grimaldi la acusación de *circulatio* que se hace contra Descartes (cf. *Études cartesiennes*, cit., pp. 33-34).
30. Segundas respuestas, en *Meditaciones metafísicas*, cit., p. 115.

círculo, contesta a Mersenne aludiendo al «plano de las conclusiones», a lo que los escolásticos llamaban ciencia (hábito de extraer conclusiones):

> [...] explicaré aquí de nuevo el fundamento sobre el que me parece descansar toda certeza humana. Diré primero que, no bien pensamos concebir claramente alguna verdad, nos sentimos naturalmente inclinados a creerla. Y si tal creencia es tan fuerte que nos hace imposible dudar de lo que así creemos, nada más hay que indagar: poseemos toda la certeza que puede razonablemente desearse [...] Mas puede dudarse de que haya una certeza tal, o una persuasión que sea firme e inmutable [...]. Si existe tal certeza, será solo en las cosas que el espíritu concibe clara y distintamente.

Descartes pone aquí el ejemplo de la proposición *cogito, ergo sum*, pero añade que:

> Hay otras cosas que nuestro entendimiento concibe también muy claramente, cuando nos fijamos bien en las razones de que su conocimiento depende; y, mientras así nos fijamos, no podemos dudar de ellas. Mas como podemos olvidarnos de las razones, y recordar, no obstante, las conclusiones de ellas obtenidas, nace entonces la cuestión de si podemos estar firme e inmutablemente persuadidos de dichas conclusiones mientras recordamos que han sido deducidas de principios muy evidentes; pues tal recuerdo debe suponerse, a fin de que puedan ser llamadas conclusiones. Respondo diciendo que podrán estar persuadidos de ello quienes conozcan a Dios de modo que sepan ser imposible que la facultad de entender, por Él otorgada, tenga por objeto otra cosa que la verdad; los que no lo conozcan así, no podrán poseer tal certeza. Y he explicado esto tan claramente al final de la quinta Meditación, que no creo tener nada que añadir aquí[31].

Finalmente, en las *Respuestas* a las cuartas *Objeciones* de Arnauld, se expresa Descartes de modo parecido en lo tocante a cuestiones similares. Arnauld había escrito lo siguiente:

> Solo un escrúpulo me resta, y es saber cómo puede pretender no haber cometido círculo vicioso, cuando dice que *solo estamos seguros de que son verdaderas las cosas que concebimos clara y distintamente, en virtud de que Dios existe*. Pues no podemos estar seguros de que existe Dios, si no concebimos eso con toda claridad y distinción; por consiguiente, antes de estar seguros de la existencia de Dios, debemos estarlo de que es verdadero todo lo que concebimos con claridad y distinción[32].

---

31. *Ibid.*, pp. 116-119.
32. *Ibid.*, p. 174.

Y, como ya se ha señalado más arriba, Descartes responde distinguiendo entre lo que actualmente percibimos clara y distintamente, y lo que recordamos haber percibido antes «en primer lugar, estamos seguros de que Dios existe, porque atendemos a las razones que nos prueban su existencia; mas, tras esto, basta con que nos acordemos de haber concebido claramente una cosa para estar seguros de que es cierta: y no bastaría con eso si no supiésemos que Dios existe y no puede engañarnos»[33].

Pero eso no puede ser todo. Y el problema hasta cierto punto sigue en pie: por una parte, Dios sigue siendo objeto de una evidencia cuya objetividad debe respaldar; y, por otra, aún queda por explicar la fuerza y el significado de ese omnipotente engañador que Descartes presenta bajo la figura de un supuesto y maligno genio. Es esto lo que Vidal Peña afronta bajo la hipótesis de acuerdo con la cual el planteamiento cartesiano superaría el método psicológico de introspección instalándose en los umbrales mismos del planteamiento trascendental y de la moralización del conocimiento.

Es verdad que la conciencia queda plenamente satisfecha cuando conoce con la claridad y distinción propias de las verdades matemáticas. Pero, en ese caso —como advierte Vidal Peña—, si la idea verdadera no necesita más garantía que ella misma mostrándose como tal, ¿para qué necesita una duda metódica? En el fondo, la cuestión que suscita Descartes es la siguiente: ¿por qué las condiciones bajo las cuales nuestra conciencia funciona deben ser tomadas como algo absoluto, como la medida misma de la realidad? Aquí estriba la fuerza y la profundidad de la duda metódica, que no es simplemente retórica o hiperbólica, sino y con todo derecho, una duda metafísica en la medida en que afecta, no ya a cualquier contenido de conciencia, sino a aquellos, respecto de los cuales, dada la evidencia con que se presentan, no parece posible dudar. El problema, sin embargo, está en saber si, siendo Dios omnipotente, puede Él mismo «envolver» mi conciencia hasta el punto de que las condiciones que me hacen identificar un conocimiento verdadero sean solo condiciones para mí, pero de ningún modo condiciones de toda racionalidad posible.

Se sabe que la evidencia del *cogito* es inatacable, pero ella es del todo insuficiente en la medida en que no sirve para garantizar la objetividad de los contenidos de la conciencia, ni siquiera la de aquellos que presentan la claridad y distinción propias de la evidencia. Para probar la objetividad de los contenidos de conciencia evidentes, sería preciso encontrar una idea que, sin dejar de ser contenido de la conciencia, lleve en sí misma

---

33. *Ibid.*, p. 197. Cf. también el final de la quinta Meditación (*ibid.*, p. 58).

la garantía de objetividad y, además, que se trate de algo tan perfecto que sea incapaz de engañar[34]. Tal es la idea de Dios; pero la prueba de su existencia está avalada por la misma evidencia cuya objetividad Dios garantiza. Y ahí está el círculo, pero también ahí está el principio de su solución, si se advierte que la evidencia de Dios es *de otro orden*[35]: «Hay Dios» significa que el orden racional está legitimado y asegurado. Postular a Dios significa postular las condiciones que hacen posible la racionalidad, significa proyectar trascendentalmente aquello que es preciso para que la conciencia no se disuelva[36]. De modo que «el círculo» deja paso a un planteamiento trascendental con importantes consecuencias. Dios garantiza la existencia de un orden eterno de verdades, aunque no lo percibamos actualmente con la claridad y distinción con que una vez lo percibimos; Dios garantiza la existencia de un orden de racionalidad con arreglo al cual opera nuestra conciencia lógica.

Tal es la posición de Vidal Peña. Pero no hay más remedio que reconocer una gran inconsecuencia o ambigüedad por parte de Descartes en lo que se refiere a los contenidos de conciencia claros y distintos. Hay, por lo menos, *tres tipos* de verdades que se obtienen mediante el procedimiento metodológico de la duda y que cumplen los requisitos de claridad y distinción propios de la evidencia, pero que tienen un diferente estatuto epistemológico y desempeñan, por eso, funciones de fundamentación distintas en la reflexión metafísica cartesiana.

1. *La verdad de la proposición* «cogito, ergo sum»: No se trata aquí de ningún contenido de la conciencia, sino del acto mismo del pensamiento. La verdad de esta proposición no depende de la existencia ni de la veracidad divinas. Es la primera verdad desde el punto de vista cronológico y se acepta en virtud de la claridad y distinción con que es percibida. Sin embargo, aunque la verdad de esa proposición sea relativamente independiente de la existencia y la veracidad divinas, hemos visto cómo, atendiendo a los implícitos que esa proposición lleva consigo, es imposible desligar lo que soy de la existencia de un Dios perfecto. Conviene, pues, distinguir, como ha hecho Paul Ricoeur[37], entre un *ordo essendi* y un *ordo cognoscendi*. El primero de ellos pone de manifiesto la dependencia de mi ser del ser divino; y así, en la tercera de las *Meditaciones* Descartes sitúa la certeza del *cogito* en posición subordinada con respecto

---

34. Cf. V. Peña, «Introducción» a las *Meditaciones metafísicas*, cit., pp. xxx-xxxi.
35. *Ibid.*, pp. xxxi-xxxii.
36. *Ibid.*, p. xxxvi.
37. Cf., *Sí mismo como otro*, Siglo XXI, Madrid, 1996, pp. xix-xx.

a Dios, el cual, «simple eslabón en el *ordo cognoscendi*, se convierte en el primer anillo».

2. *La verdad de la proposición «Dios existe y no puede engañar»*: Desde el punto de vista cronológico es la segunda obtenida. Aunque la verdad de la primera es relativamente independiente de ella; sin embargo, como se ha señalado, la supone de alguna manera (dudar es pensar; pero dudar es admitir que uno es finito y, según Descartes, solo porque tenemos previamente la idea de lo infinito, nos conocemos como seres finitos)[38]. Se trata de un contenido de la conciencia, pero, sin dejar de ser eso, tiene realidad objetiva (argumento ontológico). Además, esta verdad es el fundamento de la objetividad de todas las demás verdades que se presentan clara y distintamente a la conciencia (ella garantiza la objetividad de la evidencia)[39]. Finalmente, se trata de una verdad absolutamente clave desde el punto de vista adoptado en este trabajo: en la serie de las verdades claras y distintas, ella sería algo así como el fundamento de toda la serie, en la medida en que o bien la suponen (la verdad del *cogito*), o dependen de ella (todas las demás)[40].

3. *Las verdades de la matemática*: También se trata aquí de contenidos de conciencia; pero tales contenidos no llevan en sí mismos la garantía de su existencia fuera e independientemente de la conciencia. De todos modos, Descartes no es siempre claro[41] en lo que respecta al estatuto epistemológico de estas verdades: unas veces parece que su objetividad no depende de la existencia de Dios (cuando pretende afrontar y defenderse de la acusación de *circulatio*), y otras veces, sí (en el caso de los textos ya citados y pertenecientes a la cuarta parte del *Discurso del método*, y en la primera, tercera y quinta Meditación. También está patente esta dependencia en los lugares en que se señala la imposibilidad de que el ateo pueda superar el escollo del escepticismo).

3.2. *El desarraigo de la metafísica cartesiana: voluntarismo, escepticismo y ateísmo*

En términos generales, podría decirse que hay una importante matización en lo que respecta a la relación existente entre el entendimiento y

---

38. Cf. S. Rábade, *Descartes y la gnoseología noderna*, cit., pp. 275-276.
39. Cf. J. L. Marion, *Sur le prisme métaphysique de Descartes*, PUF, París, 1986, pp. 217-218; también P. Grimaldi, *Études cartesiennes*, cit., p. 34.
40. Cf. N. Grimaldi, *Études cartesiennes*, cit., pp. 13 y 36-37.
41. Esto es algo subrayado por muchos estudiosos de la obra cartesiana. Como muestra, véase J. L. Marion, *Sur le prisme métaphysique de Descartes*, cit., p. 279.

la voluntad si se compara el *Discurso del método* con las *Meditaciones metafísicas*. En la tercera parte del *Discurso* Descartes mantiene una postura intelectualista muy en la línea socrática de interdependencia entre razón, virtud y felicidad:

[...] pues no determinándose nuestra voluntad a seguir o evitar cosa alguna, sino porque nuestro entendimiento se la representa como buena o mala, basta juzgar bien para obrar bien, y juzgar lo mejor que se pueda para obrar también lo mejor que se pueda; es decir, para adquirir todas las virtudes y con ellas cuantos bienes puedan lograrse; y cuando uno tiene la certidumbre de que ello es así, no puede por menos de estar contento[42].

Pero esta posición está profundamente matizada en la cuarta Meditación, donde se reconoce la mayor amplitud de la voluntad respecto del entendimiento, lo que explica que se produzca el error:

Solo la voluntad o libertad de arbitrio siento ser en mí tan grande, que no concibo la idea de ninguna otra que sea mayor: de manera que ella es la que, principalmente, me hace saber que guardo con Dios cierta relación de imagen y semejanza [...] ¿De dónde nacen, pues, mis errores? Solo de esto: que, siendo la voluntad más alta que el entendimiento, no la contengo dentro de los mismos límites que este, sino que la extiendo también a las cosas que no entiendo, y, coge el mal en vez del bien, o lo falso en vez de lo verdadero. Y ello hace que me engañe y peque[43].

De todos modos, el intelectualismo cartesiano es compatible con su posición voluntarista, como se verá a continuación a propósito de la relación existente entre el entendimiento y la voluntad de Dios.

A esta problemática se alude en las sextas *Objeciones*, cuando se le reprocha a Descartes que haya dicho de las verdades matemáticas, por una parte, que son eternas e inmutables, y, por otra, que dependen de la voluntad de Dios. Descartes concluye en sus *Respuestas* que la voluntad divina es en última instancia la causa de todo. En el lugar citado se le hace la siguiente objeción:

42. *Discurso del método*, cit., pp. 63-64.
43. *Ibid.*, pp. 48-49. Cf. también el final de la Meditación cuarta: «Y, sin duda, no puede haber otra causa que la que he explicado; pues siempre que contengo mi voluntad en los límites de mi conocimiento, sin juzgar más que de las cosas que el entendimiento le representa como claras y distintas, es imposible que me engañe, porque toda concepción clara y distinta es algo real y positivo y, por tanto, no puede tomar su origen de la nada, sino que debe necesariamente tener a Dios por autor, el cual, siendo sumamente perfecto, no puede ser causa de error alguno; y, por consiguiente, hay que concluir que una tal concepción o juicio es verdadero» (*Meditaciones metafísicas*, cit., pp. 51-52).

¿Cómo es posible que las verdades geométricas o metafísicas, que en ese lugar mencionáis, sean inmutables y eternas y, no obstante, dependan de Dios? ¿Según qué género de causa pueden depender de Él? ¿Y cómo habría podido hacer que la naturaleza del triángulo no existiera? ¿O que no fuese cierto, desde toda la eternidad, que dos por cuatro fuesen ocho? ¿O que un triángulo no tuviera tres ángulos? Por lo tanto, o tales verdades no dependen más que del entendimiento solo, cuando piensa, o dependen de la existencia de las cosas mismas, o bien son independientes; ya que no parece posible que Dios haya hecho de manera que alguna de ellas no existiese desde toda la eternidad[44].

Y Descartes responde de manera que no deja lugar a dudas sobre su posición voluntarista:

Cuando se considera con atención la inmensidad de Dios, se ve con evidencia que no puede haber nada que no dependa de Él; y no solo todo lo que subsiste, sino todo orden, ley o criterio de bondad y verdad, de Él dependen [...] la razón de que sean buenas (las cosas que hay en el mundo) depende de que ha querido hacerlas así [...]. También es inútil preguntar cómo es que Dios hubiera podido hacer, desde toda la eternidad, que dos por cuatro no fuesen ocho, etc., pues confieso que eso no podemos entenderlo; mas como, por otra parte, sí comprendo muy bien que nada puede existir, sea cual sea su género de ser, que no dependa de Dios, así como que a Dios le ha sido muy fácil disponer ciertas cosas de manera que los hombres no pudiesen entender que fueran de otro modo que como son, sería contrario a la razón dudar de cosas que entendemos muy bien por causa de algunas otras que ni comprendemos ni vemos que debiéramos comprender. Así, no hay por qué pensar *que las verdades eternas dependen del entendimiento humano, o de la existencia de las cosas*, sino tan solo de la voluntad de Dios que, como supremo legislador, las ha ordenado y establecido desde toda la eternidad[45].

Esto es justamente lo que ha valido a Descartes un importante reproche al que aludimos más arriba y que no hemos examinado todavía: su voluntarismo gnoseológico conduciría al desarraigo de su metafísica. Aunque Cassirer reconoce que no hay diferencias apreciables entre las afirmaciones de Descartes y la forma tradicional que adopta el argumento ontológico, desde san Anselmo, señala, sin embargo, que es «un nuevo *interés* y un nuevo *planteamiento del problema* los que hacen retornar a Descartes al concepto de Dios»[46]. Si la Escolástica buscaba en la prueba ontológica la manera de allanar el camino hasta el dogma, Descartes encuentra el centro de

---

44. *Meditaciones metafísicas*, cit., p. 319.
45. *Ibid.*, pp. 332-333.
46. *El problema del conocimiento*, cit., pp. 499-500.

su investigación en el mundo corpóreo y lo que trata en última instancia de probar no es tanto Dios como la naturaleza. Ahora bien, la prudencia crítica que Descartes encarna tantas veces es abandonada cuando admite que la omnipotencia divina puede realizar incluso lo contradictorio:

> Las «verdades eternas» de la geometría y de la lógica solo son válidas porque Dios les ha conferido este valor y esta sanción; son el producto de su libre albedrío, no limitado por nada. El mismo *principio de identidad* es una necesidad inculcada a nuestro espíritu desde fuera como un *postulado* fijo, y no una *norma* incondicionalmente obligatoria para el ser [...]. Se sacrifica con ello el principio fundamental del racionalismo; las leyes del conocimiento se rebajan a simples «instituciones» y convenciones fortuitas [...] y Descartes desarraiga no solamente su teoría del conocimiento, sino también su metafísica[47].

De ese modo, así como antes «se afirmaba la seguridad de la idea como lo único que podía conducirnos a cualquier clase de ser, ahora se nos dice que no debemos confiar en esta seguridad, ni siquiera en las más claras y evidentes conclusiones de la matemática, mientras que no hayamos adquirido plena certeza en cuanto al *'creador de nuestra existencia'*. El *conocimiento* no es ya su propio origen válido y auténtico; necesita verse confirmado y sostenido por un fundamento *metafísico* de la existencia». Pero «dondequiera que el pensamiento abandona su propio centro y su propia y autárquica rendición de cuentas, cae en manos de poderes externos, extraños a su propia esencia, ya se los llame 'divinos' o 'demoníacos'». Y, mediante el recurso a una ficción metafísica, «la duda atrae a su círculo los principios formales del pensamiento, pero cortándose con ello toda posibilidad de retirada»[48]. Tal es el reproche que Cassirer dirige contra Descartes.

Pero también cabría considerar eso mismo de otro modo. Vidal Peña ha interpretado el voluntarismo cartesiano como una nueva expresión de su modernidad y de la vía trascendental que preludia. Tras poner de manifiesto que la metafísica cartesiana constituye un valioso exponente del planteamiento trascendental, Vidal Peña reconoce que el problema estriba todavía en el conflicto entre la perfección y la omnipotencia divinas. Pero en lo que respecta al Dios-conciencia, se trata de un Dios promovido por la conciencia lógica, por la racionalidad, un Dios hecho a *mi* imagen y semejanza, donde *mis* condiciones de posibilidad se convierten en *las* condiciones de posibilidad de toda racionalidad po-

---

47. *Ibid.*, pp. 505-506.
48. *Ibid.*, pp. 506-507.

sible⁴⁹. Ciertamente, Dios deja ya de ser una cosa *de la que* se habla para convertirse en un plano fundamentador, en algo *desde lo que* se habla⁵⁰. Pero el planteamiento cartesiano no acaba aquí: el hecho de que Dios y la propia racionalidad sean homogéneos explica que el Dios-conciencia cartesiano no sea «envolvente». Aunque siempre cabe la posibilidad de que me envuelva. Solo que en ese caso ya no es un Dios-conciencia, sino un Dios-voluntad: en ese plano Dios es libre (en la línea de Scoto) y en este punto la heterogeneidad entre el propio ser y el de Dios, que puede hacer a su arbitrio la verdad, salta a la vista⁵¹. Y esto, más que una vía irracionalista que deja sin fundamento y desarraigada la metafísica cartesiana, como pretendía Cassirer, es lo que con Vidal Peña cabe interpretar como una nota más de la modernidad de Descartes: la voluntad de Dios es aquí el techo de su racionalismo y de toda actitud crítica que cuenta con el problema de los límites, pues todo criticismo no solo se preocupa del problema de las *garantías* de la racionalidad (la conciencia, el entendimiento divino no envolvente), sino también de los *límites* de la racionalidad (la voluntad divina, que me envuelve). Todavía más: ella tiene en cuenta el papel que en adelante habrá de pertenecer al terreno de la voluntad y al de la moral en la crítica del conocimiento. La crítica, concluye Vidal Peña, si no quiere ser escéptica, tendrá que conducir a la moralización del conocimiento y, negador de la religión, el racionalismo le rinde su último tributo en la espera de algún tipo de «salvación». Siempre habrá que postular algo para escapar al peligro del genio maligno, de la falta de sentido y de caos⁵².

Y ahí está el problema: «si no quiere ser escéptica». En ese sentido la línea hermenéutica adoptada por Vidal Peña me parece de una coherencia y una profundidad ejemplares; pero ni siquiera a él se le ocultan las insuficiencias de Descartes. Y entonces, preguntamos, ¿cómo explicar tales inconsecuencias? ¿Qué es lo que Descartes pretende evitar? ¿Qué peligro, qué fantasma intenta conjurar?

4. DESCARTES Y EL ESCEPTICISMO

Descartes no ahorra profundidad a la hora de plantear el problema del escepticismo, y la primera de las *Meditaciones* constituye un ejemplo

---

49. V. Peña, «Introducción», cit., p. xxxv.
50. *Ibid.*, p. xl.
51. *Ibid.*, p. xxxvii.
52. *Ibid.*, pp. xl-xli.

señalado y un claro exponente de la relevancia que este problema tiene en su planteamiento. La hipótesis del genio maligno, al poner en duda la objetividad de las verdades matemáticas, plantea el problema con todo rigor: ¿y si lo que me aparece bajo las señas de identidad de la claridad y distinción fuese solo eso, un parecer sin ser, una pura apariencia sin profundidad ontológica? Tal es el problema del escepticismo, que Descartes solo salva probando la existencia y la veracidad de Dios, y ahí está el intento de «moralizar» el conocimiento, referido por Peña y, más tarde, atacado por Nietzsche, que nos conduce a la cuestión última de su filosofía: el problema del ateísmo. Ese es el precio que Descartes no está dispuesto a pagar por su crítica, y este es también el elemento desde el cual se explica la doble acusación de que ha sido objeto el planteamiento de Descartes.

¿Qué ocurriría, entonces, con los que rechazan las pruebas racionales en favor de Dios, o carecen de fe? El ateísmo tiene que pagar su cuota y, según Descartes, no podrá nunca, si es consecuente, salvar el escollo del escepticismo. En las segundas *Objeciones*, dado que Descartes ha sostenido que toda verdad descansa sobre la existencia de Dios y que sin ese requisito no ve la manera en que puede estar cierto de cosa alguna, se le intenta refutar señalando que, en ese caso, el ateísmo sería incompatible con el ejercicio de las matemáticas. Tal es la posición de Mersenne, que reacciona contra la opinión cartesiana según la cual el ateo no podría estar seguro de las verdades matemáticas[53]. Pero Descartes se muestra testarudo en sus principios y está dispuesto a extraer las últimas consecuencias que de ellos se deriven. En sus *Respuestas* concluirá que a un ateo no le es posible del todo salir del escepticismo:

> Pues bien, no niego *que un ateo pueda conocer con claridad que los ángulos de un triángulo valen dos rectos*; sostengo que no lo conoce mediante una ciencia verdadera y cierta, pues ningún conocimiento que pueda de algún modo ponerse en duda puede ser llamado ciencia; y, supuesto que se trata de un ateo, no puede estar seguro de no engañarse en aquello que le parece evidentísimo, según he mostrado anteriormente; y aunque acaso no pare mientes en dicha duda, ella puede con todo presentársele, si la considera o alguien se la propone; y no estará nunca libre del peligro de dudar, si no reconoce previamente que hay Dios[54].

---

53. «Añádase», dice Mersenne, «que un ateo sabe clara y distintamente que los ángulos de un triángulo valen dos rectos, aunque está muy lejos de creer —al contrario, lo niega— en la existencia de Dios» (*Meditaciones metafísicas*, cit., pp. 103-104).

54. *Meditaciones metafísicas*, cit., pp. 115-116. En la misma línea que Mersenne se expresa Gassendi en las quintas *Objeciones* y, como al primero, Descartes le responde,

En definitiva, pues, el papel que Dios desempeña en el sistema cartesiano está íntimamente ligado al problema del escepticismo. Dios garantiza un orden eterno de verdades y sirve así para derrotar «el demonio» del escepticismo, que es el que en definitiva se oculta bajo el genio maligno. Ese es el peligro al que alude la duda radical: el peligro de una conciencia falsa. Vidal Peña considera que Descartes constituye un valioso exponente histórico del método o razonamiento trascendental, cuyo compendio estaría en el siguiente enunciado: «Tal cosa *tiene que ser así*, porque *si no* es así, la conciencia entera se desmorona y eso *no puede ser*»[55]. Y de ese modo, el conocimiento, para huir del peligro y del abismo, tendrá que ir moralizándose, tendrá que dejar de ser solamente puro para ser práctico. Pero ahí está también lo que Nietzsche denunció como una gran trampa; algo que él evaluó como «moralina» y a cuyo reto respondió con otro: «pues que se desmorone».

Para centrar la cuestión volvamos al principio: la filosofía cartesiana forma parte de una gran tradición filosófica que, frente al escepticismo, se caracteriza por la búsqueda de un fundamento. En este sentido hemos señalado la posición ambigua de Descartes respecto de su época, respecto del Barroco. A pesar de la confianza en la razón con que se inicia la filosofía cartesiana («el buen sentido es la cosa mejor repartida del mundo»); a pesar de su voluntad de independizarse del dictado dogmático de la tradición y de la fe; a pesar de todo eso, Descartes no está dispuesto a pagar el precio del escepticismo que llevaría aparejada una posición atea. Pero tal vez el problema esté planteado en Descartes en términos tan radicales que conducen a no menos radicales consecuencias. En términos de «o todo o nada», «o fundamento absoluto o escepticismo radical», Descartes opta por lo primero. Y esa búsqueda de un fundamento absoluto le hará dar el salto hasta Dios con las referidas cuotas de *circulatio* y desarraigo de su metafísica.

Cassirer ha advertido críticamente ese absolutismo cartesiano en los conceptos respectivos de verdad y ser[56]. Pero no solo Cassirer; Nietzsche, que acusaba los prejuicios lingüísticos, los hábitos gramaticales que de manera inconsciente e involuntaria formaban parte del discurso

---

señalando que el escepticismo es el precio del ateísmo: «Contra lo que aquí se decía de Diágoras, Teodoro, Pitágoras y otros, os opongo el caso de los escépticos, que llegaron a poner en duda las demostraciones de la geometría; y yo mantengo que no lo habrían hecho si hubieran tenido un verdadero conocimiento de Dios» (*Ibid.*, cit., p. 301).

Y también en las sextas Objeciones vuelve a plantearse esta problemática a la que Descartes responde en el sentido ya señalado (cf. *ibid.*, pp. 316-317 y 327).

55. V. Peña, «Introducción», cit., p. xxxv.
56. *El problema del conocimiento*, cit., p. 501.

cartesiano (por ejemplo, que el sujeto «yo» está en la base del predicado «pienso»), nos invita a «dudar mejor que Descartes». En un fragmento escrito durante el verano de 1885[57], Nietzsche advierte que «nosotros, los modernos, somos todos adversarios de Descartes y nos defendemos de su dogmática ligereza en la duda. Ha de dudarse mejor que Descartes». Pero ¿cómo ha de entenderse este «dudar mejor que Descartes»? Dudar mejor significa simplemente renunciar a la fundamentación absoluta, renunciar al proyecto de «el punto de vista de Dios», asumir nuestra limitación, hacerse cargo de nuestra propia condición. Si Descartes no lo hizo, si esa renuncia fue imposible para él, tal vez se trate, como se ha advertido[58], de una cierta inconsecuencia con esa voluntad suya de desembarazarse de todos los juicios heredados, de los prejuicios morales sobre los que descansaba su propia filosofía.

Y conviene decir algo sobre esos prejuicios: si bien es cierto que toda lógica es inseparable de una cierta axiología, como decía Nietzsche, lo cierto es que toda razón es siempre una razón situada y no puede de ninguna manera renunciar a sus valoraciones[59]. Tal vez esto pueda ayudar a reconsiderar la acusación de autocontradicción performativa de la que muchas veces es objeto la filosofía nietzscheana, pues el mismo Nietzsche advirtió la imposibilidad de una duda universal[60].

Pero volvamos a Descartes. Precisamente el carácter hiperbólico de la duda es la otra cara de una ambición fundacional desmedida, como advierte con todo derecho P. Ricoeur[61]. Y de esa duda hiperbólica resultará «un sujeto sin anclaje, puesto que el propio cuerpo es arrastrado en el desastre de los cuerpos»[62]. La subjetividad que se plantea es una «subjetividad sin anclaje, que Descartes, conservando el vocabulario sustancialista de las filosofías con las que cree haber roto, todavía puede llamar un *alma*», y que para él se reduce a un acto de pensar[63]. Pero este acto de pensar, que

---

57. *Nachgelassene Fragmente, 1884-1885*, en G. Colli y M. Montinari (eds.), KSA, vol. 11, dtv/Walter de Gruyter, Múnich, 1988, Fragm. 40 [25], p. 641.
58. Cf. el excelente artículo de E. Ocaña, «Escepticismo e identidad personal. Nietzsche y Descartes», en J. Marrades y N. Sánchez Durá (eds.), *Mirar con cuidado. Filosofía y escepticismo*, Pre-textos, Valencia, 1994, pp. 107-121.
59. Cf. Ch. Taylor, *Fuentes del yo*, cit., pp. 343-344.
60. KSA, vol. 12, fragm. 5 [22], pp. 193-194.
61. «La ambición fundacional atribuida al *cogito* cartesiano se deja reconocer desde el principio en el carácter *hiperbólico* de la duda que abre el espacio de investigación de las *Meditaciones*. De esta forma, la radicalidad del proyecto es proporcional a la duda que no exceptúa del régimen de la 'opinión' ni al sentido común, ni a las ciencias —tanto matemáticas como físicas—, ni a la tradición filosófica» (*Sí mismo como otro*, cit., pp. xv-xvi).
62. *Ibid.*, p. xvi.
63. *Ibid.*, p. xix.

es la primera verdad obtenida mediante el procedimiento metodológico de la duda, deviene una verdad estéril, incapaz de llevarnos más allá de sí, hasta que la tercera Meditación, trastocando el orden establecido hasta entonces, se vuelva hacia la idea de Dios como auténtico y último fundamento. De acuerdo con esto, P. Ricoeur sostendrá que Descartes ha situado la Modernidad ante una temible alternativa, ante el siguiente dilema: por una parte, Malebranche y aun más Spinoza, sacando las consecuencias del trastocamiento operado por la tercera Meditación, «no han visto en el *Cogito* más que una verdad abstracta, truncada, despojada de todo prestigio». Por otra parte, para toda la corriente del idealismo, «la única lectura coherente del *Cogito* es aquella para la cual la certeza alegada de la existencia de Dios está aquejada de la misma impronta de subjetividad que la certeza de mi propia existencia», y aquel viene a ser «el fundamento que se funda a sí mismo». Para evitar caer en un idealismo subjetivista, el «yo pienso» debe «despojarse de toda resonancia psicológica» y perder su relación «con la identidad de una persona histórica»[64]. Creo que estas reflexiones de Ricoeur nos ofrecen la pista para una salida y una crítica actual al planteamiento cartesiano.

Se advierte, pues, esa ambición desmesurada de fundamentación última que aqueja a la filosofía cartesiana. Y, sin embargo, personalmente no creo que la filosofía tenga que renunciar a la tarea de la fundamentación y, con ella, a la metafísica. Ahora bien, la filosofía en cuanto metafísica tiene unos medios limitados y solo de ellos puede hacer uso. Como ya advirtió Kant en su primera *Crítica*: «El deber de la filosofía consiste en eliminar la ilusión producida por un malentendido, aunque ello supusiera la pérdida de preciados y queridos errores, sean cuantos sean» (*KrV* A XIII). Entonces, tomando como referencia la filosofía cartesiana, ¿cómo puede hoy abordarse el problema de la fundamentación yendo con Descartes más allá de Descartes?

En el haber de Descartes respecto de la filosofía moderna hay que contar la noción de razón procedimental —«la racionalidad o el pensamiento de un agente se juzga por cómo piensa, no principalmente por si el resultado es sustantivamente correcto»[65]—, en este sentido, el vuelco desde el *cogito* a Dios supone un importante vuelco del centro de gravedad, pero en todo caso continúa siendo aceptada la incondicionalidad de la verdad clara y distinta, la validez del método.

También en su haber hay que contabilizar el vuelco del pensamiento hacia la subjetividad:

---

64. *Ibid.*, pp. xxii-xxiii.
65. Ch. Taylor, *Fuentes del yo*, cit., p. 102; ver también pp. 171 ss. y 184.

Esto es lo que distingue a los pensadores clásicos de los seguidores de Descartes, Locke, Kant o a casi todos en el mundo moderno. El giro hacia uno mismo es ahora ineludiblemente un vuelco hacia uno mismo en la perspectiva de la primera persona, un giro al yo como yo. A eso me refiero cuando hablo de la reflexividad radical. Porque estamos tan incrustados en ella, no podemos hacer otra cosa que no sea intentar lograr un lenguaje reflexivo[66].

Y este vuelco hacia uno mismo es el resultado de un giro hacia la interioridad, que Descartes hereda de san Agustín[67]. Hay muchos elementos agustinianos en la filosofía de Descartes, entre otros: la importancia concedida a la voluntad; la necesidad de responder al escéptico (en el fondo, al ateo); el argumento en favor de la existencia de Dios, basado en la idea que tenemos de perfección... Pero, sobre todo, la interioridad, el buceo en el interior de uno mismo. Tanto para san Agustín como para Descartes el sendero que conduce a la verdad se abre desde el interior de uno mismo. Y aquí creo que hay una gran verdad, pero también y en el caso de Descartes, encuentro una enorme deficiencia.

Descartes, como antes san Agustín y como después Montaigne, emprende un camino hacia la subjetividad. Pero, a diferencia de Montaigne, no se trata de un sujeto encarnado, histórico, concreto, de lo que podríamos llamar una razón experiencial, sino de un sujeto «en general». Esto, que abre la vía de interpretación trascendentalista brillante y convincentemente señalada por Vidal Peña, origina la paradoja advertida del mismo modo por Ricoeur: la filosofía idealista llevará la impronta cartesiana, un sello que Taylor ha resumido con la expresión «una razón desvinculada» y que Damasio acusa como «el error de Descartes»[68]. En cualquier caso, se trata de una razón desvinculada de la emoción, de la pasión y, en definitiva, del cuerpo. De una razón que reniega de su origen, de su genealogía, de su arraigo en el mundo de la carne. Por ese camino del olvido del sí-mismo (lo que Nietzsche llamaba *Selbst*), y también del otro, en cuanto otro yo y otro que yo (la segunda persona del singular), Descartes no tendrá otra salida que recurrir a lo absolutamente Otro, en un «salto» hacia lo incondicionado que no convence a nadie.

Pero ese camino podía haber conducido a otra parte y a otras conclusiones. El camino de la interioridad, el que se abre desde dentro de uno mismo, no tiene de ninguna manera que conducir ni al dogmatismo ni al solipsismo. En las páginas finales de *Sí mismo como otro*, Paul Ri-

66. *Ibid.*, p. 192.
67. Cf. *Ibid.*, pp. 145-159.
68. Cf. *Ibid.*, cap. 8, pp. 159-173. Y la obra del mismo título de A. Damasio, Crítica, Barcelona, 1996.

coeur llama la atención sobre dos cuestiones a mi juicio esenciales que son precisamente el resultado de esa vuelta hacia la interioridad, de ese viaje «hacia dentro». Ricoeur advierte «el carácter enigmático del cuerpo propio» y, en ese sentido, apunta a Strawson, Davidson y Parfit; además, y en segundo lugar, se refiere a la fenomenología de la pasividad como *padecimiento*: «el padecer —dice— se revela, en cierto modo, según su total dimensión pasiva cuando se convierte en sufrir»[69].

Pues bien, en este aspecto hay una reflexión filosófica que resulta profundamente iluminadora, me refiero a la de Schopenhauer. Para evitar el solipsismo o la esterilidad de una verdad que imposibilita ir más allá de ella misma, Schopenhauer no necesita recurrir a lo absolutamente Otro[70]. La exploración de esa vía interior, que comienza siendo cartesiana, conduce a Schopenhauer a conclusiones muy diferentes. Por una parte, el camino que se abre desde uno mismo conduce a una doble consideración del cuerpo propio como algo que tiene una naturaleza análoga con los demás cuerpos y conforma, por eso, un mundo. El cuerpo es considerado, por un lado, como un objeto entre objetos y, en ese caso, sometido a las mismas leyes a las que están sometidos todos los objetos que forman parte del mundo como representación. Pero, por otra parte, tenemos una vivencia inmediata del propio cuerpo y, en ese caso, una experiencia de una naturaleza del todo distinta a todas las demás: «Yo vivo mi cuerpo» y esa vivencia inmediata no solo no me aísla, sino que es el punto de partida de otra consideración del mundo, de otra perspectiva del mismo que hace a Schopenhauer avanzar más allá de Kant. En el segundo libro de *El mundo como voluntad y representación*, Schopenhauer advierte que no solo somos sujetos del conocimiento, sino también objetos y, en cuanto tales, cosas en sí, de manera que desde el interior de uno mismo se abre una vía que nos permite saber algo sobre el mundo, algo más que lo que conocemos bajo una perspectiva representacionista[71]. Esta vía interior nos descubre como una parte de la naturaleza, como siendo desde siempre algo enraizado en ella y como ella. Algo, pues, que contrasta con ese solipsismo referido con anterioridad.

Por otra parte, yendo más allá de una consideración puramente teórica y cognoscitiva, Schopenhauer encuentra también en esa vía interior

---

69. *Sí mismo como otro*, cit., pp. 354-355.
70. Véase más adelante, cap. 6.
71. Cf. *El mundo como voluntad y representación*, libro II, §§ 18 y 19, y cap. 18 de los *Complementos* al libro II, trad., introd. y notas de P. López de Santa María, Trotta, Madrid, ³2009, vol. I, pp. 151-158 y vol. II, pp. 229-239.

otro camino práctico de encuentro con los otros. Frente a Descartes, él considera que no es el buen sentido, sino el sufrimiento, la cosa mejor repartida del mundo. No hay nadie que en algún momento de su vida no llegue a pensar que el lote que le asignó la suerte no solo es suficiente, sino exagerado. Y es por este camino por el que uno puede siempre reconsiderar un punto de partida equivocado —el egoísmo— y llegar a convencerse de la verdad más profunda: que no hay diferencia entre uno mismo y los demás. La *compasión* se convierte así en una vía de encuentro y de salvación.

Después de Descartes, después de ese pensador que inicia la Modernidad en la que todavía hoy somos y estamos, la filosofía, en cuanto metafísica, sigue teniendo el doble cometido de crítica y de instauración, o, para decirlo todo, la metafísica no puede renunciar a los dos problemas que desde siempre han definido su campo de investigación: el problema de la fundamentación y el problema del sentido. Pero debe hacerlo contando con sus propios medios y ajustándose a una realidad limitada como es el caso de la realidad humana. Tal vez ahí radique la dimensión trágica de la metafísica, en el contraste entre nuestras demandas y nuestras posibilidades.

Y, en lo que se refiere al problema de la fundamentación, no se puede renunciar a una búsqueda que, sin embargo, debemos reconducir a un terreno acorde con nuestra condición. En este sentido, sigue teniendo vigencia la observación de Kant asumida por Heidegger: el quehacer de los filósofos consiste en arrojar luz sobre los juicios secretos de la razón común[72]. Esos «juicios secretos» son juicios previos, es decir, prejuicios; pero no son necesariamente prejuicios en el sentido negativo del término, sino en un sentido diferente y quizás hasta altamente positivo: se trataría de aquellos juicios sin los cuales no es posible vivir. Esta distinción entre el sentido negativo y positivo del término «prejuicio» está en la base de la doble consideración de la filosofía: como crítica de las ideologías (y, por tanto, de los prejuicios que nos impiden reconocer la realidad como es), y como fundamentación (reconocimiento del papel positivo y posibilitador de determinados prejuicios). Descartes avista un desierto para atravesar el cual se vuelve a Dios; pero tal vez se trata allí de la visión delirante de un oasis que solo existe en su imaginación. En el ámbito concreto de la filosofía tal vez haya que recordar a Albert Camus para quien «descubierto el desierto, hay que aprender a subsistir en él»[73].

72. *Ser y tiempo*, trad., prólogo y notas de J. E. Rivera, Trotta, Madrid, ²2009, § 1, p. 25.
73. A. Camus, *El hombre rebelde*, Losada, Buenos Aires, 1973, p. 64.

4

KANT:
METAFÍSICA, ONTOLOGÍA Y TRASCENDENTALIDAD

1. EL NUEVO CONCEPTO DE METAFÍSICA
Y SU REFERENCIA AL PLANO DE LO TRASCENDENTAL

Se ha puntado ya que la metafísica posee un estatuto teórico y problemático. Sobre su problematicidad baste reseñar que, mientras que otras disciplinas pueden definir con mayor o menor precisión su objeto, la discusión sobre el hecho mismo de que tenga un objeto y la determinación del mismo forman parte de la disciplina metafísica, hasta el punto de llenar un importante apartado de la misma. En cuanto a su estatuto teórico, es preciso subrayarlo, porque el hilo conductor de estas reflexiones no es otro que el de pasar por la criba de la crítica las pretensiones de ultimidad de la razón. Se trata, pues, de discutir la posibilidad de la metafísica como búsqueda de un plano fundamentador, capaz de dar razón de un mínimo de condiciones universales y necesarias, ya sea de «lo que hay», de «lo que nos representamos que hay», o de «lo que decimos que hay», por hacer alusión a los tres grandes planos en los que se busca lo trascendental: el ser, el sujeto y el lenguaje.

La noción clásica de trascendentalidad es inseparable de la noción de «ser». Teniendo en cuenta la definición de Zubiri que se recordaba más arriba —«son trascendentales las propiedades y principios de todo lo que es real en tanto que es real, independientemente de su talidad»[1]—, lo trascendental se considera un carácter del ser, de lo que es. En un planteamiento realista encontramos una concepción del mundo basada en el presupuesto de la correspondencia entre el plano del conocimiento y el de la realidad y, sobre todo, en el presupuesto de la dependencia del

1. *Sobre la esencia*, Sociedad de Estudios y Publicaciones, Madrid, 1972, pp. 376 ss.

primero respecto del segundo plano, es decir, del fundamento ontológico de los grados de conocimiento.

En cambio, la noción moderna de trascendentalidad es inseparable de la noción de *sujeto*. Y cabe adelantar que la definición de Zubiri continúa siendo válida en cuanto caracterizadora de tal ámbito. Sin embargo, el sentido ha cambiado: lo trascendental no es ya un carácter del ser, sino un carácter del yo. El realismo deja paso al idealismo: «lo que es» es ahora lo pensable, lo representable; «lo que es» para un sujeto, y los grados de realidad se determinan ahora a partir de los grados de inteligibilidad. Estos cambios tendrán como consecuencia una noción revisada de lo trascendental: si la filosofía medieval, sobre la base de la tradición aristotélica, consideraba trascendentales las determinaciones del ente que sobrepasan la división de este en géneros y especies, y que están, por eso, más allá de las categorías; en la reflexión kantiana, siendo las categorías elementos posibilitadores del conocimiento y preempíricamente válidas, el ámbito categorial constituye una referencia esencial a la hora de establecer las funciones unificadoras del yo, de la subjetividad, que ostenta ahora el título de trascendental.

Este cambio en la procedencia del ámbito de lo trascendental afecta a la noción de metafísica. La reflexión aristotélica había puesto los cimientos para la distinción entre un plano metafísico-categorial y un plano metafísico-teológico. Esta duplicidad de planos es aunada en la consideración tomista que hace de la reflexión metafísica una reflexión onto-teo-lógica. Por su parte, Kant lleva a cabo un profundo intento de reconstrucción del saber metafísico. Y metafísica es, primeramente, crítica de la razón, en el sentido de fundamentación y reconocimiento de los límites de la misma. Una crítica así tendrá que pagar el precio de la renuncia[2]: muchos de los problemas que tradicionalmente habían llenado el ámbito de la metafísica son desplazados del terreno propio de la razón teórica para recuperarlos luego en el ámbito de la razón práctica. Esta reflexión, que sigue teniendo en tantos aspectos plena vigencia, constituye una referencia inevitable para abordar el problema de la crisis de la Modernidad y de la posibilidad de un intento de reconstrucción y recuperación del proyecto ilustrado desde una perspectiva trascendental.

Sin embargo, el planteamiento kantiano no puede abordarse sin referir aquellos caracteres que constituyen las señas de identidad de la Modernidad, y sin tener en cuenta aquellas reflexiones que adelantan

---

2. «El deber de la filosofía consiste en eliminar la ilusión producida por un malentendido, aunque ello supusiera la pérdida de preciados y queridos errores sean cuantos sean» (*KrV* A XIII, trad. de P. Ribas, Alfaguara, Madrid, 1983).

de algún modo la posición kantiana. Ya se han destacado, a propósito de Descartes, algunas de las razones que hacen de su reflexión un importante precedente del planteamiento trascendental, esto es, del planteamiento que intenta identificar aquellas condiciones que, trascendiendo la experiencia, la posibilitan, en cuanto condiciones universales y necesarias de todo conocimiento posible y, en cuanto tal, de todo objeto y de toda experiencia posible. Pero, en general, la reflexión metafísica de la Modernidad coincide con el protagonismo de la conciencia, de una conciencia que se convierte en espectadora del mundo. Esa posición nada tiene que ver con la contemplación pasiva y receptiva: la conciencia diseña el mundo «a su imagen», se lo apropia, por así decirlo. El mundo debe plegarse ahora a las condiciones que la razón le impone, por eso, no es extraño que, con la Modernidad, lo trascendental pase a convertirse en un carácter del yo. Lo trascendental continúa siendo un carácter de lo real en tanto que es real, independientemente de su talidad. Pero es eso porque previamente es un carácter del yo. Con ello, con la referencia al yo, se invierte el punto de vista tradicional y se hace depender lo real de lo pensable. Y esto equivale justamente a la consideración del mundo como objeto para un sujeto: como representación.

La Modernidad y, en concreto, el período que transcurre entre los siglos XVII y XIX es también la historia de un sueño de emancipación y de un proyecto liberador que avanza, no sin peligros, bordeando su sombra y su contrario. Ser moderno, dijo Heidegger, es convertir el mundo en imagen y, cabe añadir que, de acuerdo con lo expresado anteriormente, ser moderno es «hacer» el mundo a nuestra imagen. Esa voluntad de hacer pensable todo lo que existe —que Nietzsche llamará más tarde «voluntad de verdad»— tiene sus prolegómenos en la reflexión racionalista, alcanza sus más altas cotas de esplendor y equilibrio con Kant, y llega a su desenlace con la ontoteología hegeliana. El desenlace culmina el sistema, pero inicia también su ocaso, su decadencia: la afirmación desmedida del absoluto poder de la razón entrará en crisis casi de inmediato y será sustituida por aquello que constituye el contrapunto de su luminosidad: la voluntad oscura, independiente y dominadora de la razón.

Por lo que a Kant respecta, su reflexión podría considerarse un intento de superar la tentación y el peligro del nihilismo en su doble vertiente teórica y práctica. La primera pondría en duda la verdad misma y el conocimiento: no hay nada que sea válido para todos, nada universal ni necesario. No hay posibilidad de distinción entre el sueño y la vigilia: un problema que había suscitado ya Descartes contra el presupuesto de la armonía entre las cosas y nuestras representaciones acerca de ellas. Desde el punto de vista práctico, un planteamiento nihilista supondría la indistinción entre el bien y el mal: todo está permitido, todo se puede comprender, justificar, perdonar. Kant intenta resolver esa situación de caos y de desorden mediante sus dos *Críticas*. Con la primera intenta responder a la pregunta: «¿Qué puedo conocer independientemente de la experiencia?». Con la segunda, a esta otra: «¿Qué debo hacer independientemente de que eso se haga o no?». En lo que sigue nos referiremos, fundamentalmente aunque no en exclusiva, a la primera *Crítica*.

2. GIRO COPERNICANO Y MÉTODO TRASCENDENTAL

La innovación del planteamiento kantiano radica no en la constatación de una contienda —sostenida por el racionalismo y el empirismo, o mejor, por las consecuencias dogmáticas y escépticas de cada cual, respectivamente—, ni tampoco en la voluntad de sumarse a una de las partes; sino, más allá de eso, en la adopción de un punto de vista y de una hipótesis que envuelve a ambas en la misma bruma de antigüedad y descrédito. Dogmatismo y escepticismo, despotismo y anarquía son los gestores del hastío y la indiferencia que «engendran el caos y la noche en las ciencias» (*KrV* A X). Frente a ellos, Kant pretende una crítica y una fundamentación capaces de poner en evidencia a aquellos que «no pueden intentar otra cosa que desentenderse de los grillos de la *ciencia*, convertir el trabajo en juego, la certeza en opinión y la filosofía en filodoxia» (*KrV* B XXXVII).

La doble dimensión, religiosa y política, de la actitud crítica que singulariza a la Modernidad encuentra su contrapunto filosófico en la reflexión kantiana. El empeño por hacer de la razón una facultad autónoma es el reflejo, en el plano filosófico, del ideal político de libertad y de la lucha contra la intolerancia y contra el dogmatismo en el ámbito religioso. La crítica es, para Kant, el resultado de una evolución histórica cuyos estadios serían: dogmatismo, escepticismo y la crítica misma, que corresponde al espíritu de la época moderna[3].

Fiel a su tiempo, Kant se hizo cargo de una «revuelta intelectual» paralela a la que más tarde llevaría con orgullo el título de Revolución política y social, y, en ella, fue tan inflexible como aquellos que, en Francia y a finales de siglo, tomaron la Bastilla. No en vano Heine aproximó tanto esas dos voluntades rebeldes que fueron Kant y Robes-

---

3. Cf. R. Verneaux, *Le vocabulaire de Kant*, Aubier Montaigne, París, 1967, p. 1.

pierre[4]. Kant sospechó acertadamente las importantes consecuencias de su revolución y comparó su innovación en filosofía con aquella que tiempo atrás llevó a cabo Copérnico en el campo de la ciencia natural. Pero dicho proceder se halla primeramente inscrito en la actitud ilustrada de confianza en el poder y en la fuerza de la razón y en la voluntad encaminada a liberar de prejuicios al conocimiento. Estos elementos configuran el carácter crítico de la filosofía kantiana, encaminado a emitir una sentencia justa acerca del origen, la extensión y la validez del conocimiento humano. La pregunta ontológica fundamental no podrá desligarse, a partir de él y precisamente por la adopción de un nuevo y distinto punto de vista —el «giro copernicano»—, de la teoría del conocimiento, y así, Kant profundiza y culmina la actitud crítico-subjetiva iniciada en la Modernidad por Descartes.

El sentido y el objetivo básicos de la reflexión kantiana tienen que ver con la crítica y la fundamentación de la metafísica. Y a tal objetivo apunta la voluntad kantiana de conducir la razón hasta su propio tribunal. Como ha subrayado Cassirer[5], no es Kant en modo alguno el primero en plantear la cuestión de la legitimidad del uso y de la estructura de la razón. Descartes y Locke, por poner dos ejemplos de dos corrientes contrapuestas, plantearon ya el problema de fijar unos límites para el espíritu, y, en ambos casos, se adopta también una perspectiva genética que tiene en cuenta el modo como se han producido los conocimientos para establecer su valor. Tampoco la preocupación filosófica por el método es exclusiva del XVIII ni en particular de Kant. La llamada «filosofía moderna», iniciada en el siglo XVII con la voluntad cartesiana de encontrar un método adecuado para hacer entrar a la filosofía en el camino seguro de la ciencia, tiene también su equivalente en el *Ensayo* de Locke, decidido igualmente a hacer de la filosofía un saber cierto y seguro, inspirado en el modelo de la ciencia. Se trata, pues, de dotar a la filosofía de un método capaz de devolverle la dignidad perdida, a causa del desacuerdo y de la

4. «Pues aunque Kant, ese gran demoledor en el terreno del pensamiento, sobrepasó con mucho en terrorismo a Robespierre, tuvo, sin embargo, con él algunas semejanzas que provocan un paralelo entre esos dos hombres. Por de pronto hallamos en ambos esa probidad inexorable, contundente, molesta, sin poesía; y después vemos en ambos la misma sabia desconfianza, que se traduce en uno por la crítica empleada contra las ideas, mientras que el otro la vuelve contra los hombres y la denomina virtud republicana. Por lo demás, los dos acusan en el mayor grado el tipo de tendero... La naturaleza los había destinado a pesar café y azúcar, pero la fatalidad quiso que usasen otra balanza, y entregó a uno un rey y un Dios al otro... Y pesaron con fidelidad» (*Alemania*, trad. de M. Aub, UNAM, México, 1972, p. 76).

5. *La filosofía de la Ilustración*, trad. de E. Imaz, FCE, México, 1981, p. 34.

falta de progreso que se registran en ella. Y, en ambos casos, se vuelve la mirada hacia el modelo proporcionado por la ciencia.

El racionalismo se inclina por el modelo matemático; el empirismo, por el modelo experimental de la física y de la ciencia natural. Pero ninguno de los dos había logrado salvar los escollos respectivos del dogmatismo y del escepticismo. El racionalismo, que hizo de la duda un método, un camino cuya finalidad no era otra que la certeza, había recaído en afirmaciones dogmáticas para salvar el problema de la objetividad. Locke y Hume no lograron, por su parte, liberarse de ese huésped tan incómodo que era la duda, la inseguridad. En Hume el «sueño» cartesiano reaparece al modo de nuestro Calderón: como teatro. El «yo», ese haz de percepciones para cuya unidad no hay otro fundamento que la frágil y débil memoria, al cabo, no es más que el escenario donde *se representa* ese acontecimiento tan plural que llamamos nuestra vida.

Así estaban las cosas en los tiempos de Kant. En su «período precrítico» consta la influencia de su formación racionalista, donde Leibniz y Wolff tuvieron un especial relieve, pero Hume no le pasaría desapercibido, hasta el punto de que, años más tarde, confesaría que fue él quien le despertó de su sueño dogmático. Y con el despertar llegó la crisis y la necesidad de un planteamiento novedoso y superador. También él abogará por la instauración de un método en filosofía, que, si bien parte del respeto y del reconocimiento hacia aquellas disciplinas cuyo estatuto científico se considera definitivamente conquistado, cuenta con unas características propias. Este método se realiza en la crítica de la razón y se orienta a la búsqueda de aquellos elementos que, sin proceder de la experiencia (*a priori*), la refieren necesariamente y, mucho más, la hacen posible. Su análisis y fundamentación constituyen la aportación decisiva de la filosofía kantiana y su contribución especial al espíritu ilustrado de la época.

Si la reflexión racionalista establece el carácter representacionista del ente —el ser es lo pensable, la idea; y la idea es re-presentación—, el empirismo insistirá en el problema de los límites de la representación. Kant, por su parte, denuncia la falta de radicalidad de los planteamientos respectivos del racionalismo y del empirismo. Y ello desde una reflexión que es con pleno derecho metafísica.

Cierto es que Kant advierte que, en cuanto «disposición natural», la metafísica es «real», pero también es «dialéctica y falaz». Sin embargo, este andar a tientas entre la realidad y la ficción no implica necesariamente un destino irremediable. Cabe, al menos, intentar una restauración del saber metafísico. Para ello, para que la metafísica pueda abandonar alguna vez el terreno de la pura ilusión, debe comenzarse por una «crítica de la razón». A la urgencia de tal crítica se llega tras una reflexión de conjunto sobre el estado de las cosas en el campo concreto de la metafísica. La razón se halla aquí sometida a un trágico destino, a un estado de acoso permanente frente a cuestiones que, dada su propia naturaleza, no puede rechazar; pero, habida cuenta de sus límites, no puede resolver tampoco. Esa tensión entre lo necesario y lo imposible hace de la metafísica un campo de batalla donde apenas se vislumbra la posibilidad de un acuerdo y donde el hastío y la indiferencia ganan cada vez más terreno.

Y es justamente esta indiferencia lo que llama la atención de Kant y cuyo sentido se esfuerza por determinar. La indiferencia no puede ser un estado duradero, puesto que los objetos tradicionalmente considerados por la metafísica (Dios, la libertad y la inmortalidad) no son en modo alguno indiferentes; tampoco puede constituir el resultado de la frivolidad, la ligereza o el descuido. Según Kant, esta indiferencia no es sino el resultado del «juicio maduro de una época que no se contenta ya con un saber aparente» (*KrV* A X-XI). Constituye más bien una llamada de atención a la razón para que esta cumpla un doble objetivo: la autocrítica y el autoconocimiento, junto a la constitución de un tribunal capaz de garantizar de una vez por todas sus pretensiones legítimas: «semejante tribunal no es otro que la misma *crítica de la razón pura*» (*KrV* A XIII). La crítica es así la alternativa ofrecida a ese saber aparente que es la metafísica dogmática, o a su opuesto, el escepticismo. A ella le incumbe decidir, partiendo de principios, cuáles son las fuentes, la extensión y los límites de aquellas representaciones cuyo contenido no depende para nada de la experiencia, y ella debe también establecer la posibilidad o imposibilidad de la metafísica.

Ahora bien, y puesto que el contenido básico de la crítica tiene que ver con la respuesta a la pregunta de cuánto puedo esperar conseguir con la razón si se priva a esta del apoyo de la experiencia, hay que subrayar que, en el caso de que la razón pueda aspirar a conseguir algo de tal naturaleza —cuestión esta que debe ser determinada por la crítica—, la metafísica no será sino el recuento y la ordenación de tales conocimientos: «el inventario de todos los conocimientos que poseemos, sistemáticamente ordenados por la *razón pura*» (*KrV* A XX). Por lo pronto, la *KrV* es un tratado sobre el método, un camino que allana las dificultades y contiene los elementos posibilitadores de una Metafísica de la Naturaleza.

Kant es más explícito en el Prólogo a la segunda edición de su primera *Crítica*, donde la perspectiva adoptada tiene como resultado un horizonte cuyas líneas aparecen más nítidas, más firmes, más seguras. La crítica presenta aquí los caracteres de una revolución, de un cambio de óptica fundamental y análogo al cambio de óptica introducido por Copérnico en la ciencia experimental.

Se trata de encontrar el camino seguro de la ciencia. Y Kant empieza por referirse de nuevo al estado de la cuestión en la metafísica: ni el acuerdo ni el progreso, imprescindibles en aquellas disciplinas que poseen el rango de ciencias, se encuentran allí. La metafísica se muestra como un terreno baldío, como un camino errado, frente a ella, con el estatuto propio de un modelo digno de imitar se erigen la lógica, la matemática y la física: estas sí han conseguido atravesar el umbral que conduce al camino recto y seguro de la ciencia. La física tiene en las consideraciones kantianas un lugar preeminente, pues esta logró elevarse a la categoría de ciencia no por la mera acumulación de observaciones, sino cuando, anticipándose mediante principios, se atrevió a interrogar a los fenómenos de acuerdo con ellos. La razón abandona así el estado de sumisión propio del observador que interroga a la naturaleza al modo de un discípulo atento, y se comporta respecto a ella como un juez:

> La razón debe abordar la naturaleza llevando en una mano los principios según los cuales solo pueden considerarse como leyes los fenómenos concordantes, y en la otra, el experimento que ella ha proyectado a la luz de tales principios. Aunque debe hacerlo para ser instruida por la naturaleza, no lo hará en calidad de discípulo que escucha todo lo que el maestro quiere, sino como juez designado que obliga a los testigos a responder a las preguntas que él les formula (*KrV* B XIII-XIV).

Desgraciadamente, no es este el panorama que se contempla en el ámbito de la metafísica. No encontramos allí ni acuerdo ni progreso. En cuanto «conocimiento especulativo de la razón», que, por medio de «meros conceptos», «se levanta enteramente por encima de lo que enseña la experiencia» (*Ibid*.), no ha logrado hasta ahora el camino seguro de la ciencia. No lo ha logrado *de facto*, otra cosa es que *de iure* no pueda nunca alcanzarlo. Y esta, en definitiva, es la cuestión que interesa a Kant.

Un primer paso orientado a la solución de esta problemática tiene que ver con la determinación de la fuente o procedencia de nuestras representaciones. Y existe una doble alternativa: o los conceptos proceden todos ellos de la experiencia, o existen conceptos puros *a priori*, cuya fuente hay que buscarla más allá (*metá*) de la experiencia. Tal era la cuestión a la que se habían enfrentado ya racionalistas y empiristas. Según los primeros, la metafísica viene posibilitada por la existencia de unos contenidos innatos de la razón; para los segundos, en cambio, la metafísica no es posible, dado que todos los contenidos de nuestro conocimiento proceden de la experiencia y con ellos no es posible salir fuera de ella.

Kant admite, frente al empirismo, la existencia de contenidos, cuya procedencia es en absoluto independiente de la experiencia, y que, además, poseen las características de universalidad y necesidad (son *a priori*); pero, frente al racionalismo, advierte que el conocimiento *a priori* solo es válido en la medida en que se trate de un conocimiento vertido y orientado a la experiencia posible: referido a ella, no como a su origen, pero sí como a su término adecuado (término *ad quem*, no término *a quo*).

El hecho de que Kant admita la existencia de conocimientos cuyo origen nada tiene que ver con la experiencia no es en modo alguno un punto de partida dogmático[6]. La *Crítica* no tiene otro sentido que el de demostrar que existen en el sujeto del conocimiento representaciones (intuiciones y conceptos) *a priori* y que tales representaciones se refieren necesariamente a objetos de una experiencia posible. Tal es la doble tarea que intentan llevar a cabo la exposición y deducción metafísicas y la exposición y deducción trascendentales. Mediante la primera se investigan aquellas representaciones *a priori* que radican en el sujeto del conocimiento; mediante la segunda se demuestra que sin ellas no es posible el conocimiento objetivo, esto es, la experiencia. Ahora bien, la explicación de tales representaciones viene dada por la adopción de un punto de vista *sui generis*, de una perspectiva particular: es la consecuencia de trasladar a la metafísica el modelo proporcionado por la ciencia natural y de abandonar una consideración de la que tanto el racionalismo como el empirismo resultaban feudatarios. Una consideración según la cual conocer era básicamente plegarse, adaptarse, someterse a las condiciones impuestas por un objeto exterior y extraño al pensamiento.

Prescindiendo de todas sus diferencias, racionalismo y empirismo eran todavía «antiguos», ajenos al espíritu de la nueva ciencia, sumisos ante un viejo orden que entendía el conocimiento como regido exclusivamente por la cosa:

> Se ha supuesto hasta ahora que todo nuestro conocer debe regirse por los objetos. Sin embargo, todos los intentos realizados bajo tal supuesto con

---

6. Conviene recordar aquí que Kant diferencia muy bien dogmatismo de procedimiento dogmático: «La crítica no se opone al *procedimiento dogmático* de la razón en el conocimiento puro de esta en cuanto ciencia (pues la ciencia debe ser siempre dogmática, es decir, debe demostrar con rigor a partir de principios *a priori* seguros), sino al *dogmatismo*, es decir, a la pretensión de avanzar con puros conocimientos conceptuales (los filosóficos) conformes a unos principios —tal como la razón los viene empleando desde hace mucho tiempo—, sin haber examinado el modo ni el derecho con que llega a ellos. El dogmatismo es, pues, el procedimiento dogmático de la razón pura *sin previa crítica de su propia capacidad*» (*KrV* B XXXV).

vistas a establecer *a priori*, mediante conceptos, algo sobre dichos objetos —algo que ampliara nuestro conocimiento— desembocaban en el fracaso. Intentemos, pues, por una vez, si no adelantaremos más en la tarea de la metafísica suponiendo que los objetos deben conformarse a nuestro conocimiento, cosa que concuerda ya mejor con la deseada posibilidad de un conocimiento que pretende establecer algo sobre estos antes de que nos sean dados. Ocurre aquí como con los primeros pensamientos de Copérnico. Este, viendo que no conseguía explicar los movimientos celestes si aceptaba que todo el ejército de estrellas giraba alrededor del espectador, probó si no obtendría mejores resultados haciendo girar al espectador y dejando las estrellas en reposo (*KrV* B XVI).

Así, de acuerdo con el espíritu de la nueva ciencia de Copérnico y Galileo, Kant propone un nuevo camino, un nuevo método a la reflexión metafísica: atreverse a hacer de la facultad de conocer una facultad legisladora. En ello consiste la revolución o el «giro copernicano». De acuerdo con el físico que interroga a la naturaleza con arreglo a principios, el metafísico quizás logre encontrar el camino seguro de la ciencia cuando se decida a acercarse a los objetos «con la idea 'previa' de lo que 'son'»[7].

Esta relación no sumisa con el objeto, esta anticipación previa a la experiencia tiene, además, otro punto de contacto con el procedimiento seguido por el físico experimental. No es que Kant incorpore el método de la ciencia natural a su reflexión crítica, sino que, como advierte agudamente O. Höffe[8], entiende su propuesta como una *hipótesis* que ha de justificarse por los resultados. Y, puesto que se trata de un experimento de la razón, su acreditación nada tiene que ver con hechos empíricos, sino que debe ser respaldada por la razón o fracasar ante ella. Kant se refiere a esto mismo en *KrV* B XVI-B XXII, y especialmente en B XIX y en la nota que acompaña a esa página. La hipótesis adoptada —no es nuestro conocimiento el que se rige por las cosas como cosas en sí, sino que es el objeto, en cuanto fenómeno, el que se rige por o debe conformarse a nuestro conocimiento— debe verificarse por los resultados. Pues bien, entre ellos cabe destacar uno aparentemente negativo, a saber, nuestra capacidad de conocer *a priori* tiene unos límites: la experiencia posible. Sin embargo, en tal resultado reside la prueba indirecta de la verdad de la hipótesis. Mediante ella, cabe establecer una distinción neta entre *fenómenos y noúmenos*. Y, si la razón tiende necesaria y justificadamente a lo incondicionado, esta tendencia (disposición natural y metafísica) solo es posible justificarla (solo cabe pensar lo incondicionado sin contradicción)

---

7. Cf. X. Zubiri, *Cinco lecciones de filosofía*, Moneda y Crédito, Madrid, 1970, p. 78.
8. Cf. *Immanuel Kant*, cit., pp. 52-53.

suponiendo, no que nuestro conocimiento empírico se rige por las cosas, en cuanto cosas en sí, sino que los objetos, en cuanto fenómenos, se rigen por nuestra facultad de representación. Kant asegura a la primera parte de la metafísica —ocupada exclusivamente en el estudio de aquellas representaciones *a priori* que no tienen su origen, pero sí su término en la experiencia— el procedimiento propio y la garantía de una disciplina científica. En cuanto a la segunda parte de la metafísica —la que Wolff identificó con las metafísicas especiales y cuyos objetos son Dios, el alma y el mundo—, Kant mostrará que allí la razón se ocupa de representaciones *a priori*, no en orden a la experiencia, sino para rebasarla. Y, consecuentemente, la razón se enfrenta allí no al fenómeno, sino al noúmeno, es decir, a la cosa en sí. Cierto es que la cosa en sí no es negada en su realidad, eludiendo de ese modo el problema del escepticismo, pero se niega que ella pueda constituir un objeto adecuado para el conocimiento, en la medida en que escapa a la aplicación de leyes que rigen exclusivamente para el fenómeno (*KrV* B XXIII).

Es preciso llamar la atención sobre el hecho de que la realidad de lo incondicionado no es necesaria en el conocimiento teórico, donde basta con hacer de ella una hipótesis. Pero sí que lo será en el caso del uso práctico de la razón (la moralidad), donde hay que postularla. La *Crítica de la razón pura* se limita a mostrar que no hay contradicción en el pensamiento de lo incondicionado, que hay una posibilidad lógica del mismo (aunque la posibilidad real de tales objetos —Dios, libertad e inmortalidad— solo puede acreditarse desde las fuentes del conocimiento práctico) (*KrV* B XXVI, nota de Kant). Y es esta falta de contradicción todo lo que se necesita para pensar (no para conocer). Lo incondicionado no puede ser conocido, pero sí puede pensarse. Justamente aquí radica la doble labor de la *Crítica*: desde un punto de vista negativo, prohíbe a la razón traspasar los límites de la experiencia; positivamente, es capaz de posibilitar el terreno apropiado para la moral, eliminando los obstáculos que se interpondrían en su camino. La metafísica, entendida como aquel campo del saber que tiene por objeto a Dios, la libertad y la inmortalidad, queda reducida al terreno del obrar moral. Y así se explica la afirmación kantiana según la cual fue preciso «suprimir el saber para dejar un lugar a la fe» (*KrV* B XXX).

Sin embargo, a pesar de la negativa kantiana a hacer de lo incondicionado y en el terreno teórico algo más que una hipótesis o una idea reguladora, su reflexión merece con todo derecho el título de «metafísica». Y lo merece porque se trata de una investigación referida a conocimientos *a priori* que, aunque no tienen su origen en la experiencia, son la condición de posibilidad de toda experiencia en general. Ahora bien, esta metafísica, *trascendental*, se distingue sin duda de una metafísica *trascendente*. En uno y otro caso se trata de ir «más allá de la física», pero Kant lleva a cabo, mediante su reflexión y el punto de vista adoptado, una importante inversión cuyo sentido acabamos de examinar y que podría resumirse en el siguiente texto de Höffe, al que ya se hizo mención en el capítulo 1 de este estudio, pero que merece la pena reproducir aquí:

> Kant rechaza la idea de que el más allá, el mundo suprasensible, sea un ente objetivo que pueda dar lugar a un conocimiento válido en la esfera de lo teórico. Es verdad que también la investigación de Kant supera la experiencia. Pero el sentido de esa superación se invierte. Kant trata de descubrir aquellas condiciones de la experiencia que preceden a esta. En lugar del conocimiento de otro mundo, busca el conocimiento originario de este y de nuestro saber objetivo. Kant investiga la estructura profunda, preempíricamente válida, de toda experiencia, estructura que él cree adivinar —a tenor del experimento racional de la revolución copernicana— en el sujeto. La crítica de la razón busca en su «paso atrás» reflexivo los elementos apriorísticos que constituyen la subjetividad teórica[9].

Sobre tal inversión se levanta la posibilidad de un conocimiento y de un método trascendentales.

Es verdad, como advierte Höffe[10], que el éxito y la influencia duradera de la *KrV* obedece, entre otras, a la doble circunstancia del reconocimiento de la primacía de la matemática y de la ciencia natural y de su fundamentación filosófica, por un lado; y, por otro, al hecho de haber descubierto que ciertos elementos y supuestos de la matemática y de la física no proceden de la investigación científica, sino que esta los presupone ya. Pero ello no significa que sea este el punto o el hallazgo fundamental de la reflexión kantiana, pues la fundamentación filosófica de la matemática y de la ciencia natural está orientada y subordinada a otra cuestión, esta sí capital, de si es o no posible un discurso metafísico con pretensiones científicas. La investigación orientada a la fundamentación filosófica del carácter científico de la matemática y de la física, y a la instauración de la posibilidad o imposibilidad de la metafísica como ciencia lleva el nombre de trascendental.

«Trascendental» es en Kant la teoría de la posibilidad del conocimiento *a priori*: «Llamo *trascendental* todo conocimiento que se ocupa no tanto de los objetos cuanto de nuestro modo de conocerlos, en cuanto que tal modo ha de ser posible *a priori*» (*KrV* B 25). Es el conocimiento

---

9. O. Höffe, *Immanuel Kant*, cit., p. 64.
10. *Ibid.*, pp. 59-60.

mediante el cual podemos saber que y cómo ciertas representaciones se aplican *a priori*, o son posibles *a priori* (*KrV* B 80). El conocimiento trascendental no es, de acuerdo con esto, ampliativo, no promueve el saber objetivo, sino, como se señalaba más arriba, el saber del saber objetivo. Es, por lo tanto, un conocimiento reflexivo: un conocimiento del conocimiento *a priori*.

Pero la crítica kantiana contiene, en sentido trascendental, una lógica de la verdad. Verdad que es entendida, siguiendo la tradición, como *adaequatio*, pero que, de acuerdo con el giro copernicano, considera el objeto (*res*) no como algo en sí, independiente del sujeto, sino como algo constituido por y dependiente de las condiciones *a priori* impuestas por el sujeto cognoscente. De ahí que «trascendental» no sea un término que caracterice solo a un tipo de conocimiento (conocimiento del conocimiento *a priori*), sino también a un procedimiento, a un método, a un programa que indaga en el sujeto las condiciones de posibilidad de los objetos y de la experiencia. Método trascendental y giro copernicano resultan así estrechamente unidos en la reflexión kantiana. Y la crítica será trascendental en la medida en que considere la pretensión de objetividad como algo condicionado, como una consecuencia cuya condición o razón justificativa ella indaga. Esta objetividad presenta la doble vertiente de designar tanto la *validez* universal y necesaria (*a priori*) del conocimiento, como, por otra parte, la *referencia* de dicho conocimiento a objetos reales, y no a ilusiones[11]. De este modo, el término «trascendental», como ha observado Bittner[12], queda situado a medio camino entre la ontología y la teoría del conocimiento, pues trascendental es el conocimiento de objetos, pero de lo que en general tiene validez para un objeto. Esta validez estará siempre condicionada por la subjetividad cognoscente, y así, si la filosofía arroja luz sobre «los juicios secretos de la razón común», la analítica trascendental aclara los *prejuicios* —no en sentido negativo, sino como juicios preempíricamente válidos, posibilitadores de objetividad— sin los cuales no son posibles ni el conocimiento ni la experiencia.

3. LA ANALÍTICA COMO ONTOLOGÍA CRÍTICA

Cuando Kant se refiere a los resultados a los que llega la analítica trascendental, destaca fundamentalmente uno:

11. Cf. O. Höffe, *Immanuel Kant*, cit., p. 68.
12. Cf. «Trascendental», en *Conceptos fundamentales de filosofía*, vol. III, Herder, Barcelona, 1979, pp. 573 ss.

[...] lo más que puede hacer *a priori* el entendimiento es anticipar la forma de una experiencia posible, nunca puede sobrepasar los límites de la sensibilidad [...], ya que aquello que no es fenómeno no puede ser objeto de experiencia (*KrV* A 247 / B 303).

De manera resumida puede decirse que la distinción neta entre fenómenos y noúmenos es una de las consecuencias más señaladas del conocido giro copernicano en filosofía. Y de ese modo, el conocimiento del ente en cuanto ente es sustituido por el del objeto en cuanto objeto, quedando la ontología restringida al análisis del entendimiento: «El arrogante nombre de una Ontología —concluye Kant— que pretende suministrar en una doctrina sistemática conocimientos sintéticos *a priori* de cosas en general (el principio de causalidad, por ejemplo) tiene que dejar su sitio a una mera analítica del entendimiento puro». Ahora bien, ¿es la filosofía kantiana una mera teoría del conocimiento, o sigue siendo con todo derecho metafísica?

El significado que tiene en Kant la distinción, heredada de Wolff y de Baumgarten, entre metafísica general y metafísicas especiales, el alcance que en la reflexión kantiana posee la diferencia neta entre fenómeno y noúmeno, así como el problema acerca de si debe ser considerada la *KrV* una obra sobre teoría del conocimiento o, por el contrario, si su significado va más allá y rebasa con creces una problemática gnoseológica ha sido abordado con especial profundidad por E. Fink[13]. Este último advierte que «la filosofía surge siempre en una situación en la que el ser de las cosas ya ha sido preconcebido e interpretado por el lenguaje», que existimos ya y desde siempre en una cierta familiaridad con el ser y que tenemos que habérnoslas con nuestro propio ser en una actitud que alterna fecundamente la confianza y la crítica respecto al ser: él es lo más próximo y lo más lejano. Y esto es válido para toda filosofía.

La metafísica moderna continúa marcada por la reflexión acerca de la sustancia, la pluralidad de sustancias, el Ente supremo, etc. Pero cada vez más subordina todo eso a la estructura de la distinción entre sujeto y objeto. Y la tendencia filosófico-reflexiva de la Modernidad alcanza en Kant una profundidad inédita hasta entonces y se centra en la pregunta acerca de la posibilidad de la metafísica. Si desde Aristóteles es metafísico el saber que se ocupa de la consideración racional del ente en cuanto

---

13. Ver para lo que sigue *Todo y nada*, Sudamericana, Buenos Aires, 1964, esp. pp. 36-63; y también M. Heidegger, *Kant y el problema de la metafísica*, FCE, México, 1954, pp. 15-26.

ente y del Ente supremo, a partir de Kant comienza a hacerse patente la necesidad de un conocimiento previo del ente —anterior a la experiencia— para que podamos tener del ente en particular una experiencia. La razón toma de la razón misma las ideas que conducen a la constitución y estructura general del ente y obtiene de sí misma el saber sobre la constitución de las cosas. En tanto este saber pertenece a nuestro espíritu y precede a la experiencia se lo denomina *a priori* y tiene el carácter de universal y necesario.

La filosofía antigua consideró la existencia de una homogeneidad entre la razón en nosotros y la razón en las cosas. Pero Kant reprocha a la tradición su permanencia en un estadio dogmático, irreflexivo e ingenuo. Nunca ha preguntado por su propia posibilidad: jamás ha alcanzado un estadio crítico. Para él, es un problema fundamental la cuestión de la referencia de la razón humana a la constitución del ser del ente. La metafísica será ciencia cuando sea capaz de responder a la pregunta: ¿cómo conocemos el ser de las cosas antes de toda experiencia? Lo que cuestiona Kant es la relación entre ser y ser verdadero. Para la metafísica dogmática la relación entre *ens* y *verum* no es cuestionable, dados sus supuestos. Pero Kant está sorprendido por el hecho de que el *ens* pueda ser, *a priori*, *verum*; por el hecho de que pueda darse un conocimiento humano universal y necesario, atestiguado, por ejemplo, por el *factum* de la matemática pura.

La nueva elaboración racional de la relación entre ser y ser verdadero, entre *ens* y *verum* es la cuestión básica de una filosofía trascendental, la cual equivale a la indagación sobre la posibilidad de la metafísica en tanto conocimiento *a priori* de la estructura del ser de las cosas. Y es con la distinción (*krisis*) del noúmeno y del fenómeno con la que alcanza Kant los supuestos racionales para intentar la fundamentación de la metafísica como ciencia en la *KrV*. El examen crítico de la facultad de conocer ha sido motivo de reflexión en todas las épocas de la historia de la filosofía, pero se convierte en un motivo preferido en la metafísica moderna y Kant mismo es, sin duda, un teórico del conocimiento. Pero averiguar si es esto solo es una problemática de especial relevancia.

Para la teoría del conocimiento kantiana es básico mantener la diferencia entre conocimiento de experiencia (empírico) y conocimiento esencial (*a priori*) y ya se ha subrayado que no todo conocimiento procede de la experiencia, sino que existe una precomprensión del ente y de su estructura para que sea posible una experiencia fáctica de determinadas cosas singulares en general. La razón tiene el modo de ser del yo, de la subjetividad; también ella posee una precomprensión de sí misma que tiene una y la misma estructura con la precomprensión de las cosas. Pero, no frenada por la autocrítica, se hace fácilmente disoluta y cae presa de fantasmagorías del pensamiento. Se impone, pues, una «disciplina» intelectual con objeto de distinguir la verdad de la apariencia. La crítica kantiana de la razón muestra que solo conocemos lo que ya se encuentra bajo las condiciones previas de nuestra subjetividad finita.

Como advierte Fink, la empresa kantiana surge del deseo de fundar de nuevo la metafísica. Y es un rasgo perenne de la filosofía la voluntad de autofundamentación. En la metafísica moderna el fundamento se retrotrae a la autoconciencia, siendo la metafísica cartesiana una metafísica de la autoconciencia. En cambio, Kant representa la autoconciencia de la metafísica. Lo que Kant reprocha a la metafísica tradicional, incluida también la metafísica moderna, es que está dominada por un sueño dogmático. Solo cuando llega a responder la pregunta sobre su propia posibilidad adquiere el rango de ciencia. De la recta comprensión de esta pregunta depende todo: depende que consideremos la *KrV* como un proyecto netamente gnoseológico, o, más allá de eso mismo, onto-lógico. ¿Cómo es posible la metafísica, es decir, el conocimiento del ente en su constitución de ser por la razón pura? La razón no está aquí curvada sobre sí misma, la reflexión no es un mirarse a sí mismo; la reflexión es aquí el campo donde descubrimos todas las cosas y todos los actos subjetivos.

En la metafísica anterior a Kant el ser es autónomo, es un ser en sí. El modelo del ente es la sustancia (existe en sí y por sí y no necesita de otro para existir). En tanto sustancias, las cosas no son transformadas ni modificadas por el conocimiento. Este permanece «frente» a ellas como un medio cristalino en el que las cosas aparecen y se muestran. Lo que resulta asombroso, según Kant, es que la razón, el espíritu humano, «mirando hacia adentro» pueda saber cómo son las cosas «fuera». Kant no se muestra satisfecho ante el supuesto dogmático de una naturaleza racional universal, o de una armonía preestablecida; desde ahí no se da cumplida cuenta de la posibilidad del conocimiento *a priori* del ente. Para eso, es preciso articular el concepto principal del ente en: 1) las determinaciones espacio-temporales de las cosas; 2) la pluralidad estructural que distingue la constitución de las cosas y las formas de relación de las cosas entre sí, y 3) los tres dominios privilegiados: el alma, el mundo y Dios.

La pregunta ¿cómo puede ser el *ens*, desde el principio, un *verum*?, tiene una respuesta «revolucionaria» en Kant: el ente conocido *a priori* por el hombre no puede ser el ente en sí. Solamente conocemos *a priori* de las cosas lo que previamente ponemos en ellas: las formas *a priori* de la sensibilidad y las categorías. Y, cuando la razón conoce su «dote» introducida en las cosas, entonces se mueve en un preconocimiento *a priori* de sí misma. Kant subvierte así la concepción tradicional del ser. Realiza una distinción entre el ente en tanto noúmeno y el ente en cuanto fenómeno para nosotros, y lleva a cabo un «examen trascendental» o «filosofía trascendental». Pero es importante señalar que el planteamiento del problema, en cuanto pregunta por la relación entre *ens* y *verum*, vale para aquella parte de la crítica de la razón que puede designarse como metafísica general; pero no vale para la metafísica especial ni para las preguntas acerca del alma, el mundo y Dios. Tales preguntas no son acerca de entes, sino que, respectivamente, refieren a formas del *totum*.

Hasta aquí hemos seguido las reflexiones de E. Fink, pero sobre ellas y sobre el reconocimiento de que la distinción entre fenómenos y noúmenos constituye uno de los resultados más espectaculares de la *KrV*, cabe advertir, en primer término, la modificación que, a partir de Kant, experimentan el fundamento de la objetividad y la teoría del objeto, y, junto a ello, la dependencia de la teoría del objeto respecto de una teoría del sujeto. Ello implica que ya no es posible una ontología autónoma y lo mismo cabe decir de la teoría del conocimiento. Con razón advierte Höffe que «lo substancial de la *KrV* consiste en la limitación que establece por ambos extremos: una teoría filosófica del ente, de lo que una cosa objetivamente es, solo puede elaborarse como teoría del conocimiento del ente, y una teoría del conocimiento solo puede esbozarse como determinación del concepto de un ente objetivo»[14]. De ese modo, la ontología kantiana profundiza la ruptura con el punto de vista realista que vimos a propósito de la Modernidad, y se constituye como una ontología crítica[15].

Ahora bien, esta ontología crítica aborda el tema de la verdad desde un ángulo completamente nuevo y se cumple como lógica trascendental, y más precisamente como analítica trascendental. Para explicar esto, Kant diferencia entre una lógica general —que se ocupa de las reglas absolutamente necesarias del pensar y no tiene en cuenta las diferencias entre objetos— y una lógica particular —que se ocupa de las reglas para pensar adecuadamente sobre determinado tipo de objetos y es una propedéutica de las ciencias particulares—. La lógica general es pura cuando abstrae de las condiciones empíricas subjetivas (sentidos, imaginación, memoria, costumbres, prejuicios) y tiene que ver con principios *a priori*. Y es aplicada cuando se ocupa de las reglas del uso del entendimiento bajo condiciones empíricas subjetivas. La lógica general pura es

---

14. O. Höffe, *Immanuel Kant*, cit., p. 54.
15. Véase a este respecto, M. Torrevejano Parra, «Kant», en J. J. E. Gracia (ed.), *Concepciones de la metafísica*, Trotta, Madrid, 1998, pp. 165-186.

un *canon* del entendimiento y de la razón; la lógica general aplicada es un *catárticon* del entendimiento común, y la lógica particular es un *organon*.

Kant considera que solo la lógica general pura es ciencia en sentido estricto. Y los lógicos deben tener en cuenta dos cosas fundamentales en ella: abstrae de todo contenido y de la diversidad de objetos (frente a la lógica particular) y abstrae de condiciones empíricas subjetivas (frente a la lógica general aplicada). Ahora bien, ¿qué papel juega una lógica trascendental junto a una lógica general pura?

La innovación de Kant estriba en haber puesto de relieve la necesidad de una lógica pura, que, frente a la lógica general, no abstrae de todo contenido, sino exclusivamente de contenidos empíricos. Es decir, la lógica trascendental no prescinde de todo contenido, tiene que ver con conceptos y principios puros (analítica de los conceptos y analítica de los principios) y se ocupa del origen, amplitud y validez del conocimiento *a priori*. Y así, junto a los conceptos de verdad material y verdad formal, Kant destaca el de verdad trascendental. Y es la lógica trascendental la que debe formular unos criterios generales de verdad trascendental de acuerdo con las reglas generales y necesarias del entendimiento puro.

El problema de la lógica trascendental es también el problema de la verdad. Y de ahí la división en analítica y dialéctica. La analítica trascendental se ocupa de conceptos y de principios que, sin proceder de la experiencia, la hacen posible. Es una lógica de la verdad y se ocupa del uso adecuado (empírico) de los conceptos y principios del entendimiento puro. Es un *canon* destinado a enjuiciar el uso empírico.

Ahora bien, cuando lo que debe ser un *canon* (medio para ordenar conocimientos) se convierte en un *organon* (medio para adquirir conocimientos); cuando hace uso de tales conceptos y principios y los aplica a objetos en general, el uso del entendimiento puro se convierte en dialéctico (abuso o uso trascendental de conceptos y principios puros). Y ya no es una lógica de la verdad, sino una lógica de la apariencia. Allí es donde Kant examina las «arrogancias infundadas» de la razón, denuncia las «fantasmagorías metafísicas» a las que da lugar y «rebaja» las aspiraciones de la metafísica dogmática.

Cierto es que, junto a este sentido —*ontología crítica*—, cabe advertir otros que la voz «metafísica» posee en la reflexión kantiana. En primer lugar, como *disposición natural* de la razón, la metafísica sigue teniendo como objetos propios Dios, la libertad y la inmortalidad; pero tal disposición, que es natural y real, resulta a un tiempo engañosa y dialéctica, por lo que se precisa una crítica de la metafísica dogmática o *crítica de la apariencia dialéctica*; tal es el objeto de la dialéctica trascendental. Finalmente, es preciso referirse a la *metafísica práctica*, la única que amplía los límites de la experiencia posible y proporciona una solución racional a los problemas planteados por la metafísica dogmática[16].

Con todo, la instauración de una ontología crítica llega a su pleno cumplimiento con Kant, a pesar de que sus precedentes estén en los inicios de la filosofía moderna y en la actitud cartesiana volcada en la subjetividad. Aun reconociendo también la importancia del proceso de emancipación de la ontología respecto de la teología que cristaliza con Wolff y Baumgarten, Kant instaura las líneas maestras de una ontología de nuevo cuño. Y en ellas hay que subrayar la importancia de la distinción entre conocer (*erkennen*) y pensar (*denken*), y la preocupación de Kant por establecer el origen, la amplitud y la validez de nuestro conocimiento. También para él lo pensable es lo no contradictorio: pensar puedo pensar lo que quiera con tal de que no me contradiga. Pero esta condición, necesaria, no es suficiente para garantizar la objetividad del contenido de mi pensamiento; solo cuando a este se une la experiencia, se le asegura la conexión con un objeto y el pensamiento es conocimiento. De manera que en Kant el estudio de lo que es en tanto que algo que es (*ens qua ens*) se convierte en el estudio de las condiciones de posibilidad del objeto en cuanto objeto (*obiectum qua obiectum*). Pero el objeto es siempre objeto para un sujeto, y este «ser para» se opone al ser en sí: el fenómeno se opone al noúmeno. De este modo, la ontología kantiana es crítica porque: 1) establece el fenómeno como único objeto del conocimiento, y 2) niega el estatuto científico del noúmeno y, por tanto, la posibilidad del discurso científico a las llamadas metafísicas especiales, al menos en el orden teórico.

Si, como advierte Kant, las condiciones de posibilidad de los objetos no son otras que las condiciones de posibilidad de la experiencia, la ontología crítica constituye un tratado de las categorías, que han de ser concebidas como determinaciones de objetos puestas o concebidas por un sujeto. La ontología, disciplina que se ocupa de lo que es en tanto que algo que es y de las propiedades que le convienen de suyo, puede seguir siendo definida así, pero a condición de entender la expresión «lo que es en tanto que algo que es» como «objeto en tanto que objeto».

---

16. Cf. S. Rábade, A. López Molina y E. Pesquero, *Kant: Conocimiento y racionalidad*, vol. I: *El uso teórico de la razón*, Cincel, Madrid, 1987, pp. 85-87. Sobre la significación del término «metafísica» y la distinción en ella de una cuádruple instancia (proyectivo-reguladora, crítico-metodológica, práctica y sistemático arquitectónica), véase también M. Torrevejano Parra, *Razón y metafísica en Kant*, Narcea, Madrid, 1982, pp. 16-36.

Ahí estriba el valor de la crítica. Así, aunque Kant afirme que fue Hume quien le despertó de su sueño dogmático, no cabe duda alguna del enorme peso que en su actitud metafísica tuvo la filosofía racionalista, sobre todo la sistematización llevada a cabo por Wolff y Baumgarten[17]. Y no puede olvidarse que este último consideraba la metafísica como *scientia primorum in humana cognitione principiorum*.

4. METAFÍSICA Y RAZÓN PRÁCTICA

Los aspectos señalados por Kant en A XIII-XIV y B XXIV-XXV, a los que se ha hecho alusión más arriba, arrojan luz sobre la consideración kantiana de las llamadas metafísicas especiales. Conviene recordar la advertencia de Kant según la cual «una crítica que restrinja la razón especulativa es, en tal sentido, *negativa*, pero, a la vez, en la medida en que elimina un obstáculo que reduce su uso práctico o amenaza incluso con suprimirlo, es realmente de tan *positiva* e importante utilidad» (*KrV* B XXV). De todos modos, la dialéctica trascendental, que se ocupa de esclarecer el sentido y el carácter de la facultad de la razón, muestra la imposibilidad de asignar un estatuto científico a los discursos que van «más allá de los límites de la sensibilidad».

Fink ha mostrado la necesidad de distinguir entre dos *sentidos* del término «razón»[18]: un sentido amplio (complejo de las facultades del conocimiento) y un sentido restringido (facultad opuesta a la sensibilidad y al entendimiento, mediante la cual pensamos, más allá de lo dado, un todo no dado o noúmeno). Y, al mismo tiempo, señala que la razón no es un mero instrumento con el que pensamos: la razón es el yo mismo, su vida espiritual. Pensamos «en ella», no con ella[19]. En cuanto a los *usos* del término «razón», es preciso distinguir un uso lógico (se trata de un uso formal, gracias al cual la razón infiere inmediatamente y muestra la relación deductiva de dos juicios respecto de un tercero) y un uso puro (la razón es aquí considerada la facultad de los principios, del mismo modo que el entendimiento se definía como la facultad de las reglas que permiten la subsunción de intuiciones bajo conceptos). Esos principios, que no tienen su origen ni en la sensibilidad ni en el entendimiento, son las Ideas. Ellas constituyen los intereses supremos de la razón y, como en Platón, sobrepasan en absoluto la experiencia.

17. Acerca de Wolff y Baumgarten, véase P. Pimpinella, *Wolff e Baumgarten. Studi di terminologia filosofica*, Leo S. Olschki Editore, Roma, 2005.
18. Cf. *Todo y nada*, cit., p. 100.
19. Cf. *Ibid.*, p. 56.

Kant define la *percepción* (*KrV* A 320/B 376) como una representación con conciencia. Dentro de ella destaca, por un lado, la *sensación* —relacionada con el sujeto y modificadora de su estado— como el efecto producido por un objeto sobre la capacidad de representación; por otro, el *conocimiento*, aspecto objetivo de la percepción, y para el que se requiere intuición y concepto. La *intuición* es el modo por el cual el conocimiento se refiere inmediatamente a objetos. Puede ser pura (espacio y tiempo) o empírica (referida al objeto mediante la sensación). El *concepto* es el modo por el cual el conocimiento se refiere mediatamente (a través de la intuición) a objetos. Puede ser puro (las categorías) o empírico (referido al objeto mediante la intuición empírica). Pero Kant llama *noción* a un concepto puro que tiene su origen exclusivamente en el entendimiento y no en una imagen pura de la sensibilidad. La Idea o concepto de razón es un concepto que está formado por nociones y que sobrepasa absolutamente los límites de la experiencia.

Aunque las Ideas no tienen, como los conceptos, un objeto congruente en la experiencia, Kant sostiene que poseen su realidad y no son meras ficciones o quimeras. Pero, precisamente porque no tienen un objeto congruente en la experiencia, las Ideas solo pueden usarse regulativamente. Cuando se hace de ellas un uso constitutivo, se convierten en quimeras, en puras Ideas dialécticas, en ilusiones. La dialéctica trascendental es justamente la vertiente de la *Crítica* que se ocupa de tales ilusiones: es la crítica de la apariencia dialéctica. Frente a la analítica trascendental, que, como ya se ha advertido más arriba, es una lógica de la verdad, la dialéctica trascendental es una lógica de la apariencia. En la primera, la lógica tiene la función que le corresponde, la de un *canon*, o medio para ordenar conocimientos; en la segunda, la lógica es tomada como un *organon*, o medio para adquirir o ampliar conocimientos[20].

De acuerdo con esto, los conceptos y principios puros del entendimiento tienen un uso inmanente o empírico, circunscrito a los límites de la experiencia, esto es, se aplican a fenómenos (*Erscheinung* es el objeto indeterminado de una intuición empírica) y el resultado es el objeto (*Phaenomenon* es el objeto empírico determinado). Su abuso constituye

---

20. «No obstante, hay algo tan tentador en la posesión de ese arte ficticio que suministra a todos nuestros conocimientos la forma del entendimiento, a pesar de ser quizás muy pobre y vacío su contenido, que aquella lógica general, que constituye simplemente un *canon* destinado a enjuiciar, es empleada como *organon* destinado a la producción efectiva, al menos en apariencia, de afirmaciones objetivas. Con lo cual se comete, de hecho, un abuso. Empleada de esta forma, como pretendido *organon*, la lógica general recibe el nombre de *dialéctica*» (*KrV* A 61/B 85).

lo que Kant llama el uso trascendental de los mismos, o aplicación a las cosas en sí. En cambio, los conceptos y principios trascendentes son aquellos que nos invitan a eliminar o a sobrepasar los límites de la experiencia (*KrV* A 295-296/B 352-353).

En la reflexión kantiana el término «razón» designa la facultad de rebasar el ámbito de los sentidos[21]. Ahora bien, la superación de los sentidos en el ámbito del conocimiento constituye el *uso teórico* de la razón, mientras que la superación de los sentidos en la acción constituye el *uso práctico* de la misma. Esta distinción es la que permite a Kant asumir la diferencia establecida por Hume entre proposiciones descriptivas y proposiciones normativas, entre hechos y valores.

La razón práctica es la capacidad que tiene un ser racional para elegir la propia acción, independientemente de motivaciones, impulsos, pasiones o necesidades sensibles. Esta capacidad es justamente la voluntad, que es lo que distingue a un ser racional y que no hay que entender como la capacidad de destruir los impulsos naturales, sino de distanciarse de ellos y suspenderlos como motivación última del obrar. Así, se distingue entre una razón práctica empíricamente condicionada y una razón práctica pura, independiente de todas las condiciones empíricas y que se guía por sí misma. Y aquí se cifra también un importante aspecto del «giro copernicano».

Para determinar en este ámbito el valor del «giro copernicano» es conveniente referirse a los motivos por los que Kant lo adoptó, y a las consecuencias que, de forma inmediata, tendrá para su filosofía. Respecto a los motivos, hay dos a los que Kant hace referencia explícita. En primer lugar, ya se ha subrayado cómo Kant llama la atención sobre la necesidad de atender al modelo proporcionado por la matemática y la física (cf. *KrV* B XVI). En segundo lugar, Kant destaca que, si lo que se pretende es investigar los elementos *a priori* del conocimiento objetivo, será preciso introducir ese cambio de óptica, dado el fracaso de todos los intentos efectuados bajo el supuesto de que «todo nuestro conocer debe regirse por los objetos» (*Ibid.*).

Junto a tales motivos hay todavía un dato cuya importancia no cabe minimizar. Se ha aludido anteriormente al acuerdo de Kant con su tiempo, con el Siglo de las Luces, con la Ilustración. Y este acuerdo proporciona el sentido y la medida justa de la revolución kantiana. En el Prólogo a la primera edición de la *KrV*, había destacado que la indiferencia con que eran tratadas las cuestiones metafísicas ni podía ser un estado

---

21. Cf. O. Höffe, *Immanuel Kant*, cit., pp. 163-164.

duradero, ni era síntoma de frivolidad, sino más bien se explicaba por «el juicio maduro de una época que no se conforma ya con un saber aparente». Este «saber aparente» es justo lo contrario del verdadero saber al que tiende una época que hace suyo el imperativo *Sapere aude!* El imperativo de una razón decidida a ser libre y a no reconocer otra ley que la suya tiene su contrapunto en el imperativo de una voluntad decidida a reconocer su autonomía. Y así, la decisión de libertad que abre las puertas del mundo contemporáneo, cuyos logros se dejarán sentir en el terreno de la ciencia y de la política, hace ingresar a Kant en un ámbito de discusión filosófica con perfecta vigencia en nuestro tiempo.

Pero toda revolución tiene su precio. Y Kant tuvo que hacerse cargo del precio de la suya. En lo que respecta al campo propio de la razón teórica, el objeto, que no está dado, ni es tampoco creado caprichosamente por la razón, ha de ser *construido* a partir de un material ofrecido en la intuición. Pero la razón teórica ha de operar sobre una materia previamente dada. Y la metafísica, entendida como exploración de entidades suprasensibles, independientes en absoluto de la experiencia, quedará como un camino intransitable y expresamente prohibido a la facultad de conocer.

Sin embargo, en el terreno del obrar moral, de la práctica, en el que la razón es considerada como facultad libre y autónoma que, no sometida absolutamente a nada distinto de ella misma, convierte en realidad su propio objeto, allí las cosas sucederán de modo muy distinto. Las competencias de la razón en este terreno exceden con mucho las de su uso teórico. Y si el giro copernicano ha sido caracterizado como el reconocimiento de la función legisladora de la razón, en el campo de la razón práctica, dicha función será subrayada con más énfasis aún.

Las Ideas, que en el campo teórico no son susceptibles de conocimiento y cuya función no era otra que dar cumplimiento a la tendencia totalizadora de la razón, son, no ya pensadas como hipótesis, sino establecidas como postulados en la segunda *Crítica*[22]. Kant parte allí del *factum* —análogo al *factum* del conocer— de la moralidad, del deber; en ambos casos se trata de una realidad que siempre acabamos por recono-

---

22. «Una exigencia de la razón pura práctica está fundada en un *deber*, el de hacer de algo (el supremo bien) el objeto de mi voluntad, para fomentarlo con todas mis fuerzas; pero para ello tengo yo que presuponer la posibilidad del mismo y, por consiguiente, también las condiciones de esa posibilidad, a saber, Dios, la libertad y la inmortalidad, porque no puedo demostrarlas por mi razón especulativa, aunque tampoco puedo refutarlas» (*KpV, Vom Fürwahrhalten aus einem Bedürfnisse der reinen Vernunft*, Ak. V, 142).

cer[23]. Este *factum* consiste en la conciencia de la ley, del deber. Y este hecho indubitable para Kant ha de ser fundamentado desde otro nivel (*quid iuris*). Si debo, si tengo conciencia de la ley moral, entonces tengo necesariamente que admitir que soy libre. Y esa libertad no es ahora solo pensada, sino establecida como un postulado imprescindible.

El postulado de la libertad tiene, sin duda, un estatuto especial y privilegiado respecto de los dos restantes: la inmortalidad del alma y la existencia de Dios[24]. Pero, en todo caso, las diferencias con el racionalismo y el empirismo vuelven a ponerse de relieve en este terreno. La conciencia del deber no es la conciencia de una voluntad sometida a algo distinto de sí misma: ni a Dios ni a las inclinaciones. El racionalismo que, de acuerdo con la tradición, había construido una moral teológica y heterónoma, es decir, una moral que tenía como último fundamento a Dios y que consideraba al hombre como *imago Dei*, sometiendo así la voluntad humana a la voluntad divina, conduce de nuevo al dogmatismo. El empirismo, por su parte, ceñido a las exigencias del mundo sensible, había mostrado su incapacidad para fundamentar otra moral distinta de la moral relativa y utilitaria. Ninguna de esas dos posiciones satisfacen las exigencias kantianas de fundamentación del orden moral. Estas exigencias solo serán satisfechas si se obtiene para la moral un fundamento racional, válido no solo para la naturaleza humana en particular, sino para todos los seres racionales, cuya dignidad será asegurada si se demuestra que llevan en sí mismos el fundamento último de su actividad, si se demuestra que están dotados de una voluntad independiente de leyes extrañas a sí misma: una voluntad libre y autónoma.

La autonomía de la voluntad es el elemento posibilitador de una ciencia de la moralidad. Ella es la razón de ser (*ratio essendi*) de la ley moral, aunque esta última sea el *factum* mediante el que llegamos a conocer (*ratio cognoscendi*) aquella[25]. Pero, además, la autonomía

23. O. Höffe, *Immanuel Kant*, cit., p. 190.
24. A este respecto son interesantes las reflexiones de Th. McCarthy, *Ideales e ilusiones*, Tecnos, Madrid, 1992, cap. 8: «Teoría crítica y teoría política: los postulados de la razón comunicativa», pp. 214 ss.
25. Kant se defiende de la posible acusación de *circulatio* con la siguiente advertencia: «Para que no se imagine nadie encontrar aquí *inconsecuencias* porque ahora llame a la libertad condición de la ley moral y luego en el tratado mismo afirme que la ley moral es la condición bajo la cual nosotros podemos *adquirir conciencia* de la libertad, quiero recordar aquí tan solo que la libertad es sin duda la *ratio essendi* de la ley moral. Pues si la ley moral no estuviese en nuestra razón, pensada *anteriormente* con claridad, no podríamos nunca pensarnos como autorizados para admitir algo así como lo que la libertad es (aun cuando esta no se contradice). Pero si no hubiera libertad alguna, no podría de ningún modo encontrarse la ley moral en nosotros» (*KpV*, Vorrede, Ak. V 4).

de la voluntad desempeña, en el ámbito de la razón práctica, la misma función que, en el terreno propio de la razón teórica, desempeñaba el supuesto según el cual los objetos debían conformarse a nuestro conocimiento, y no al contrario. Esta posición, que resultaba de aplicar el modelo científico al campo de la metafísica, no era otra cosa que el giro copernicano. Con ella se abandonaba entonces, en la razón teórica, y ahora, en la razón práctica, el punto de vista «antiguo» de la sumisión y de la heteronomía.

Solo en el ámbito de lo práctico tiene la facultad de la razón un papel protagonista y legislador, frente al entendimiento que mantenía la primacía en el orden teórico. De ahí que la *Crítica de la razón pura* sea la expresión para designar la denuncia del uso de una razón especulativa que pretende legislar por sí misma; mientras que con la *Crítica de la razón práctica* se denuncie el uso de una razón que, en lugar de legislar por sí misma, se deja condicionar empíricamente[26]. Y nunca la razón especulativa se interesaría por la cosa en sí, si esta no fuera, en primer lugar y verdaderamente, el objeto de otro interés de la razón, del interés más alto: el interés práctico[27].

El aparente intelectualismo de las fórmulas kantianas sobre la naturaleza de la voluntad no puede engañar acerca del sentido y del significado de su reflexión: un voluntarismo que enlaza con san Agustín y Duns Scoto. La voluntad representa para Kant la verdadera raíz de la vida espiritual[28]. La voluntad nada tiene que ver con el apetito, ni siquiera con el *appetitus intellectionis*, pues un apetito guiado por la razón se halla tan interesado en un fin apetecible como cualquier apetito sensible. La voluntad es el «verdadero yo» del hombre. No el «yo pienso», sino el «yo quiero» es el que conduce realmente al contenido metafísico de mi existencia y de toda existencia en general. Lo que en nosotros es más que fenómeno eso es justamente la voluntad[29]. La proximidad de esta última consideración con la filosofía de Schopenhauer es patente. Pero la consideración correcta de esta ultima requiere referirla a otro horizonte, incluirla en otro ámbito distinto del ser y la trascendentalidad, el ámbito del nihilismo y de la nada.

---

26. Cf. G. Deleuze, *Spinoza, Kant y Nietzsche*, trad. de F. Monge, Labor/Maldoror, Barcelona, 1974, p. 150.
27. *Ibid.*, pp. 169 y 171.
28. Cf. H. Heimsoeth, *Los seis grandes temas de la metafísica occidental*, trad. de J. Gaos, Revista de Occidente, Madrid, 1974, p. 233.
29. Cf. *Ibid.*, p. 237.

II

EL PROBLEMA DE LA NADA
... Y NO MÁS BIEN LA NADA?»)

«Lo que queda tras la total supresión de la voluntad es, para todos aquellos que están aún llenos de ella, nada. Pero también, a la inversa, para aquellos en los que la voluntad se ha convertido y negado todo este mundo nuestro tan real, con todos sus soles y galaxias, es nada.»

A. Schopenhauer, *El mundo como voluntad y representación*, § 71

«Pensemos este pensamiento en su forma más terrible: la existencia tal como es, sin sentido y sin meta, pero retornando inevitablemente, sin un *finale* en la nada: 'el eterno retorno'. Esta es la forma más extrema del nihilismo: ¡la nada (lo 'carente de sentido') eternamente!»

F. Nietzsche, *Fragmentos póstumos. Verano de 1886-otoño de 1887*, 5 (71)

«Quizás la esencia del nihilismo esté en que *no* se tome en serio el problema de la nada.»

M. Heidegger, *Nietzsche* II, 50

5

NIHILISMO Y NADA.
ALGUNAS REFLEXIONES PRELIMINARES

1. NIHILISMO, FANATISMO, DECADENCIA, PROGRESO

La pregunta por el ser no agota ella sola el ámbito de la metafísica. Y tal vez, como se verá, el ámbito propio de lo trascendental incluye no solo la pregunta por lo que es en tanto que algo que es, como ya se ha sugerido en los capítulos precedentes, sino que refiere e incluye otro interrogante: el que tiene que ver con lo que Heidegger llamó «el velo del ser»: la nada.

Parece, pues, que el ser va acompañado de una sombra inseparable que sería la nada, que se comportaría respecto de él como una especie de Mefistófeles: aquel espíritu que siempre niega. En todo caso, la filosofía no parece que pueda eximirse de la pregunta por la nada, y ello en la medida en que la pregunta por el ser en cuanto ser debe distinguir a este último, delimitarlo, definirlo respecto de la nada. Sobre esa base cabe entender la sentencia de Heidegger que encabeza estas páginas y que viene a sostener que la esencia del nihilismo consistiría en no haber tomado suficientemente en serio el problema de la nada. Y, mucho más, sobre ella cobran sentido también aquellas inquietantes palabras que el mismo autor dedica a los que nunca experimentaron el abandono de la nada:

> La prueba más dura, pero también más infalible de la fuerza y autenticidad pensante de un filósofo, es la de si en el ser del ente experimenta de inmediato y desde su fundamento la cercanía de la nada. Aquel a quien esto se le rehúsa está definitivamente y sin esperanza fuera de la filosofía[1].

Lo que se propone la segunda sección de este estudio es rescatar aquella «otra parte» de la metafísica que de alguna manera se internó en el ám-

1. *Nietzsche* I, trad. de J. L. Vermal, Destino, Barcelona, 2000, p. 370.

bito expresamente prohibido por Parménides: el No-ser, la nada, el nihilismo. Es verdad que esa terminología es equívoca, primero, porque los tres términos señalados no son equivalentes; pero también, porque ninguno de ellos por separado parece tener una significación única. Si, como se señalaba más arriba, «el ser se dice de muchas maneras», tampoco parece que la nada tenga un sentido unívoco, ni tampoco el No-ser, ni el nihilismo. Pero, comenzando por este último, nuestro tiempo, el tiempo que vivimos, que parece candidato como pocos al derecho a la denominación de un «tiempo nihilista», puede proporcionarnos algunas consideraciones de interés.

Al examinar nuestro tiempo, uno parece situado ante un doble desafío que tiene, sin embargo, en los dos casos, un mismo carácter nihilista. Por una parte, encontramos la marca del nihilismo en un *fanatismo* que, en nombre de la religión o de determinados principios absolutos, desafía los valores de ilustración, democracia, libertad individual, y, en definitiva, los valores de una sociedad laica. Pero también se encuentra con frecuencia una extraña tendencia nihilista en el seno de tales sociedades más desarrolladas, laicas e ilustradas, que, desafiadas por actitudes fanáticas como las referidas, se encuentran muchas veces inermes ante tales ataques. Es verdad que el lugar desde el que se dirigen tales desafíos parece constituir una región ya superada y abandonada hace tiempo por ellas (el fanatismo es muchas veces —aunque no solo— producto de la ignorancia y de la falta de ilustración), pero también es cierto que tales sociedades no parecen estar en condiciones de oponer algo eficaz (una fuerza mayor y de signo distinto) a los retos que se les dirigen y las amenazan. Instaladas desde hace tiempo en lo que Luis Racionero ha llamado «el progreso decadente», en estas sociedades el relativismo, que tantas veces es un signo de salud mental y de vitalidad, resulta otras muchas destructivo y desorientador. Pero la marca del nihilismo en este caso no es el relativismo[2], sino, como Nietzsche vio muy bien, la *decadencia*.

Fanatismo y decadencia parecen constituir las señas de identidad de dos nihilismos que se confrontan y luchan entre sí. Y en esto no se puede dejar de reconocer las dotes proféticas de Nietzsche, al anunciar un tiempo en que tendrían lugar confrontaciones horribles y espantosas. Lo malo es que, aunque uno y otro marquen a veces tendencias «geográficas», se hayan identificado lisa y llanamente con la geografía hasta

---

2. Comte-Sparville señala con razón la importancia del relativismo, la tolerancia y la lucidez contra el fanatismo. Lo cual viene a mostrar que fanatismo y relativismo no pueden emparejarse y que la otra cara del fanatismo —como forma del nihilismo, en sentido negativo— es mucho más la decadencia que el relativismo (cf. *Diccionario filosófico*, Paidós, Barcelona, p. 372).

convertir esta confrontación en una lucha entre Oriente y Occidente, o en un «conflicto de civilizaciones». Ni el fanatismo es propio y exclusivo de una civilización o cultura determinadas; ni tampoco la decadencia, y esta última no puede ser identificada sin más con el relativismo. Como siempre, se trata de distinguir bien, de «mirar con cuidado», de medir y de tratar por todos los medios de no equivocarse en el cálculo, porque los errores tienen a veces peores consecuencias que las «malas intenciones».

Y tal vez, para eso, sea preciso prestar más y mejor atención al uso de los términos, al lenguaje, porque, como decía Nietzsche y reconocía desde otra perspectiva Wittgenstein, en el lenguaje se encuentra muchas veces el origen de muchas patologías. El lenguaje, que habla de la realidad, que la tiene como referente, también impone sus reglas a lo real, y en cierto modo la configura y hasta la crea. Pero también el lenguaje encierra «perversiones» que la costumbre y el uso continuado no permiten reconocer. Y uno de los términos que ha sucumbido a esa patología es el término «nihilismo». Antes de adentrarnos en su significación —y acaso en su reivindicación—, conviene todavía detenerse en esos dos términos —«fanatismo» y «decadencia»— y contemplarlos bajo la luz de otro que constituye su otra cara y su opuesto: me refiero al término *progreso*.

Es inevitable, al hablar de progreso, evocar un tiempo, el siglo de las Luces, que hizo de aquel su enseña y su bandera. ¿Tiene vigencia todavía hoy esa antigua categoría ilustrada? ¿Dónde ha quedado la fe de aquellos tiempos que, para decirlo con palabras de Savater, fue para muchos ilustrados una especie de «religión sustitutiva», una «versión profana de la Providencia»? Nadie pone hoy en tela de juicio que el progreso técnico es un hecho, pero ¿quién podría suscribir que tal progreso haya ido acompañado de una mejora y de un avance en otros ámbitos y, muy especialmente, en el terreno moral? Parece que el desarrollo en aquel campo es indiscutible y hasta excesivo, y que todos los demás hubiesen quedado marginados, adelgazados y escuálidos a su costa, como aquel «lisiado al revés» del que hablaba Zaratustra: uno que tiene muy poco de todo y demasiado de una sola cosa.

A la vista de los males que amenazan nuestro tiempo y de la forma que tenemos de afrontarlos, hablar de progreso no parece demasiado pertinente. Los fantasmas agitados por el miedo dan pábulo a actitudes negadoras de muy distinto signo, de manera que más que de un avance, se tiene la impresión de asistir a un franco retroceso. Algunos elementos que cobran en nuestro presente una inesperada vigencia son, más que novedades, una repetición, una rémora y un lastre que no solo parece impedir cualquier paso adelante, sino que conduce hacia atrás, hacia un retorno de lo que ya parecía cancelado y superado.

Es notable, por ejemplo, el hecho de que las culturas busquen sus más firmes señas de identidad en las creencias religiosas. Y en este punto uno no deja de preguntarse dónde han ido a parar las previsiones de Freud y el porvenir que auguraba a las ilusiones religiosas. Sobre tal porvenir Freud no abrigaba dudas: las ilusiones religiosas son análogas a las neurosis infantiles —especialmente a las obsesivas— y serán vencidas espontáneamente:

> La religión sería la neurosis obsesiva de la colectividad humana [...]. Conforme a esta teoría hemos de creer que el abandono de la religión se cumplirá con toda la inexorable fatalidad de un proceso de crecimiento y que en la actualidad nos encontramos ya dentro de esta fase de la evolución[3].

Su apuesta decidida por el progreso le hacía pensar que el ser humano no estaba ya tan desamparado, y sus convicciones de hombre ilustrado, pese a que distara mucho de ser un optimista, le llevaban a esperar que el hombre podría resistir la «dura prueba» de contar tan solo con sus propias fuerzas[4].

No parece que el tiempo haya dado la razón a estas expectativas. Más bien todo lo contrario. La presencia de la religión en la escena del mundo actual[5], su mezcla con la política y el uso que se hace de ella para justificar múltiples actos de violencia y de barbarie obligan a pensar que la religión dista mucho de ser un resto o una característica de etapas antiguas y ya superadas de la humanidad, o, simplemente, viene a confirmar otra vez la capacidad para generar dioses que tienen todavía la desesperación y el miedo. Pero también cabría preguntar con K. Armstrong si este retorno a la religión dogmática no es el mecanismo de compensación de una carencia, la reacción contra un vacío espiritual y, al fin, una mímesis pervertida de una auténtica exigencia de lo sagrado[6].

En todo caso esta doble problemática, el conflicto entre civilización y moralización, es decir, entre progreso técnico y moralidad, por un lado, y el nuevo papel protagonista que está asumiendo la religión en nuestra sociedad, por otro, nos conduce a otro problema: a la *profunda ambigüedad de la idea de progreso*, que subrayaron ya hace

---

3. *El porvenir de una ilusión*, Orbis, Barcelona, 1983, p. 248.
4. Cf. *Ibid.*, p. 253.
5. Véase a este respecto el texto de AA.VV., *El fenómeno religioso. Presencia de la religión y de la religiosidad en las sociedades avanzadas*, Centro de Estudios Andaluces, Consejería de la Presidencia, Sevilla, 2008.
6. Cf. K. Armstrong, *La gran transformación*, Paidós, Barcelona, 2007.

algún tiempo Adorno y Horkheimer bajo la fórmula «dialéctica de la Ilustración»[7].
El progreso, como la Ilustración, no solo es deseable, sino también defendible. En cuanto «movimiento de avance de la civilización y de las instituciones políticas y sociales», corre parejo a todas las «cosas buenas» y los mejores logros de los que hoy disfrutamos: libertad, democracia, laicismo... Pero no se puede tampoco renunciar a su crítica, o a la crítica de una cierta idea de progreso. Y en este punto conviene preguntarse si la reflexión de Heidegger no constituye un buen diagnóstico de nuestro tiempo. En la creencia en un «progreso infinito», en lo que podría considerarse «el mito del progreso», él denunciaba la actitud desmesurada y desmedida de una *hybris* que adopta la arrogancia de una voluntad legisladora y erigida en principio directivo de la existencia, una actitud que invierte la relación de circularidad, armonía y continuidad entre naturaleza (*physis*) y técnica (*téchne*). Lo específico de la técnica moderna es la inversión de aquella relación: ya no es la técnica la que se inserta en el proceso de la naturaleza, ahora es aquella la que ejerce violencia, en un sentido nuevo: pone a la naturaleza en aprietos, la somete a una exigencia, la obliga, la fuerza y le prescribe un determinado rendimiento[8].

Es entonces cuando el sujeto mismo que hace uso de ella acaba convertido en «material disponible», en una mera «existencia», e incluso en «material de desecho». Y entonces también se produce lo que Heidegger denomina «organización de la penuria»: una cultura de la explotación y el consumo que se produce para la saciedad, genera de hecho la escasez y acaba esquilmando la Tierra. Nunca el hombre ha estado más cerca del sueño humanista y nunca tampoco se ha sentido más extraño a sí mismo. Heidegger, que no demoniza la técnica, invita, sin embargo, a considerarla bajo una nueva mirada, y, como advierte Cerezo, se opone tanto a la actitud negativista, que la rechaza en cuanto «obra del diablo», como a la fatalista, por la desconfianza de poder saltar fuera de ella. No hay ningún «demonio de la técnica», sino la necesidad de aprender a mirar, a través de ella, hacia el fondo mismo que la hace posible[9].

---

7. M. Horkheimer y Th. W. Adorno, *Dialéctica de la Ilustración*, Trotta, Madrid, [9]2009.
8. Cf. al respecto el artículo de P. Cerezo «Metafísica, técnica y humanismo», en J. M. Navarro Cordón y R. Rodríguez (eds.), *Heidegger o el final de la filosofía* Universidad Complutense, Madrid, 1993, p. 64. Una reflexión parecida, esta vez en torno al concepto de *hybris*, la encontramos en F. Nietzsche, *La genealogía de la moral*, Tratado tercero, § 9.
9. Véase a este respecto mi trabajo «Lo inhóspito y lo sagrado», en *Razón de Occidente: textos reunidos para un homenaje al profesor Pedro Cerezo Galán*, ed. de P. Peñalver y J. L. Villacañas Berlanga, Biblioteca Nueva, Madrid, 2010, pp. 97-122.

En fin y para terminar con esta reflexión introductoria, es cierto que en nuestro tiempo, agitado por crisis de muy distinto signo, resulta paradójico hablar de progreso. Pero puede también que en la profunda vivencia de la crisis, en la reflexión sobre el peligro y el riesgo que toda vida entraña, se halle insinuado un camino para una nueva y hasta más avanzada consideración y defensa del progreso. Ella tendrá que renunciar al *mito* del progreso[10] y contemplarlo como lo que realmente es: como una *posibilidad*, que, como toda posibilidad, puede cumplirse, pero también frustrarse, y que en todo caso requiere paciencia, trabajo y tenacidad. Pero a lo que no puede o, por lo menos, no debe renunciar en ningún caso, si no se quiere dilapidar lo mejor de nuestra herencia ilustrada, es a la defensa del laicismo, condición de posibilidad de la democracia, la libertad y el progreso. Y es casi seguro, como ha puesto de relieve Elie Barnavi[11], que tal defensa puede mostrarse mucho más eficaz en estos tiempos que el conocido dilema entre «conflicto o alianza de civilizaciones». Pero volvamos al punto de partida: la significación múltiple del término «nihilismo».

2. COMPLEJIDAD DEL TÉRMINO «NIHILISMO»

Intentaré en lo que sigue una doble aproximación al término «nihilismo». En primer lugar, una aproximación general y, luego, una más específica, relacionada especialmente con la orientación de los capítulos que siguen.

El diccionario distingue varias acepciones del término: 1) negación de toda creencia; 2) negación de todo principio religioso, político y social; 3) doctrina política de negación del orden social, que tuvo en Rusia, en la segunda mitad del siglo XIX, su principal desarrollo e instigó la ejecución de numerosos atentados terroristas, en uno de los cuales murió el zar Alejandro II. Por otro lado, Ferrater Mora, en su *Diccionario de filosofía*, atribuye el uso del término por vez primera a W. Hamilton (1788-1856), que en su obra *Lectures on Metaphysics* lo entiende como negación de la realidad sustancial. De acuerdo con eso, Hume es considerado allí como nihilista al negar la realidad de la sustancia y al sostener que solo conocemos fenómenos. Desde ese punto de vista, nihilismo es idéntico a *fenomenismo*. El nihilismo del que habla Hamil-

---

10. Sobre el mito del progreso, véase K. Armstrong, *La gran transformación*, cit., pp. 369-375.
11. Cf. *Las religiones asesinas*, Turner, Madrid, 2006, pp. 121 ss.

ton ha sido considerado un nihilismo epistemológico, que se diferencia del nihilismo moral (este niega la existencia de valores morales universalmente válidos) y del nihilismo metafísico (negación pura y simple de la realidad). Pero el primero y el tercero han sido equiparados muchas veces y de hecho Hamilton invita a esa consideración al referirse a Gorgias (que sostenía que nada existe, si existiera sería incognoscible, si se pudiera conocer sería incomunicable); aunque también Pirrón puede considerarse bajo esta óptica, y en ese sentido nihilismo y *escepticismo* estarían muy cercanos.

Pero el nihilismo es también una concepción del mundo caracterizada por el *pesimismo*. Así, en el *Fausto* de Goethe («Soy el espíritu que siempre niega. / Y ello con razón, pues todo lo que nace / no vale más que para perecer. / Por eso sería mejor que nada surgiera») y *La vida es sueño* de Calderón («Pues el delito mayor del hombre es haber nacido»). Esta unión de pesimismo y nihilismo es patente en la filosofía de Schopenhauer, influido también por la doctrina budista. Y sobre ella se entiende la posición de Nietzsche, para quien el nihilismo es una amenaza, en la medida en que se trata del término final de un proceso histórico sin salida: la interpretación de la existencia humana y del mundo proporcionada por la Europa cristiana y moderna, tanto en el campo moral como en el metafísico. Esta sería la acepción «negativa» del término, que tiene, además, una acepción «positiva» o auténtica: la destrucción de los valores de la Europa cristiana y moderna. La reflexión de Nietzsche, como se verá, es imprescindible para aclarar la posición de Heidegger.

Otras consideraciones[12] muestran la relación entre el nihilismo y los planteamientos de Freud (el malestar en la cultura), Weber (el desencantamiento del mundo) y del expresionismo de las nuevas vanguardias de la cultura y del arte contemporáneos. Y destacan las reacciones contra el nihilismo de Jacobi, Baader y Weisse. Este último denuncia la disolución del marco de sentido, mientras que Baader destaca la crisis de la religión tradicional ante la imparable secularización a causa del progreso científico y analítico. Especial importancia tiene Jacobi, que acusa la consideración del mundo como pura representación y como «abismo de la nada». Ante eso apela a la fe, y encuentra en el nihilismo un ateísmo enraizado en la filosofía de Spinoza, Kant y Fichte. El nihilismo, aparece, pues, como la consecuencia del ateísmo. Pero la experiencia de Dios no ha sido siempre ajena a la experiencia de la nada. También desde la

---

12. Véase el *Diccionario Espasa de Filosofía*, dir. por J. Muñoz, Espasa, Madrid, 2003, pp. 639-642.

fe es posible mostrar el aspecto positivo de la nada, como sucede en los casos destacados de Job o de san Juan de la Cruz[13]. Reconocida la complejidad del término, podrían, sin embargo, apuntarse dos direcciones fundamentales a propósito del término «nihilismo»[14]: una teórico-filosófica y otra práctico-política. En lo que sigue se prestará atención a la primera, no sin antes apuntar, a propósito de la segunda, su valor inspirador del socialismo utópico y del anarquismo. Pero conviene destacar la relación del término «nihilismo» con la experiencia de la nada, y en este punto hay que destacar a tres autores fundamentales: Schopenhauer, Nietzsche y Heidegger.

En primer lugar, consideraremos el modo en que Schopenhauer entiende el nihilismo, que tiene en su reflexión un doble sentido positivo y negativo. La vida no tiene sentido, no merece nuestro apego; pero la negación de la voluntad de vivir es la fuente, a partir de la cual es posible la verdadera y auténtica redención. Schopenhauer hace de ese concepto filosófico el centro de su reflexión, que debe mucho tanto a las religiones orientales (budismo e hinduismo) como a la mística cristiana. En el caso de Schopenhauer el nihilismo tiene un triple aspecto: *negativo*, porque niega el valor de este mundo (la vida no merece nuestro apego); *reactivo*, porque niega el valor del otro mundo (este mundo, tal como es, no debería ser; pero el mundo, tal como debería ser, no existe), y *pasivo* (negación budista de la voluntad).

Luego, examinaremos la forma en que Nietzsche ataca y pretende superar a su maestro. También para Nietzsche posee el nihilismo el doble sentido de algo positivo y negativo, pero su valoración es la inversa de la de su maestro: el nihilismo en sus formas anteriores —negativo, reactivo y pasivo— puede y debe ser superado mediante un nihilismo *activo* que, llevando al extremo la negatividad, inicie una nueva forma de valorar y de vivir.

En el diagnóstico que Nietzsche realiza de su tiempo, es preciso distinguir un nihilismo valorativo o axiológico de un nihilismo metafísico. En un sentido amplio, usual, no estrictamente filosófico, nihilista es aquella consideración de acuerdo con la cual «la vida no vale nada». Nihilismo y pesimismo tienen en común un juicio de valor: «el mundo

---

13. J. Martín Velasco, *La experiencia cristiana de Dios*, Trotta, Madrid, ⁵2007, pp. 174-182. Véase también a este respecto el sugerente capítulo de J. A. Estrada «Dios y la Nada», en *Imágenes de Dios. La filosofía ante el lenguaje religioso*, Trotta, Madrid, 2003, pp. 235 ss.
14. Dos direcciones que J. L. Pardo señalaba en una interesante reseña sobre el texto de Volpi (*El nihilismo*) publicada en *El País* el 16 de junio de 2007.

tal como es no debería ser»; pero el nihilista consuma el pesimismo porque sostiene, además, que «el mundo tal como debería ser no es». Podría decirse que se trata aquí de un nihilismo básicamente evaluativo, valorativo o axiológico: en definitiva, de un *nihilismo moral*. En segundo lugar, y en un sentido restrictivo, filosófico u ontológico, Nietzsche considera nihilista la posición de aquel «que no cree en lo que es». Su forma más acabada y completa sería el reconocimiento de que los predicados que se han atribuido tradicionalmente al *ser* son en definitiva los que corresponden a la *nada*. Esta identificación de ser y nada es lo que caracteriza la segunda forma de entender el nihilismo, que podría caracterizarse como *nihilismo metafísico*. Las dos formas de nihilismo apuntadas pueden rastrearse a lo largo de la obra de Nietzsche, pero es en una de sus últimas obras —*Crepúsculo de los ídolos*—, donde esta doble vertiente del nihilismo aparece de modo claro. La primera forma es la que analizan los capítulos «El problema de Sócrates» y «La moral como contranaturaleza». La segunda forma, el nihilismo metafísico, es el tema inspirador de los capítulos «La 'razón' en la filosofía» y «Cómo el mundo verdadero acabó convirtiéndose en una fábula». Pero existe una raíz común que permite explicar estas dos formas de nihilismo como especies de un mismo género, como formas referidas a un denominador común: la *decadencia*. Ella es para Nietzsche la «causa remota» del nihilismo.

Finalmente, se apuntará la crítica que Heidegger dirige a Nietzsche, que es, para él, un nihilista y un metafísico: el último metafísico. Nietzsche culmina la situación de *olvido del ser* que ha caracterizado siempre la metafísica, al convertir o reducir el ser al valor, produciéndose así el máximo desconcierto, y preparándose de ese modo el camino para una situación en que la técnica lo dominará todo. Será necesario ver el sentido que en Heidegger tienen los términos «nihilismo» y «metafísica». Y, a propósito de este último, conviene recordar también el doble sentido, positivo y negativo, que tiene para él la palabra «metafísica». Lo mismo ocurre con el término «nihilismo», que tiene el doble carácter de *impropio* y de *propio*. Este último consiste en la consideración del ser junto con la nada. Pero el caso de Heidegger resulta paradigmático, porque advierte que, más allá del nihilismo axiológico, hay otro nihilismo más profundo y peligroso, que consiste en «no tomar suficientemente en serio el problema de la nada».

Con todo, antes de adentrarnos en el desarrollo de estas reflexiones, conviene hacer un breve recorrido sobre la historia del concepto y los precedentes de la vertiente teórico-filosófica que acaba de destacarse.

3. LOS ANTECEDENTES DEL NIHILISMO

3.1. *Los precedentes griegos*

Aunque el término «nihilismo» aparece por primera vez en filosofía en las discusiones que tienen lugar en el seno del idealismo alemán[15] y se generaliza en los siglos XIX y XX, el nihilismo como tal tiene antecedentes mucho más remotos. Podría decirse, como ha señalado Volpi[16], que el nihilismo es un pensamiento obsesionado por la nada, una reflexión en que la nada se convierte en el problema central. Y en ese sentido puede hablarse de nihilismo en muchos autores anteriores al idealismo alemán de los siglos XVIII y XIX. Scoto Erígena, Eckhart, Dionisio Areopagita, Juan de la Cruz, Angelus Silesius y otros muchos serían ejemplos palpables de esta atracción —e incluso obsesión— por la nada. Y también Leibniz, que, en los *Principios de la naturaleza y de la gracia*, formula una pregunta que se convertirá más adelante en un tópico filosófico: «¿Por qué hay algo más bien que nada?». Y añade que «la nada es más simple y fácil que cualquier cosa».

Pero el origen de esta obsesión por la nada podría rastrearse mucho más lejos y situarse incluso en los umbrales del pensamiento en general, en los inicios del pensamiento griego. Dos autores contemporáneos, Giorgio Colli y Sergio Givone, han apuntado una doble dirección interesantísima en la que buscar estas raíces del nihilismo: el primero, en la filosofía anterior a Sócrates y a Parménides; el segundo, además, en la tragedia griega. Pero ambos ponen de relieve que la dirección del pensamiento iniciada por Parménides, y continuada por Sócrates y Platón, sería una reacción contra aquella pasión por la nada.

Colli sostiene[17] que la dialéctica, que por primera vez aparece en Grecia como arte de la discusión, es decir, como confrontación entre un interrogador y un interrogado, tiene un carácter destructivo. En ella no existe un contenido doctrinal y dogmático de la razón, un «auténtico complejo constructivo» formado por un «conjunto de proposiciones concretas que se impongan a todos»[18]. Podría parecer que no es así, en la medida en que la victoria del interrogador estriba en la prueba

---

15. Es conocida la carta que Jacobi dirige a Fichte en marzo de 1799, publicada en otoño de ese mismo año, en la que acusa al idealismo de ser un nihilismo.
16. Véase F. Volpi, *Il nichilismo*, Laterza, Roma-Bari, 2004, pp. 5-6.
17. A este respecto, resulta interesantísimo el texto de este autor titulado *El nacimiento de la filosofía*, Tusquets, Barcelona, 1987. Y especialmente los capítulos 7 («La razón destructiva») y 8 («Agonismo y retórica»).
18. *Ibid.*, p. 74.

de la verdad que contradice la tesis del interrogado y, de ese modo, parecería que hay una tesis, algo positivo: la tesis del interrogador. Pero en realidad, para el buen dialéctico, lo importante es poner contra las cuerdas al interrogado y refutar la tesis que este defiende, sea cual sea, hasta el punto de que es indiferente la tesis que él elija: puede elegir uno u otro extremo de la contradicción propuesta, y en ambos casos, si el interrogador domina mejor que él el arte de la discusión que es la dialéctica, la refutación se seguirá inexorablemente. Las consecuencias son devastadoras: «cualquier juicio en cuya verdad crea el hombre puede refutarse»[19]. No hay nada firme, nada en lo que pueda creer la razón: todo puede refutarse. Como Mefistófeles, el buen dialéctico es el espíritu de la negación, de la contradicción, y asume así una posición nihilista y destructiva.

El carácter destructivo de la dialéctica intenta conjurarlo Parménides, que, cercano todavía a la tradición religiosa, conduce a la dialéctica a la cumbre de su abstracción y enuncia en su *Poema* el enigma supremo: «¿Es o no es?». Parménides prohíbe expresamente el camino del No-ser, para evitar así las consecuencias nihilistas que se seguirían de la exploración de esta vía. Y propone el camino que en adelante seguirá la filosofía: el camino del ser, de la verdad, de lo inteligible. Otro es el caso de Heráclito, que mantiene la separación estricta entre lo humano y lo divino, el carácter ininteligible y hostil de lo divino, y que enuncia los enigmas sin aspirar a resolverlos[20].

Pero hay un discípulo de Parménides, Zenón de Elea, cuyas tesis resultan demoledoras. Zenón, desobedeciendo al maestro, intenta transitar por el camino prohibido. Antes que Gorgias, Zenón intenta, mediante la dialéctica, la destrucción de la realidad y de cualquier objeto pensable. Solo con él la destructividad dialéctica «alcanza ese grado de abstracción y de universalidad que la transforma en *nihilismo teórico*, frente al cual cualquier creencia, cualquier convicción, cualquier racionalidad constructiva, cualquier proposición científica resulta ilusoria e inconsistente»[21]: intenta probar que cualquier objeto, sensible o abstracto, que se exprese en un juicio, existe y no existe a un tiempo;

---

19. *Ibid.*
20. Un camino que, más tarde, alabará e intentará seguir Nietzsche. Sobre esta temática ver mi libro *El desafío del nihilismo*, Trotta, Madrid, 2005, cap. 5, donde se hace mención de la extraña idea de piedad que Nietzsche desarrolla, una piedad cercana a Sófocles y a Esquilo, y consistente, entre otras cosas, en el reconocimiento del carácter incomprensible e insondable de la verdad.
21. G. Colli, *El nacimiento de la filosofía*, cit., p. 77.

que es posible y, al mismo tiempo, imposible. Con ello, Zenón pretende la negación de la realidad de cualquier objeto, e incluso de su carácter pensable, y, de ese modo, «radicaliza la dialéctica hasta llegar a un *nihilismo total*»[22]. Zenón quiso así «mostrar el carácter ilusorio del mundo que nos rodea, imponer a los hombres una nueva mirada sobre las cosas que nos ofrecen los sentidos, haciendo comprender que el mundo sensible, nuestra vida en definitiva, es una simple apariencia, un puro reflejo del mundo de los dioses» y, a pesar de ser discípulo de Parménides, su método está mucho más cercano a Heráclito, que aludía a lo divino «con una llamada enigmática a lo contradictorio, a lo absurdo, al carácter inestable e instantáneo de todo lo que pasa frente a nosotros»[23].

En esta tradición de la dialéctica, pero apuntando ya hacia un estadio posterior, la retórica, se inserta Gorgias[24], quien sostiene que nada existe, si existiera sería incognoscible, y, si fuera cognoscible, sería, no obstante, incomunicable. Para Colli, se trata aquí de una variante del nihilismo zenoniano: teóricamente no añade nada nuevo a las tesis de Zenón, pero aporta un refinamiento extremo y extraordinario de la técnica. Lo que llama la atención es que tal nihilismo no se encuentra encubierto, sino explícitamente declarado, y que ya no se destaca sobre fondo religioso alguno. Pero hay cambios profundos que afectan a la forma de la dialéctica: el discurso se abre, se hace público, rompe la esfera de la privacidad y del aislamiento; y se dirige, no solo a la razón, sino también a las emociones, a las pasiones. La retórica se abre camino como una «vulgarización de la dialéctica». En la retórica se lucha por una sabiduría dirigida al poder y a la subyugación y persuasión de los oyentes. Comienza a abandonarse la tradición oral y a cobrar auge la escritura como medio mnemotécnico. La retórica es ya un precedente claro para la aparición de la filosofía como un nuevo género literario que aspira a la *paideia*, es decir, a la «educación, la formación intelectual y moral de los jóvenes atenienses». La filosofía intenta «ofrecer conocimiento y enseñar la excelencia»[25].

Pero hay una segunda dirección que, más allá de los presocráticos e incluso más allá de los albores del pensamiento, apunta a la literatura primitiva griega para poner de manifiesto allí los orígenes del nihilismo. Givone ha puesto de relieve en un ensayo magistral sobre la nada, que el lenguaje literario aspira a evocar una esfera prohibida para el pensa-

---

22. *Ibid.*, p. 78.
23. *Ibid.*
24. Cf. *Ibid.*, pp. 86-89.
25. *Ibid.*, pp. 97-98.

miento filosófico. Muy cercano a las posiciones mantenidas por Nietzsche en su primera época, Givone advierte que la tragedia ha prestado voz a aquello que en los presocráticos y, en general, en la filosofía era imposible decir[26].

Las palabras que Esquilo pone en boca de Prometeo, al final de la tragedia *Prometeo encadenado* («Mirad cómo sufro injusticia»), son interpretadas por Givone, no en la clave de un agonismo a la manera de Job, que pone de relieve la imposible reconciliación entre la víctima y el dios verdugo; tampoco la justicia a la que hace referencia Prometeo es la justicia instaurada por los olímpicos; se trata, por el contrario de una justicia «más allá de la justicia», a partir de la nada, en la medida en que es «siempre otra de sí»: «su forma de aparecer es la absoluta alteridad»[27]. En esa misma esfera se mueven Sófocles y Eurípides[28]. El conflicto trágico evocado por el primero no consiste en la confrontación entre dos tipos de leyes, sino, sobre todo, en la esencial ambigüedad de un «tercero ausente», que se da como algo oscuro, algo cuya verdad dice tan solo «la enigmaticidad del ser». Y el hombre mismo, privado de un fundamento estable, es también doble y ambiguo de manera inquietante: como dice Sófocles, «muchas cosas son terribles, pero ninguna más que el hombre». Por su parte, Eurípides pone de relieve una profesión de ateísmo extrañamente sutil y persuasiva, que a su vez remite a un tipo de sabiduría (la de los dioses) a un tiempo loca e insensata. La contradicción, concluye Givone, no está entre dos órdenes (lo divino y lo humano), sino en un ser, o en un todo, enigmático e inaprensible.

Toda la sabiduría griega posterior, Parménides, la sofística y Platón mismo, se negará expresamente a hacerse cargo de lo expresado en la tragedia. Parménides no solo niega la realidad de la nada, sino que, al negarla, aleja la idea de que el ser soporte contradicciones y las lleve dentro de sí; el ser no tiene ya ninguna relación con el enigma, que era el presupuesto del pensamiento trágico y su concepción de lo Uno es fundamentalmente antitrágica[29].

Tampoco los sofistas, contra todas las apariencias, recuperan el pensamiento trágico. Ni Protágoras, que combatía a los que sostenían la unidad del ser, ni Gorgias, que sostenía que ni del No-ser se puede decir que sea, ni tampoco del ser que sea, y que existen tanto el ser como el No-ser, oponen una auténtica meontología o metafísica de la nada a la metafí-

26. Véase S. Givone, *Storia del nulla*, Laterza, Roma-Bari, 2003, p. 9.
27. *Ibid.*, p. 11.
28. *Ibid.*, pp. 21-24. Véase también a este respecto la anterior nota 20.
29. *Ibid.*, p. 25.

sica del ser. Se oponen simplemente al planteamiento de Parménides: si este sostenía un monismo absoluto, aquellos suscribían un dualismo no menos radical. Por eso no pueden ser considerados los ideólogos de lo trágico, porque se quedan en la antítesis e ignoran la figura de un «tercero inobjetivable»[30].

La tragedia expresa una alternativa irreductible tanto respecto de la ontología de Parménides como respecto a la sofística, y es tan extraña a la ontología de los presocráticos como a la sofística. También Platón refuta la tragedia al realizar el proyecto inacabado de Parménides: aquel que permite al verdadero saber (la filosofía) recorrer la entera articulación del ser, subordinándole incluso el No-ser. Porque esto es lo propio del filósofo: habitar en la luz, disipar la oscuridad. En definitiva, la vía de Platón es como la de Parménides. Y, «aunque Platón a lo largo de aquella vía proceda de otro modo, es evidente que, mucho más que la sofística, la tragedia, con su escandalosa pretensión de retener el pensamiento en una dimensión de ambigüedad y de enigma, continuará apareciendo como la verdadera antagonista de la filosofía»[31].

3.2. La filosofía cristiana

Importantes resonancias de la mística cristiana pueden encontrarse en la obra de Heidegger. Y es de destacar el final de la conferencia de 1929 titulada ¿*Qué es metafísica?* donde Heidegger modifica la conocida sentencia «De la nada nada se hace» en la siguiente: «De la nada todo ente en cuanto ente es». Como ha puesto de relieve H. Ott, Heidegger, siguiendo a Buenaventura, considerará que el ser es, en comparación con el ente, un no-ser-algo, una nada; pero esa nada es «el modo como el ser se muestra y se oculta a la vez al pensar, es el 'velo del ser'». Y uno podría preguntarse si el camino intelectual de Heidegger es un peregrinaje místico (*itinerarium mentis*), no como en san Buenaventura, hacia Dios, sino hacia el ser en cuanto ser[32].

Pero en la citada conferencia de 1929, que fue su discurso de ingreso en la Universidad de Friburgo, orientó y englobó el problema de la metafísica en la pregunta: ¿por qué es en general algo y no más bien Nada? Y, como ha advertido Pöggeler, Heidegger insistiría más tarde en el hecho de que en esta pregunta había escrito «Nada» con mayús-

---

30. *Ibid.*, p. 28.
31. *Ibid.*, pp. 34-35.
32. H. Ott, «Las raíces católicas del pensamiento de Heidegger», en J. M. Navarro Cordón y R. Rodríguez (eds.), *Heidegger o el final de la filosofía*, cit., p. 165.

cula. Lo cual significa que no habría repetido sin más la pregunta de Leibniz, en la que se presuponía en cualquier caso que el ser era más evidente que la nada, sino que Heidegger indagaba más bien la razón por la cual no experimentamos a fondo el problema de la Nada[33]. Incluso resulta tentador establecer una cierta analogía entre Heidegger y Eckhart y sus respectivas distinciones entre Ser y ente, por un lado, y divinidad y Dios, por otro. A propósito de esto último señala Nishitani que Eckhart distingue entre Dios (*Gott*) y la divinidad (*Gottheit*), que él llama la esencia de Dios o la nada absoluta. Para Eckhart la nada absoluta se refiere al lugar en que todos los modos de ser son trascendidos, no solo los diversos modos de los seres creados, sino también los del ser divino[34]. Pero esta experiencia de la nada tiene profundas raíces en la mística cristiana.

A esta tradición mística, particularmente la renana y la carmelita, emparentadas muy directamente con el neoplatonismo, se refiere por extenso S. Givone en el estudio ya citado, *Storia del nulla*, donde advierte que en ella se considera la verdad más en relación con la nada que con el ser. La verdad es entendida como revelación y más precisamente, como revelación de la nada. Tal expresión —«revelación de la nada»— hay que entenderla en el doble sentido del genitivo: subjetivo y objetivo, y, en cuanto a la verdad, se vincula no tanto con el ser, que es como es y no puede ser de otra manera, como con la libertad: la verdad deja ser al ser mismo a partir de la nada, de la nada del ser, de la nada del principio fundante, sustraído a cualquier determinación[35]. En esta misma línea Heidegger sostendrá que la esencia de la verdad no consiste en la necesidad, sino en la libertad.

Y lo llamativo es que de todos los predicados que más convienen al ser ninguno es tan apropiado como la nada: si el Uno, se pregunta Plotino, es el principio, la fuente y la potencia de las cosas que son según verdad, ¿cómo podríamos afirmar que es la nada? Y, sin embargo, del Uno no se puede predicar más que la nada y se debe decir que es como la nada y de nada tiene necesidad. Así se establece el nexo que liga la verdad del ser y la nada. La nada es el único predicado que conviene al Uno y esto ya sobre la base de las metáforas que lo indican: principio, fuente y potencia. El Uno no es nunca ni esto ni aquello, como había

---

33. Véase O. Pöggeler, «El paso fugaz del último Dios. La teología de los *Beiträge zus Philosophie* de Heidegger», en *Ibid.*, p. 181.
34. K. Nishitani, *La religión y la nada*, trad. de R. Bouso García, Siruela, Madrid, 2003, p. 112.
35. Cf. S. Givone, *Storia del nulla*, cit., pp. 37 ss.

enseñado el *Parménides* platónico, por eso se puede decir que la nada es el único predicado que le conviene[36].

Pero el que desarrollará más que ningún otro la ontología plotiniana de la nada será Eckhart. Este explicita en un discurso teológico lo que en ella permanecía implícito y sus *Sermones* representan el documento más elocuente. Eckhart cita a san Agustín —«cuando san Pablo no ve nada, entonces ve a Dios»—, pero lo modifica así: «cuando san Pablo ve la nada, entonces ve a Dios». Allí donde la realidad se precipita en el fondo abisal de la nada, toma el rostro de Dios, aparece como Dios. Él llega a identificar a Dios con este acto de desertificación y de vacío, y es así como le aparece manifiesto Dios mismo, y sostiene que a quien dice que Dios es esto o lo otro no se le debe creer, pues nada lo expresa mejor que el silencio y «la luz que Dios es resplandece en las tinieblas»[37].

El de Eckhart, dice Givone, no es tanto un pensamiento que conduce al misticismo de lo inefable y de lo invisible, como un drama metafísico en el que si uno no se pierde, no tendrá acceso a la salvación. Y su huella queda impresa en san Juan de la Cruz, el «doctor de la nada», y en el gran continuador de Eckhart que es Jakob Böhme. El primero sostendrá que solo en la nada y frente a la nada Dios se reconcilia con el hombre y lo salva de la nada misma. Y en una experiencia así radica el sentido de la interpretación mística de la *creatio ex nihilo*, una nada que es Dios mismo, su abisal profundidad, su libertad. Böhme expresará esta idea en el modo más preciso: «Dios ha hecho todas las cosas a partir de la nada. Y esta nada es Dios mismo»[38].

3.3. *El Romanticismo*

La influencia de la mística sobre el Romanticismo se ha puesto de manifiesto con frecuencia[39], pero conviene destacar aquellas consideraciones que vinculan ateísmo y nihilismo. Ya se ha señalado cómo Jacobi acusa al idealismo de ser un nihilismo, e introduce por vez primera el término, ofreciéndole un valor filosófico. Pero, como señala Volpi, Jacobi combate el nihilismo y lo acusa de ateísmo. Las filosofías de Spinoza, Fichte y Schelling son denunciadas desde esa óptica, pero parece que Jacobi pudo estar influido por el ambiente cultural francés que había hecho uso

---

36. *Ibid.*, pp. 44-45.
37. *Ibid.*, pp. 56-58.
38. *Ibid.*, pp. 64-66.
39. He desarrollado este aspecto en el capítulo 2 de mi libro *Identidad y tragedia*, Crítica, Barcelona, 1999.

del término en otro sentido. Jacobi conocía la continuación francesa del *Discours sur l'histoire universelle* de Bossuet a cargo de J. A. Cramer, en la que se declaraba que los teólogos que se habían servido del concepto de nada para distinguir la divinidad de Cristo de su humanidad se habían manchado de herejía, de una herejía próxima al nihilismo[40].

Desde otro punto de vista, Givone caracteriza el nihilismo del siglo XIX evocando una serie de «tipos» de los que quisiera destacar algunos para finalizar esta reflexión[41].

En primer lugar, el *nostálgico* o, como lo llama Givone, «el cortejador de la nada»: es el intelectual romántico que encuentra en la nada «su estrella polar». La realidad no reposa en sí, sino que reenvía siempre a lo otro de sí. Y lo absolutamente otro, la nada, es el horizonte de todos los significados posibles. La nada es el verdadero objeto de la nostalgia. Y que la nostalgia tenga por objeto la nada da lugar a la más singular de las paradojas románticas, pues la nostalgia, en cuanto deseo sin objeto, es pasión de la ausencia, necesidad que no quiere ser satisfecha[42].

En segundo lugar, el *ironista*. La ironía forma parte de la naturaleza romántica y a veces es difícil distinguirla del resentimiento. Pero tal ironía se parece a la ironía trágica, pues no tiene que ver tanto con la vanidad del todo como con la conciencia de que no hay otra realidad que esta, y es inútil abandonarse a fantasías de ultramundos y metahistorias. No hay salvación que no pase por el abandono y la caída en la nada[43]. Pero hay también un punto aniquilador en la ironía, y a este respecto no hay que olvidar que Schlegel apunta la función corrosiva de la argucia (*Witz*), es decir, de la ironía, que suspende y destruye la pretensión de valor absoluto[44].

En tercer lugar, el *esteta*, el *dandy*, el *flâneur*. Estas tres figuras encarnan una paradoja profunda: profesan un nihilismo irreductible y, sin embargo, prestan una atención gozosa al espectáculo del mundo. No creen en nada, pero tienen la facultad de arrojar sobre las cosas una mirada que las anima y las ilumina. Givone subraya aquí la tesis de fondo del Romanticismo: la necesidad del arte, la afirmación de su primacía. Ni siquiera el principio de no contradicción vincula al absoluto, y el individuo mismo es inefable: no hay regla para él, ni imperativo, ni tarea

---

40. F. Volpi, *Il nichilismo*, cit., pp. 16-17.
41. Véase el capítulo 5 de *Storia del nulla*, cit.
42. *Ibid.*, pp. 99-100. Véase también, a propósito de la significación de la nostalgia y de su relación con la nada, el citado capítulo 2 de mi estudio *Identidad y tragedia*.
43. *Ibid.*, pp. 102-103.
44. F. Volpi, *Il nichilismo*, cit., p. 18.

que lo vincule antes de que él se haya reconocido como en aquello que se ha dado libremente. Estilo y sentido de la existencia son perfectamente convertibles[45]

En cuarto lugar, el *utópico*. Quien quiera realmente filosofar debe llegar a ser pobre y solo, y abandonar todo, incluso la propia fe, también a Dios. La filosofía debe hacerse mitológica, y esto no significa abandonar la actitud crítica, sino, por el contrario, radicalizarla, hasta identificar el fundamento último con la nada, es decir, con la libertad[46]. En este punto no es difícil evocar la posición de Max Stirner.

Finalmente, el *melancólico*. Byron, Tieck, Shelley, Keats son ejemplos de esta melancolía romántica, que se mueve entre el desencanto y el reencantamiento. Ella es el auténtico «mal del siglo». Como dice Givone, parafraseando a Obermann, la melancolía hace que aquello que amamos aparezca también más amable, pues los objetos de nuestro amor lo son tanto más por relación a su morir y a ser perdidos. Y esta melancolía, que Sénancour define como un sentimiento de nuestra imperfección, que tiene como consecuencia un descontento y un malestar que no se dejan tratar, medicar, curar[47], está ya en el trasfondo de la filosofía de Schopenhauer.

---

45. S. Givone, *Storia del nulla*, cit., pp. 104-107.
46. *Ibid*., p. 118.
47. *Ibid*., pp. 121-123.

6

SCHOPENHAUER:
LAS RAÍCES DE LA NADA

1. NIHILISMO Y PESIMISMO EN SCHOPENHAUER

«Por lo demás, no quiero abstenerme aquí de declarar que el optimismo, cuando no es acaso el atolondrado discurso de aquellos bajo cuyas aplastadas frentes no se hospedan más que palabras, no me parece simplemente una forma de pensar absurda, sino verdaderamente *perversa*, ya que constituye un amargo sarcasmo sobre los indecibles sufrimientos de la humanidad.»

(*El mundo como voluntad y representación*, § 59)[1]

Podría decirse que en Schopenhauer el nihilismo tiene la doble valencia que tiene un «fármaco»: es enfermedad y remedio, veneno y medicina. Y tiene también un doble sentido, negativo y positivo. En un primer sentido, es nihilista la sentencia final y condenatoria de la vida: «la vida no vale nada». En un segundo sentido, el nihilismo apunta al fin último de la vida, al sentido final de la existencia: la negación de la voluntad de vivir[2].

Si, como se ha dicho, el tipo de filosofía que se hace depende del tipo de hombre que se es, la filosofía de Schopenhauer, su pesimismo, está en muy estrecha conexión con el conjunto de rasgos que constitu-

---

1. *El mundo como voluntad y representación* (en lo sucesivo, *MVR*), trad., introd. y notas de P. López de Santa María, Trotta, Madrid, ³2009, lib. IV, § 59, p. 385 (*Werke in zehn Bänden* [en lo sucesivo, *Werke*], Diogenes, Zúrich, 1977).
2. Véase para lo que sigue mi trabajo «El protagonismo de la voluntad», en A. Segura (dir.), *Historia universal del pensamiento filosófico*, vol. IV, *Siglo xix*, Liber, Bilbao, 2007, pp. 469 ss.

yen su temperamento. Schopenhauer no desconocía eso, y de la importancia que él asignaba al temperamento queda constancia en el volumen I de los *Parerga*, aunque precisamente el que allí describe no tenga demasiado que ver con el suyo. Dice allí:

> [...] lo que nos hace felices de forma más inmediata es la alegría de ánimo; pues esa buena cualidad se recompensa a sí misma al instante. El que está contento tiene siempre causa para estarlo: precisamente esa, que lo está. Nada como esa cualidad puede reemplazar tan plenamente cualquier otro bien, mientras que ella misma no puede ser sustituida por nada. Por mucho que uno sea joven, bello, rico y respetado, cuando se quiere juzgar sobre su felicidad se plantea la pregunta de si está contento de serlo; en cambio, si está contento, da igual que sea joven o viejo, erguido o jorobado, pobre o rico; es feliz[3].

Y, sin embargo, el suyo no era precisamente un temperamento jovial. Su madre, que lo conocía bien, le reprochaba frecuentemente su tendencia a ver las cosas por el lado menos amable, su proclividad a tener presentes siempre los aspectos menos gratos de la existencia. En todo caso uno de los rasgos más sobresalientes de la filosofía de Schopenhauer es justamente su pesimismo. En ese sentido podría decirse que la suya es el reverso de la filosofía leibniziana, y que si esta proclama la perfección del mundo o, al menos, lo sesgado de una visión que solo ve defectos en el mundo creado por una divinidad a quien asiste siempre el principio de lo mejor, la de Schopenhauer es una filosofía que sostiene, en cambio, que un mundo como este apenas podría ser peor de lo que ya es; que, en el caso de ser obra divina, lo sería de un dios malévolo y cruel, y que todo optimismo, vital o filosófico, es consecuencia de la ignorancia o del cinismo.

Y la actitud pesimista de Schopenhauer es tanto una actitud vital (propensión a ver y a juzgar las cosas por el lado menos favorable), como filosófica (consideración del mundo como algo irremisiblemente malo). Pero interesa sobre todo subrayar esta última, pues precisamente la convicción de que el mundo y la naturaleza humana son incapaces de una reforma profunda le conduce a otra de orden práctico-moral: todo esfuerzo es inútil, salvo aquel que se encamina a redimir la existencia mediante la autonegación de la voluntad. Y en este punto reside el núcleo fundamental o la idea filosófica clave de su filosofía: el concepto de voluntad.

---

3. A. Schopenhauer, *Parerga y Paralipómena*, vol. I, trad., introducción y notas de P. López de Santa María, Trotta, Madrid, 2006, p. 342 (*Werke*, VIII 354)

Toda la obra de Schopenhauer es como un conjunto de variaciones en torno a un tema fundamental, a una intuición primera que fue la que alumbró su obra capital, compuesta entre los veintiséis y los treinta años. Y así ocurre con las diversas reediciones de *El mundo como voluntad y representación*, y, en general, con toda su filosofía: es un mero desarrollo de una intuición juvenil y fundamental, que obedecía a la elaboración de su experiencia del dolor y de la muerte. Detrás del dolor infinito y del final de cada existencia hay una especie de Saturno devorador de sus propios vástagos, un gigante cruel y devastador, que no muere jamás: la voluntad.

En sí mismo el concepto de voluntad no puede decirse que sea novedoso en el campo filosófico; lo característico, sin embargo, de ese concepto en Schopenhauer radica en haberlo dotado de una fuerza tal que lo convierte en la respuesta al enigma del mundo, en la clave capaz de descifrar su misterio y de ofrecer una salida a aquello que en la filosofía kantiana aparecía como el *non plus ultra*. En este sentido consideraba su máxima aspiración el que alguna vez se dijera de él que resolvió el enigma planteado por Kant. Un enigma que no es otro que la determinación de la cosa en sí como voluntad: «Toda mi filosofía puede resumirse en esta única frase: el mundo es el autoconocimiento de la voluntad».

Ahora bien, esta voluntad, que es el punto de partida y el centro en torno al cual se construye todo el edificio de la filosofía de Schopenhauer, no tiene mucho que ver con lo que tradicionalmente la filosofía había entendido como voluntad ni con lo que Kant entendía por ella: la razón práctica. La voluntad es, para Schopenhauer, una fuerza ciega que puede ir acompañada de conciencia, pero que ni necesariamente ni en la mayoría de los casos la tiene por compañera. Es un instinto ciego, oscuro y fundamental que se adueña de todo y que todo lo instrumentaliza. En esa concepción de la voluntad radica también una razón más del pesimismo filosófico del pensador de Danzig: independiente del intelecto, la voluntad está también más allá de la moral, de lo bueno y de lo malo. Por eso es inaccesible tanto a los argumentos como a la educación. Por eso, sobre todo, es inmodificable. El mundo ha sido, es y será voluntad ciega, deseo sin término, oscuro instinto indomable e insatisfecho. Y la voluntad es la respuesta que Schopenhauer ofrece a la pregunta «¿qué es el mundo?», una pregunta que todo hombre, independientemente de su origen y de su formación, alguna vez a lo largo de su vida se formula. Una pregunta que hace de él un «animal metafísico», pues la necesidad de trascender los límites estrictos de la experiencia es una necesidad metafísica y, al mismo tiempo, una necesidad universal.

2. LA NECESIDAD METAFÍSICA

E. Cassirer ha señalado a propósito de Schopenhauer que «la asociación de Kant y Goethe constituye uno de los motivos determinantes de su teoría del conocimiento, como de su concepción del mundo en general»[4]. Goethe, que frecuentaba el salón literario de la madre de Schopenhauer, influyó de modo especial en su vida: la reconciliación de todas las cosas en la necesidad, la intuición, el misterio, y la idea de que el ser de la metafísica acaso no es nada distinto del disfraz tras el que se oculta la nada... Todos ellos son temas comunes a Goethe y a Schopenhauer. En cuanto a Kant, a quien Schopenhauer conoció a través de Schulze, ejerció una influencia no menos importante. Schopenhauer adopta como punto de partida de su filosofía la oposición entre fenómeno y cosa en sí. Esa escisión marca profundamente el recorrido de su pensamiento: el cuadro del mundo ofrece una línea divisoria que aísla fatalmente un mundo inesencial, en el que las raíces de las cosas permanecen ocultas, de un mundo esencial, que descansa en absoluto sobre sí mismo. Cierto es que Kant será malinterpretado muchas veces, o simplemente adaptado a las necesidades internas del sistema filosófico de Schopenhauer. Así, mientras que para Kant la cosa en sí es algo de lo que no podemos saber nada y el fenómeno es el único objeto de conocimiento, Schopenhauer mantiene que este mundo —el mundo del fenómeno, de lo individual y de la apariencia— es algo irreal y engañoso, que es preciso buscar la verdad más allá de él, y que se pueden traspasar los límites del mundo fenoménico.

La necesidad de traspasar el umbral estricto de lo fenoménico es lo que Schopenhauer llama necesidad metafísica. El origen de esa necesidad y las diversas formas de atenderla constituyen la trama de un importante capítulo, el 17, de los *Complementos* al libro I de *El mundo como voluntad y representación*. Allí se advierte que el hombre es el único ser capaz de asombrarse de su propia existencia y que este asombro supone, por una parte, un mayor desarrollo de la inteligencia, y, por otra, una actitud reflexiva ante la muerte y la existencia del dolor. Sobre esas dos condiciones, que son universales, se levanta una necesidad, universal también, de trascender la simple apariencia, de ir más allá de los fenómenos: la necesidad metafísica.

Schopenhauer entiende por metafísica el conjunto de conocimientos que va más allá de las posibilidades de la experiencia, que trata de descubrir qué hay detrás de la naturaleza y qué es lo que la hace posible;

---

4. E. Cassirer, *El problema del conocimiento en la filosofía y en la ciencia modernas*, vol. III, FCE, México, 1953, cap. VI, «Schopenhauer», p. 493.

en suma, metafísica es el intento de responder a la pregunta «¿qué es el mundo?». Y hay dos formas de metafísica: una es la religión, otra, la filosofía. La primera, que Schopenhauer llama «metafísica para el pueblo», es la doctrina de la fe y su compromiso con la verdad no va más allá de lo puramente alegórico. La religión es absolutamente necesaria para el pueblo, pero, puesto que las diversas religiones están acomodadas al grado de comprensión de la mayoría, no pueden suministrar la verdad más que de una manera mediata, a través de metáforas. El valor de una religión depende, pues, del grado de claridad y de verdad que tengan las metáforas que utiliza. Y, según Schopenhauer, hay dos tipos de religiones, de acuerdo con su menor o mayor grado de compromiso con la verdad: por un lado, están las religiones optimistas, que justifican el mundo, consideran la existencia como algo intrínsecamente bueno, y hacen suya la sentencia «todo está bien»; por otro, las religiones pesimistas, que no se engañan sobre la existencia del mal y del dolor: lo afirman, pero sostienen que el sufrimiento no es más que una consecuencia de nuestras faltas, aunque esto no significa ni mucho menos que sea justo.

La segunda forma de metafísica, la filosofía, es la metafísica para el hombre cultivado y exigente. Necesita reflexión, ilustración, tiempo y razonamiento, y su compromiso con la verdad va más allá de lo alegórico: la filosofía persigue la verdad en sentido estricto. A diferencia de la religión, que se basa en la fe y en el respeto a la autoridad, la filosofía solo hace uso de la reflexión y del razonamiento. Una y otra tienen en común el punto de partida indicado más arriba: la consideración del mundo como un enigma y su voluntad de desciframiento. Fuera de eso, no hay más denominadores comunes a las dos: es inútil el empeño de fundar una religión sobre la razón; eso sería exponerse a la artillería de gran calibre de la *Crítica de la razón pura*. Por eso, es conveniente para ambas que cada cual discurra por su camino sin interferencias mutuas: «Por lo demás, la filosofía es esencialmente *sabiduría del mundo*: su problema es el mundo: solo con él tiene que ver, y deja a los dioses en paz, esperando a cambio que también ellos la dejen en paz a ella»[5].

Pero no han faltado nunca gentes dedicadas a hacer de aquella necesidad metafísica un medio lucrativo que redundase en provecho propio. A ese tipo pertenecen tanto los sacerdotes como los profesores de Filosofía. Los primeros pretenden monopolizar y administrar aquella necesidad y sostienen sus privilegios en el hecho de que los dogmas

---

5. *MVR* II, *Complementos*, cap. 17, p. 226 (*Werke*, III, 219).

religiosos son inculcados en los primeros años de la vida, antes de que el juicio haya alcanzado la madurez suficiente para reaccionar. Los segundos, los profesores de Filosofía, que no viven para ella, sino de ella, se rigen, más que por la verdad, por los propios intereses, y, en lugar de filosofía, se dedican a producir ideología conservadora y legitimadora del orden existente. Pero, independientemente de la existencia de tales gentes, Schopenhauer reconoce el papel fundamental de la filosofía como forma señalada de responder a la necesidad metafísica.

La filosofía debe ser considerada como base fundamental de todas las disciplinas científicas, es más elevada que ellas y posee rasgos comunes con la ciencia, pero de esta la separan algunas características peculiares[6]. En primer lugar, la filosofía no admite ningún supuesto, mientras que las ciencias admiten siempre algo como dado: la filosofía empieza justamente allí donde las ciencias acaban. En segundo lugar, el método de la filosofía no puede ser demostrativo: no consiste en deducir de proposiciones conocidas otras que no lo eran. Todas son para la filosofía igualmente extrañas y no hay ninguna de la que se deduzca el mundo y sus fenómenos. Finalmente, la filosofía es un saber general: a la filosofía le es extraño el problema de dónde procede el mundo y hacia dónde se dirige. Tales problemas tienen que ser aclarados haciendo uso del principio de razón (*Nihil est sine ratione cur potius sit, quam non sit*); pero este último solo explica las relaciones entre fenómenos y no los fenómenos mismos. La filosofía investiga qué es el mundo y debe hacerlo mediante juicios generalísimos y abstractos cuyo conjunto sea algo así como un espejo del mundo. Su punto de partida no puede ser otro que la experiencia, por eso dice Schopenhauer que la filosofía es un saber inspirado en el estudio del mundo. El conjunto de la experiencia no es más que un mensaje cifrado que hay que desvelar, y la filosofía, en cuanto metafísica, es el desciframiento del enigma del mundo, y tiene como prueba de su verdad el acuerdo con el mundo[7].

Schopenhauer reconoce que el punto de partida de su planteamiento es kantiano, pero advierte también que las diferencias entre su filosofía y la de Kant son muy notables. Kant había distinguido entre fenómeno y cosa en sí; ahora bien, como solo podemos conocer fenómenos, no existe según esto una metafísica (no es posible la metafísica como ciencia), sino solo un conocimiento de fenómenos (física) y, junto a ello, una crítica de la razón que aspira a la metafísica (en el sentido de la tradición). Según Schopenhauer, el punto de enlace que liga su posición

6. *MVR* I, lib. I, § 15, pp. 120-135 (*Werke* I, 108-125).
7. *MVR* I, lib. II, § 17, pp. 147-151 (*Werke* I, 137-142).

con la de Kant estriba en que una misma cosa puede ser explicada al mismo tiempo como necesaria y como libre: «una vez como fenómeno y otra como noúmeno». Pero aquello que Kant había limitado al orden y a la conducta moral lo extiende Schopenhauer a toda la naturaleza sin excepción, pues el hombre no es fundamentalmente diferente del resto de los fenómenos que constituyen el conjunto de la naturaleza. Ahora bien, solo el hombre —por el mayor desarrollo de su inteligencia y por su especial vivencia del dolor y de la muerte— siente la necesidad de traspasar los límites estrictos de la experiencia: solo él hace metafísica, solo él lleva a cabo la reflexión filosófica. Y en él también —y aquí estriba otra importante diferencia con el planteamiento kantiano— se abre la posibilidad de ir más allá de los límites estrictos de lo fenoménico y de lo físico. Pero no solo en el campo de la moral: si la fuente de la filosofía es la experiencia, esta tiene dos formas, externa e interna, y será justamente esta última, la experiencia interna, la que permitirá el tránsito del fenómeno al noúmeno, de la apariencia a la cosa en sí.

3. EL MUNDO COMO REPRESENTACIÓN
Y EL PRINCIPIO DE RAZÓN SUFICIENTE

Probablemente, como dice Philonenko[8], la consideración del mundo como representación es la parte más banal y menos original de la filosofía de Schopenhauer, pero es un punto de partida insoslayable para conocer su posición y la deuda contraída con la filosofía kantiana, y, en este punto, también con la de Berkeley. La única verdad *a priori* que reconoce Schopenhauer es que «el mundo es mi representación»[9]. *Esse est percipi*, como diría Berkeley, o existencia y perceptibilidad son términos conmutables, como dice Schopenhauer. En resumen, conocer no es tanto conocer cosas, como conocer el medio, el instrumento gracias al cual las cosas son conocidas. Esa verdad es la forma más general de la experiencia, y se aplica tanto al hombre como a todos los seres que viven y conocen, aunque solo al hombre le es dado tener conciencia de ella.

Tanto en su obra fundamental, como en su tesis doctoral presentada en 1813 en la Universidad de Jena bajo el título *Sobre la cuádruple raíz del principio de razón suficiente*, se encuentra ese punto de partida idealista y kantiano: el mundo es mi representación. Y esta dimen-

---

8. A. Philonenko, *Schopenhauer. Una filosofía de la tragedia*, trad. de G. Muñoz-Alonso, Anthropos, Barcelona, 1989, p. 79.
9. *MVR* I, lib. I, § 1, p. 51 (*Werke* I, 29).

sión representativa y teatral de la existencia sugiere inmediatamente el peso que en el pensamiento de Schopenhauer tiene la cultura barroca. Pues barroca es la consideración del mundo como teatro y como sueño, del mundo como mascarada y carnaval. Este salto entre el parecer y el ser (origen del planteamiento crítico, ya que el realismo supone una correspondencia entre ambas cosas), y esta división teatral entre actores y espectadores, entre el escenario y el patio de butacas, es lo que sostiene en Schopenhauer la consideración del mundo como representación, y sus dos elementos fundamentales.

El mundo como representación «tiene dos mitades necesarias, esenciales e inseparables»: el sujeto cognoscente (que representa) y el objeto conocido (representado)[10]. El sujeto es «aquel que todo lo conoce y de nadie es conocido», mientras que el objeto es la materia de la representación. Ahora bien, esas dos mitades —sujeto y objeto— se limitan recíprocamente, de tal modo que aquello que no es sujeto es necesariamente objeto, y al contrario. Pero hay una zona fronteriza compartida, una «comunidad de límites» consistente en el espacio, el tiempo y la causalidad. Se trata de formas que radican *a priori* en el sujeto y que son condiciones de posibilidad de aparición del objeto: todo objeto aparece en un espacio, en un tiempo y en una determinada relación con otros objetos; esa relación es necesaria y Schopenhauer la llama *nexo causal*. El conjunto de aquellas formas —espacio, tiempo y causalidad— recibe el nombre genérico de *principio de razón*.

A las dos formas puras de la sensibilidad que Kant había señalado —espacio y tiempo—, añade Schopenhauer la causalidad —la única categoría que Schopenhauer adopta del sistema kantiano—. Y, para explicar la estrecha relación entre las tres, Schopenhauer advierte que situación y sucesión son, respectivamente, la esencia del espacio y del tiempo[11], y son también las condiciones para que algo se nos presente como algo: toda representación se encuentra caracterizada (individualizada) por un determinado orden espacio-temporal (es decir, todo lo que aparece, aparece en una determinada situación y en un momento determinado). Además, espacio y tiempo no son solo condiciones formales de la representación, sino principios de individuación. Son principios necesarios, pero no suficientes, puesto que necesitan un contenido, algo que los llene y los ocupe. Eso es justamente la materia que, entendida tradicionalmente como *principium individuationis*, es para Schopenhauer el contenido del espacio y del tiempo.

10. *MVR* I, lib. I, § 2, p. 53 (*Werke* I, 32).
11. *MVR* I, lib. I, § 4, pp. 56-61 (*Werke* I, 35-41).

Pero ¿en qué consiste la materia? La esencia de la materia, dice Schopenhauer, es la causalidad. No se trata de algo estático, sino de algo profunda e intrínsecamente dinámico, en devenir continuo, en perpetuo movimiento: «El ser de la materia consiste en su obrar». Y en obrar siguiendo una regla. De ahí que Schopenhauer identifique la materia con la causalidad. La facultad correlativa de la materia (o causalidad) es el entendimiento, al que Schopenhauer llama muchas veces el medio de los motivos. Y la más sencilla y originaria de sus manifestaciones es la intuición: «el paso del efecto a la causa que lleva a cabo el entendimiento». Así pues, toda intuición, en la medida en que necesita del concurso del intelecto es, según Schopenhauer, intelectual.

El entendimiento trabaja con los datos que previamente le han suministrado los sentidos. De ahí que Schopenhauer señale, a propósito de estos últimos, que son «las prolongaciones o tentáculos del cerebro, por medio de los cuales este aprehende los materiales que luego elabora, transformándolos en representaciones intuitivas»[12]. Por otro lado, el entendimiento es una capacidad que el hombre posee en común con el resto de los animales[13]. Pero la especie humana, por encima del entendimiento, cuenta con una facultad que trabaja sobre los datos que previamente le suministra este último. Se trata de la razón, cuya función consiste en elaborar nociones generales y abstractas que reciben el nombre de conceptos. El objeto del entendimiento es la realidad, entendida como conjunto de fenómenos que se relacionan entre sí mediante el principio de causalidad. El objeto de la razón es la verdad, es decir, «un juicio abstracto con razón suficiente». Sobre la diferencia entre entendimiento y razón cabe entender la distinción entre las dos formas más generales de representaciones —intuitivas y abstractas—, o también la distinción entre la intuición, que está referida inmediatamente a las cosas mismas, y la reflexión, que tiene como resultado el concepto, esto es, una representación de una representación[14].

Por su parte, el principio de razón suficiente es el que nos hace preguntar el porqué de todas las cosas, de todos los efectos, de todas las consecuencias. Nada hay sin razón suficiente. Este principio, objeto de atención de las filosofías de Leibniz y Wolff, cuyo enunciado clásico es: «nada es sin una razón para que sea, más bien que para que no sea», lo

---

12. *MVR* I, lib. I, § 6, pp. 67-73, y II, *Complementos*, cap. 3, pp. 55-61 (*Werke* I, 47-55 y III, 35-42).
13. *MVR* I, lib. I, § 6, pp. 67-73 y II, *Complementos*, cap. 5, pp. 87-92 (*Werke* I, 47-55 y III, 72-76).
14. *MVR* I, lib. I, § 3, pp. 54-56 (*Werke* I, 33-35).

enuncia Schopenhauer así: «todo cambio tiene su causa en otro cambio que le precede inmediatamente». La preocupación por esta temática data del tiempo en que Schopenhauer redacta su tesis doctoral, presentada en Jena en 1813. Allí distingue cuatro formas en las que puede presentarse un objeto ante nuestra conciencia, es decir, distingue cuatro tipos de objetos y, de acuerdo con esa división, distingue también cuatro formas en las que puede determinarse el principio de razón suficiente (PRS). De ahí el título de la obra: *Sobre la cuádruple raíz del principio de razón suficiente*. La tesis que Schopenhauer defiende allí podría resumirse en el siguiente esquema, en el que se señalan los distintos tipos de objetos, la facultad que se ocupa de ellos, el principio de razón que rige en cada caso y la forma precisa de necesidad que caracteriza cada campo.

OBJETOS	FACULTAD	PRS	NECESIDAD
1. Representaciones materiales	Entendimiento	PRS devenir	Física
2. Conceptos	Razón	PRS conocer	Lógica
3. Representaciones formales	Sensibilidad pura	PRS ser	Matemática
4. Sujeto de la voluntad	Autoconciencia	PRS actuar	Moral

La primera clase de objetos son las *representaciones materiales*. Es decir, representaciones intuitivas (por oposición a los conceptos, que son abstractos), completas (encierran no solo la forma de un objeto, sino también la materia) y empíricas (tienen su origen en la experiencia). Este tipo de objetos constituye el centro de atención de las ciencias naturales, como, por ejemplo, la física y la química. La facultad que organiza estos objetos, mediante las dos formas puras de la sensibilidad y la categoría de la causalidad, es el entendimiento. La forma del principio de razón recibe aquí el nombre de PRS del devenir, que se aplica exclusivamente a cambios que tienen lugar en este tipo de objetos. Y la necesidad es aquí una necesidad física, en virtud de la cual tan pronto como ha empezado a actuar una causa no puede faltar un efecto[15].

La segunda clase de objetos son los *conceptos*. Cada concepto encierra un número indeterminado de representaciones individuales. De

---

15. *Sobre la cuádruple raíz del principio de razón suficiente*, trad. de V. Romano García, Aguilar, Madrid, 1980, cap. IV, pp. 72 ss. (*Werke* V, 43 ss.).

ahí que los conceptos se refieran a las cosas indirectamente, a través de intuiciones, y sean considerados representaciones de segunda clase, es decir, representaciones de representaciones. La ciencia que tiene como materia de estudio este tipo de objetos es la lógica, que, a partir de ellos, forma juicios y razonamientos. La facultad que rige la formación de conceptos y su combinación en juicios es la razón. El principio recibe el nombre de PRS del conocer, porque no se ocupa de los objetos como tales, sino de la forma misma de la razón. Y la necesidad, en este plano, recibe el nombre de necesidad lógica, en virtud de la cual, cuando se han hecho valer unas determinadas premisas, tiene que darse inevitablemente la conclusión[16].

La tercera clase de objetos (las *representaciones formales*) está constituida por la *parte formal de las representaciones completas*. Es decir, se trata de las dos formas *a priori* de la sensibilidad: el espacio y el tiempo. La ciencia que se ocupa de estos objetos es la matemática. En el tiempo los objetos aparecen bajo un orden riguroso de sucesión, y en el espacio, en una situación concreta. De acuerdo con esa distinción se diversifica la matemática en aritmética, basada en la ley de la sucesión, y en geometría, que se basa en la ley del espacio (posiciones respectivas de las unidades del espacio). La facultad organizadora de este ámbito es la sensibilidad pura. El principio, referido a la determinación más general de las cosas mismas, es el PRS del ser. Y la necesidad a que obedecen estos objetos es la necesidad matemática: dadas unas ciertas definiciones y unos ciertos axiomas, los cálculos posteriores se deducirán necesariamente de aquellos[17].

Por último, la cuarta clase de objetos está constituida por uno solo para cada sujeto: el *sujeto de la voluntad*. El conocimiento no solo está vertido hacia afuera, sino también hacia dentro. Se trata aquí del conocimiento que cada cual tiene de sí mismo, pero no en cuanto sujeto cognoscente (que no es ni puede ser objeto de conocimiento), sino como volente, como sujeto del querer, como voluntad. La facultad que se relaciona con este tipo de objeto (el yo como voluntad) es la autoconciencia. El principio se conoce aquí como PRS del actuar o ley de la motivación. Esta última es la causalidad vista desde dentro. Y la necesidad recibe aquí el nombre de necesidad moral. En virtud de esta, una vez dado el motivo, tiene que ejecutarse la acción, que es adecuada únicamente al carácter innato e invariable y, por tanto, sucede tan necesariamente como cualquier efecto sigue a su causa. Esto vale para el hombre y para los

---

16. *Ibid.*, cap. V.
17. *Ibid.*, cap. VI.

animales, pues ambos poseen entendimiento, y el intelecto es el medio de los motivos[18].

4. DE LA REPRESENTACIÓN A LA VOLUNTAD

Sobre la base de las consideraciones anteriores, el resultado principal al que llega Schopenhauer es que el PRS es la forma bajo la cual el intelecto capta el mundo. De ahí que sea aplicable única y exclusivamente al mundo considerado como representación, y nunca al mundo como totalidad, es decir, al mundo como cosa en sí. Pero, ¿hay algo que dé unidad a las distintas representaciones? Y si es así, ¿qué es y cómo puede conocerse?

En el parágrafo 17 del libro II de *El mundo*... Schopenhauer reconoce la insuficiencia de las disciplinas científicas para explicar la esencia de las cosas: «ni la matemática ni las ciencias naturales son capaces de explicar la esencia interior del fenómeno». Schopenhauer llama «esencia interior del fenómeno» a lo que las ciencias llaman «fuerza natural», y señala que esta «fuerza natural» es un misterio para ellas. Y, sin embargo, nosotros buscamos un significado a las representaciones: no nos conformamos con verlas solo desde fuera, queremos tener acceso a su interior y examinar la fuerza que se expresa allí. Si el mundo es un teatro, si la vida es un sueño (términos usados por Calderón al que Schopenhauer conocía y admiraba, y que, desde el punto de vista literario, ofrecen el contrapunto a la consideración filosófica del mundo como representación), desearíamos saber cuál es su significado y su sentido.

Así pues, necesitamos pasar desde el aspecto externo, que es el que se nos muestra, al interior, que es para nosotros un misterio. Pero ese tránsito no es imposible: el camino que conduce desde la apariencia a la esencia, desde el fenómeno al noúmeno, se halla en nuestro propio interior. En nosotros mismos, en nuestro propio cuerpo, reside la clave para descifrar el enigma del mundo. Solo es preciso prestar atención, escuchar la voz interior que proclama aquello que somos, más allá de aditamentos y añadidos. La introspección abrirá nuestros ojos a otro mundo, el verdadero mundo, que no está lejos ni fuera, sino cerca y dentro: en nuestro propio cuerpo.

Partiendo de la representación, no es posible ir más allá del fenómeno. En eso Schopenhauer está de acuerdo con Kant. Pero Schopenhauer añade que no solo somos sujetos de conocimiento, sino también

---

18. *Ibid.*, cap. VII.

objetos y, en cuanto tales, cosas en sí. En consecuencia, para penetrar en la esencia propia de las cosas, contamos con una vía que parte de nuestro propio interior. Si el sujeto fuese un sujeto puro de conocimiento («una cabeza alada sin cuerpo»), la investigación de lo que es el mundo fuera de la representación sería inútil; pero el sujeto que conoce *es* un cuerpo y conoce *mediante* el cuerpo[19]. Y, mucho más, su cuerpo es aquello que inmediatamente él conoce y que es condición de posibilidad de cualquier otro conocimiento. Ahora bien, el propio cuerpo le es dado al sujeto que conoce de dos maneras muy distintas entre sí. En primer lugar, bajo la intuición del entendimiento, el cuerpo es percibido como un objeto entre objetos, sometido a las mismas leyes que el resto de los objetos que componen el mundo: el cuerpo es una *representación* entre otras (sometido, como el resto, al principio de razón suficiente). En segundo lugar, el cuerpo propio es algo inmediatamente conocido, no ya como un objeto entre objetos, sino como algo personal e intransferible, como una vivencia directa e inmediata. Bajo esta última perspectiva el cuerpo es vivido como *voluntad*.

Schopenhauer llama al cuerpo «voluntad objetivada» y considera que el acto de la voluntad y la acción del cuerpo son una sola y la misma cosa, que solo se distinguen reflexivamente[20]. Querer y hacer son lo mismo, es decir, lo que hacemos muestra realmente lo que queremos y, en definitiva, lo que somos. Esa voluntad objetivada, que es el cuerpo, no la conocemos directamente; tenemos noticia de ella por las dos afecciones primarias del cuerpo: el placer (que es conforme a la voluntad) y el dolor (que es contrario a ella). Conocemos el propio cuerpo bajo esas dos afecciones, y, como placer y dolor son afecciones de la voluntad, deducimos que el cuerpo no es otra cosa que voluntad. Naturalmente, este conocimiento es defectuoso: primero, porque nadie conoce estrictamente *la* voluntad, sino *su* voluntad; segundo, porque incluso la propia voluntad se revela paulatinamente y solo mediante actos particulares a lo largo de la propia vida (*Operari sequitur esse*, sostendrá Schopenhauer, el obrar se sigue del ser y, de ese modo, solo por lo que hacemos sabemos quiénes somos). En todo caso la identidad entre el cuerpo y la voluntad no se demuestra, como reconoce expresamente Schopenhauer, sino que se muestra. Esa identidad es el punto de partida fundamental de la filosofía de Schopenhauer, y él la considera la «verdad por excelencia».

19. Cf. *MVR* I, lib. II, § 18, pp. 151-155, y II, *Complementos*, cap. 18, pp. 229-239 (*Werke* I, 142-146 y 223-233).
20. *MVR* I, lib. II, § 18, pp. 151-155 (*Werke* I, 142-146).

Pero con esa verdad sola no se habría resuelto el problema sobre lo que el mundo es, que es lo que realmente interesa a la filosofía. El salto fundamental desde el mundo interior al exterior, desde el cuerpo al mundo, aparece descrito en el parágrafo 19 del libro II de *El mundo*... Schopenhauer advierte allí que lo que distingue la representación del propio cuerpo de todas las demás representaciones, lo que hace de la intuición que tenemos de él algo *toto genere* distinto es que el cuerpo es para cada uno voluntad (recuérdese lo apuntado más arriba sobre la cuarta clase de objetos para un sujeto). El hecho de que el sujeto de conocimiento posea un cuerpo y una vivencia íntima del propio cuerpo es lo que hace de nosotros «individuos». Y, a partir de esa consideración, se abren dos vías u opciones filosóficas: la primera, que podría llamarse solipsista, consistiría en una especie de «egoísmo teórico», que mantendría la imposibilidad de decir nada acerca de lo que el mundo exterior sea. Esta vía, que es para Schopenhauer irrefutable, apenas ha sido sostenida históricamente. La segunda consiste en atribuir al mundo exterior, *por analogía*, las mismas características del mundo interior: si nuestro propio cuerpo es vivido como voluntad, también el mundo en general puede ser entendido así. El mundo exterior no puede ser distinto de nosotros mismos, así que todo es voluntad, aunque no siempre la voluntad vaya acompañada de conciencia. Seguramente el procedimiento analógico seguido por Schopenhauer puede resultar insuficiente; sin embargo, en su tiempo y, dado el valor que los románticos concedían a la analogía, no debía ser considerado un argumento endeble. En todo caso, el valor que concede al ya aludido «egoísmo teórico» o solipsismo, queda suficientemente descrito en ese mismo parágrafo 19:

> Negar esta realidad es el sentido del *egoísmo teórico*, que justamente así considera meros fantasmas todos los fenómenos, excepto su propio individuo, que es lo que hace el egoísmo práctico en la conducta: solo considera la propia persona como lo único real y a todas las demás como meros fantasmas. El egoísmo teórico nunca se puede refutar con argumentaciones: sin embargo, dentro de la filosofía seguramente no se ha utilizado nunca más que como un sofisma escéptico, es decir, como ficción. Como convicción seria solo lo podríamos encontrar en los manicomios, y en esos casos no necesitaría pruebas, sino cura[21].

---

21. *MVR* I, lib. II, § 19, pp. 156-157 (*Werke* I, 148).

5. LA VOLUNTAD DE VIVIR

Es verdad que, hablando con propiedad, no se puede conocer la cosa en sí, pues «ser conocido» es contradictorio con «ser en sí», pero es posible saber algo de ella a partir del conocimiento que tenemos de nuestro propio querer. Y sabemos, en primer lugar, que el cuerpo es «voluntad objetivada», y, en segundo lugar, que nuestro querer es de la misma naturaleza del deseo, es decir, que, obtenido el objeto que se ansiaba, otro nuevo se impone, siendo el flujo del querer algo sin término ni principio. Una cosa y otra conducen a Schopenhauer a interesantes consideraciones sobre los grados de objetivación y la naturaleza de la voluntad.

El cuerpo, como se ha apuntado, es la voluntad hecha visible, es decir, objetivación, manifestación, representación de la voluntad. Pero ¿cómo llega la voluntad a objetivarse en un cuerpo individual? La voluntad como cosa en sí no se encuentra afectada por el espacio, el tiempo, ni el principio de causalidad. Está más allá del principio de razón y, por tanto, es ajena a la multiplicidad propia del mundo espacio-temporal. La cosa en sí es una, no como un individuo ni como un concepto, sino como algo a lo cual le es completamente extraña la condición que hace posible la multiplicidad, es decir, el *principium individuationis*. Y entonces, ¿cómo llega a objetivarse en individuos?

Los individuos no son objetivaciones inmediatas de la voluntad. Esta última se objetiva inmediatamente en especies o Ideas que son «cada uno de los grados determinados y fijos *de objetivación de la voluntad* en cuanto esta es cosa en sí y, por tanto, ajena a la pluralidad, grados estos que son a las cosas individuales, como sus formas eternas o modelos»[22]. Los grados inferiores de objetivación de la voluntad están constituidos por las fuerzas naturales que operan, sobre todo, en el mundo inorgánico. A medida que subimos en la gradación de los seres existentes, topamos también con los grados superiores —los organismos cada vez más complejos—, hasta llegar al grado superior por encima de todos: el hombre. En él la individualidad aparece como personalidad y «se refleja incluso en su fisonomía». Esta superioridad del hombre se muestra en el hecho de que cada ejemplar representa casi una idea, precisamente porque está dotado de un carácter, que es la expresión de la voluntad[23]. Y el carácter no se forja ni por los motivos, ni por la instrucción o el aprendizaje: el carácter del hombre está dado.

---

22. *MVR* I, lib. II, § 25, p. 183 (*Werke* I, 177).
23. *MVR* I, lib. II, § 26, p. 183-192 (*Werke* I, 178-188).

Esta última consideración es importante por las consecuencias que tiene en el ámbito de la filosofía práctica. El carácter es exactamente nuestra más profunda seña de identidad: él indica lo que somos, es decir, el modo en que la voluntad se expresa en cada uno de nosotros. Pero si nada tiene que ver ni con los motivos ni con la instrucción, si, como dice Schopenhauer, está dado, eso significa que todo esfuerzo encaminado a modificar lo que somos es un empeño vano, un esfuerzo inútil. Así pues, a la pregunta platónica sobre si la educación puede mejorarnos, Schopenhauer responderá con una negación rotunda. Mucho más, en el capítulo III de *El libre albedrío*, dirá que el carácter del hombre es *individual* (es nuestra seña de identidad), *empírico* (se conoce por el modo en que actuamos a lo largo de nuestra vida), *innato* (hereditario y procedente del padre) e *invariable* (el hombre no cambia jamás: tal como ha actuado una vez volvería a hacerlo si las circunstancias se repitieran). De manera que, conocido el carácter de un individuo (que es invariable) y conocidos los motivos que en un momento dado actúan sobre él (que están rígidamente sometidos al principio de razón), podría predecirse el comportamiento de tal individuo sin apenas margen de error.

Las acciones de un individuo resultan, pues, de la combinación del carácter y de los motivos. Es decir, la voluntad que somos cada uno actúa en cada caso movida por motivos concretos y en cada caso también resulta determinada por ellos. Pero se trata de voluntad objetivada. Otra cosa muy distinta ocurre con la cosa en sí: libre del principio de razón, la voluntad como noúmeno no tiene por qué ni para qué, le es tan extraña la causa eficiente como la causa final. Y en tal irracionalidad radica su absoluta libertad, pero ahí radica también el profundo pesimismo de Schopenhauer, claramente expresado en los parágrafos 27 y 29 del libro II de *El mundo...*

En primer lugar, el mundo presenta el desolador aspecto de una guerra de todos contra todos. Los individuos son alternativamente dominadores y dominados: «donde alienta un viviente allí hay otro para devorarlo». La lucha es el resultado de la fragmentación en que se halla la voluntad, y esa lucha tiene, a su vez, como consecuencia, el dolor universal. En segundo lugar, la voluntad, entendida como esencia del mundo, es un impulso ciego, sin causa y sin finalidad. Es un eterno fluir, un devenir incesante que siembra el sufrimiento peor de todos: el dolor inútil. La voluntad sabe, solo cuando el entendimiento la asiste, lo que quiere en un momento dado, pero nunca lo que quiere en general. Es un deseo sin objeto, sin raíz y sin término.

Es verdad que Schopenhauer determina esa voluntad, o cosa en sí, como «voluntad de vivir». Pero no hay que dejarse engañar por la expresión, que parece establecer una distinción entre un supuesto sujeto (la voluntad) y un supuesto objeto del querer (la vida). No se trata solo de un genitivo objetivo —«voluntad de vivir», deseo de vida—, sino también, y quizás sobre todo, de un genitivo subjetivo —voluntad de(l) vivir, es decir, la voluntad que expresa la vida—. Y la vida es un campo de batalla, una lucha incesante sin motivo y sin finalidad, una guerra de todos contra todos en el sentido hobbesiano. La voluntad de vivir es un impulso ciego, una inclinación que no posee ningún fin determinado y a la que no sostiene ningún motivo. En última instancia, la razón no está encartada en este juego, en esa partida que la vida es: si ella pudiera hacerse oír, si de verdad tuviese alguna influencia sobre la voluntad, hace ya mucho tiempo que esta habría abandonado la partida. Pero, como advierte Schopenhauer en el capítulo XXVIII del apéndice al libro II de *El mundo...*, «las marionetas se ponen en movimiento gracias a un mecanismo interior» y nuestros actos, los de cada voluntad individual, son el resultado de una coacción marcada unas veces por la necesidad, y otras por el tedio.

La vida individual oscila, pues, como un péndulo entre el sufrimiento y el hastío, entre el dolor experimentado por algo que necesitamos y no poseemos, y la desilusión que sigue a la consecución de un deseo que, una vez poseído, muestra que tampoco era eso lo que ansiaba la voluntad. Entre el dolor y el hastío, la vida de cada cual refleja lo que la voluntad en sí misma es: deseo sin objeto, esfuerzo sin fin, ansiedad, enfermedad... Dicho de otro modo, la vida de cada cual revela en algún momento esta verdad: es un negocio que no cubre los gastos, un esfuerzo que no merece la pena en absoluto. Y el optimismo, que afirma que vivimos en el mejor mundo de los posibles, no es más que el producto de la ceguera o del cinismo.

6. QUERER LA NADA: LA *VIRTUS CURATIVA* DEL DESENGAÑO

> «La vida es una sombra tan solo que transcurre. Un pobre actor que, orgulloso, consume su turno sobre el escenario para jamás volver a ser oído. Es una historia narrada por un idiota, un cuento lleno de estruendo y furia que nada significa.»
>
> (W. Shakespeare, *Macbeth*)

El panorama descrito por Schopenhauer es evidentemente pesimista. Y tal pesimismo está sostenido por una tesis fundamental ya examinada —*la esencia del mundo es el dolor y esta esencia es inmodificable*—, pero cuenta también con tres tesis complementarias cuyo contenido podría ser resumido como sigue:

1) La razón está *sometida* a la voluntad, es un instrumento que sirve a la voluntad y que en nada puede cambiar su dirección. Como el carácter, la voluntad es insensible a los argumentos:

> El intelecto obedece a menudo a la voluntad [...]. En cambio, la voluntad nunca obedece al intelecto, sino que este no es más que el consejo de ministros de aquel soberano: aquel le presenta todo tipo de cosas, entre las cuales ella elige la más acorde con su esencia, si bien se determina de manera necesaria; porque esa esencia se mantiene inmutable y los motivos están presentes ahora. Por eso, no es posible una ética que moldee y mejore la voluntad misma [...]. Creer que el conocimiento determina real y básicamente la *voluntad*, es como creer que la linterna que uno lleva en la noche es el *primum mobile* de sus pasos[24].

2) Solo el dolor es *positivo*, de tal manera que el placer consiste solo en la ausencia de dolor:

> Solo el dolor y la carencia pueden ser positivamente sentidos y se anuncian por sí mismos: el bienestar, en cambio, es puramente negativo[25].

Y 3) entre el dolor y el placer no existe *proporción*, uno y otro son irreductibles y el dolor no puede ser nunca compensado con nada:

> En el fondo es superfluo discutir si hay más bienes o males en el mundo, porque ya la mera existencia del mal decide el asunto; pues el mal no puede ser saldado ni compensado por un bien que esté junto o detrás de él[26].

Ante este estado de cosas, ¿qué puede hacerse para sobrellevarlo? Schopenhauer apunta dos vías de salvación: el arte y la moral, la estética y la ética. Pero desgraciadamente no se trata de vías abiertas para todos, de caminos por los que pueda transitar cualquiera en cualquier momento de su vida. El arte, como la metafísica en cualquiera de sus formas (religión y filosofía), también ofrece una respuesta a la pregunta sobre qué es la existencia. Y tiene algún paralelismo con la filosofía. El genio, como el filósofo, posee una cierta *virtus contemplativa*. Y el objeto de la contemplación es la Idea platónica o especie, aquella obje-

---

24. MVR II, *Complementos*, cap. 19, p. 262 (*Werke* III, 260).
25. MVR II, *Complementos*, lib. IV, cap. 46, p. 630 (*Werke* IV, 673).
26. MVR II, *Complementos*, lib. IV, cap. 46, p. 631 (*Werke* IV, 674).

tivación inmediata de la voluntad ya referida. El artista es al filósofo lo que la Idea al concepto: en uno y otro caso se trata de universales. Pero mientras que la Idea es el universal anterior a la pluralidad —*universalia ante rem*—, a la objetivación en individuos (pues el individuo es la objetivación inmediata de la Idea y, por tanto, mediata de la voluntad), el concepto es el universal vuelto a extraer de la pluralidad —*universalia post rem*—. Por eso, dirá Schopenhauer que las Ideas son especies, pero no géneros. Y es que el género obedece a una clasificación artificial y no es más que un concepto, mientras que las especies están establecidas por la Naturaleza[27].

La Idea se objetiva en múltiples individuos, que se comportan con ella como la copia con el modelo. Ahora bien, mientras que los individuos en que se objetiva la Idea están en perpetuo devenir, la Idea permanece inmutable y no está sometida al principio de razón. Precisamente por ello no es nunca objeto de conocimiento, ni está al alcance de la mayoría de los individuos. Es objeto de intuición, pero de una intuición de tipo especial, la intuición estética, que pone en relación un Objeto puro no sometido al principio de razón (la Idea), con un Sujeto puro que ha abandonado, al menos provisionalmente, su condición de individuo «normal» (el artista). Y ello porque, provisto de una dosis de inteligencia superior, puede, tras atender las demandas de la voluntad, quedar libre de esa esclavitud y emplear el sobrante en la pura «visión contemplativa», convirtiéndose, por algún tiempo, en un Sujeto puro del conocer, más allá de la voluntad y de las demandas de la pasión[28].

Pero esta salida es momentánea: no hay que olvidar que el estado de éxtasis artístico dura solo «algún tiempo». El artista es un espectador desinteresado. Y si el mundo es un gran teatro en el que todos tenemos la condición de actores, él puede, por las dotes que le ha concedido la Naturaleza, mirar el espectáculo desde el patio de butacas. Ahora bien, se trata de un estado provisional y accesible solo a algunos, a aquellos que la Naturaleza ha dotado de un intelecto superior. Es el caso del genio, que no se debe confundir con el hombre de talento. Mientras que el primero se caracteriza por su capacidad para alcanzar el éxtasis estético, mediante una intuición contemplativa que lo conduce a la visión de un mundo distinto al que contempla la mayoría de los hombres, el hombre de talento cuenta con un desarrollo especial de la inteligencia y de la intuición, pero de la intuición discursiva (no contemplativa) y se caracteriza por la rapidez y precisión de esta última.

27. MVR I, lib. II, cap. 29, pp. 216-219 (*Werke* I, 215-218).
28. MVR I, lib. III, § 34, pp. 232-235 (*Werke* I, 231-235).

Schopenhauer, como más tarde advertirá Freud, considera que el arte es un camino de liberación momentánea, ya sea de la infelicidad de la vida cotidiana, ya del imperio de la necesidad o de la servidumbre a la voluntad. Las diversas artes ofrecen cada una respuesta a la pregunta «¿qué es la existencia?»[29], pero entre ellas cabe destacar la tragedia y la música. La tragedia, que es para Schopenhauer un tipo supremo de arte, nos proporciona una visión, no tanto de la belleza, como de lo sublime. Su trama revela el aspecto aterrador de la vida, ofreciéndonos el espectáculo de la miseria humana, la victoria del azar y del error, la pérdida de los justos y el triunfo de los malvados. Ella, como ningún otro arte, nos hace ver que la vida no puede ofrecernos verdadera satisfacción y que, por tanto, no merece nuestro apego. Ahí radica el sentimiento de lo trágico, y, por eso, el valor que destaca por encima de todos es la resignación. El género opuesto a la tragedia es la comedia, aunque también esta última pone de relieve un aspecto esencial de la vida: su lado cómico, su vertiente humorística. Por lo que respecta a la música, su efecto es más penetrante que el resto de las artes, pues ella no reproduce sombras, sino esencias. En la música (y especialmente en la música de Beethoven) no aparece representada ya una manifestación, una objetivación de la voluntad, es decir, una Idea, sino que la música representa la voluntad misma[30].

Conviene insistir en que el arte es una vía de liberación abierta solo momentáneamente (la visión estética no dura siempre), y solo también a unos pocos (a aquellos que la Naturaleza azarosamente dotó más y mejor). Ahora bien, junto a esta vía de salvación, Schopenhauer considera una segunda: la que representa el hombre bueno, aquel que, también por azar, ha sido dotado por la naturaleza con un buen carácter.

El libro IV de *El mundo...* constituye un compendio de las posiciones de Schopenhauer en lo que respecta a temas como la libertad, la moral, la virtud, la felicidad, etc. Schopenhauer considera este libro como filosofía práctica, aunque advierte que, en sentido estricto, no hay más que filosofía teórica, pues la filosofía debe observar e investigar, pero no dar reglas. Y, por otra parte, la virtud, como el genio, no puede ser enseñada, de manera que el concepto, instrumento de la filosofía, resulta estéril e inútil en ambos casos. Allí rechaza todos los sistemas de moral, tanto los religiosos como los filosóficos. Unos y otros tratan de enlazar como pueden la felicidad con la virtud. La filosofía intelectualista ha equiparado falsamente la dicha con la conducta virtuosa; la religión las identifica, afirmando precisamente la existencia de otro mundo distinto,

29. *MVR* I, lib. III, cap. 35, pp. 235-238 (*Werke* I, 235-238).
30. *MVR* I, lib. III, cap. 39, pp. 255-262 (*Werke* I, 257-265).

pues en este no es posible probar este enlace. Por su parte, Schopenhauer señala que la esencia de la virtud es una aspiración completamente opuesta a la felicidad, al bienestar, o a la vida. Lo que muchos llaman «bueno» es algo relativo a una voluntad particular. Y, así considerado, no hay nada absolutamente bueno: primero, porque lo que es bueno para unos no lo es para otros; luego, porque algo absolutamente bueno sería aquello que calmara definitivamente la voluntad, pero esto es imposible y contradictorio con la misma esencia de la voluntad, que es aspiración y deseo sin término. Nada hay que pueda saciar la voluntad, esta no puede dejar de querer. Ahora bien, en sentido figurado, podría llamarse bien absoluto al querer que se suprime y se niega a sí mismo. Él es el único aquietador de la voluntad. Y, de acuerdo con esto, malo es aquel que afirma su voluntad y que, en esta afirmación, llega tan lejos que, para afirmar la propia, necesita negar la de los demás.

Bien mirado, el malvado tiene un conocimiento defectuoso y su conducta obedece a un prejuicio cognoscitivo. Este defecto consiste en establecer una diferencia, una separación abismal entre la propia existencia individual y la del resto de los individuos (el malo, podría decirse, que está «enceguecido» por el velo de Maya, origen de todas las existencias individuales). Ciertamente, esta ceguera admite grados, que se corresponden con los diversos grados de maldad (la venganza, que paga el mal con el mal; la envidia, que se duele ante el espectáculo del bien ajeno; la crueldad, goce desinteresado por el mal padecido por otro). Pero el egoísmo, que busca el bien propio sin importarle los costes que esa búsqueda pueda tener, ni el mal que se derive para otros, es la conducta más extendida. Y, en todo caso, también es producto de la ceguera, de la falta de conocimiento.

Ahora bien, de esta última consideración parece desprenderse que la virtud tiene su origen en el conocimiento y, así, la actitud de Schopenhauer parece acercarse a un cierto intelectualismo moral que entraría en conflicto con una posición que, como la suya, niega que la virtud pueda ser enseñada. Y es verdad que Schopenhauer llega a afirmar que la virtud está relacionada con el conocimiento, pero no con el conocimiento abstracto, que puede enseñarse y transmitirse, sino con otro tipo de conocimiento: el conocimiento intuitivo, que nos revela en los demás la misma esencia que hay en nosotros[31]. Ese conocimiento no puede ser enseñado, es más bien una disposición natural, algo que la naturaleza concede o no. De manera que un hombre bueno es aquel que establece

---

31. *MVR* I, lib. IV, § 68, pp. 439-460 (*Werke* II, 468-492).

la menor diferencia posible entre él y los otros. Es el que considera que su existencia individual es pasajera y engañosa, y reconoce que tiene en común con el resto de los fenómenos una y la misma esencia.

Dos son las virtudes fundamentales que acompañan al hombre bueno: la justicia, cuya definición es negativa, pues justo es el que no perjudica a otro y hace suya la divisa *Neminem laede* (No dañes a nadie); y la caridad que es positiva y se basa en la ayuda activa a otros. Su divisa es *Omnes quantum potest iuva* (Ayuda a todos todo lo que puedas). Solo el que es capaz de reconocerse a sí mismo en todo lo que existe posee la fuente de toda virtud —la compasión— y está en el camino de la salvación y de la salud. Así, Schopenhauer concluirá que todo amor verdadero es piedad[32].

Si se compara este camino con el que proponía el arte, hay algunos elementos comunes. También se trata aquí de un camino que solo puede ser recorrido por algunos y que, en general, está vedado a la mayoría. La bondad, como el genio, es un don de la naturaleza y ni tiene que ver con la enseñanza ni con el propio esfuerzo. Hay que reconocer ciertamente algunas diferencias: el genio tiene como presupuesto un desarrollo especial del intelecto, mientras que la virtud supone una disposición psíquica y de carácter (una buena voluntad); y, por otra parte, la liberación que procura el arte es *momentánea*, mientras que el hombre bueno cuenta *siempre* con su carácter. Pero, reconocidas estas diferencias, lo que una y otro tienen en común es que se trata de caminos de liberación expeditos solo a una minoría.

Y, sin embargo, aún existe una posibilidad última, un camino que se abre como una vía de salvación, no a una minoría seleccionada naturalmente por su inteligencia o por su carácter, sino a todos. Para ello basta también una condición, la misma que se necesitaba para hacer metafísica, y que, como ella, al ser universal, se abre también universalmente a todos los hombres. Lo que era la fuente de la reflexión metafísica se convierte también ahora en la fuente de redención: la experiencia del dolor y del sufrimiento. Nada hay tan bien repartido. Abundando en las consideraciones de Descartes, Schopenhauer señalará que no solo el buen sentido es la cosa mejor repartida del mundo, sino también el sufrimiento: no hay nadie que en algún momento de su vida no experimente que la dosis de dolor que le asignó la suerte es del todo suficiente y hasta exagerada. No hay nadie que en algún momento de su vida no experimente el aguijón del dolor. Y es en ese momento cuando

---

32. *MVR* I, lib. IV, § 66, pp. 428-436 (*Werke* II, 456-464).

la reflexión despierta, y cuando se abre también la posibilidad de una conversión que cambie por completo nuestra actitud ante la vida. Por eso dirá Schopenhauer que «el dolor por sí mismo posee una virtud purificadora» y, de acuerdo con Eckhart, advertirá que «el más veloz animal que nos lleva a la perfección es el sufrimiento»[33].

Las referencias a Eckhart, Böhme, Angelus Silesius, alternan en la obra de Schopenhauer con otras a la sabiduría veda y al budismo. Todo en ellas apunta a una «conversión», a un cambio en la voluntad y, en definitiva, a un tránsito que conduce a la nada. Ciertamente, el mundo no puede cambiarse, pero sí puede modificarse la actitud equivocada. Los reveses de la fortuna, los golpes adversos, ponen ante nosotros un mundo distinto y nos convencen de que la vida no merece nuestro apego:

> La mayoría de las veces la voluntad ha de quebrantarse con el mayor sufrimiento propio antes de que aparezca la negación de sí. Entonces vemos que el hombre, tras haber sido llevado al borde de la desesperación, pasando por todos los grados crecientes del tormento en medio de la más violenta adversidad, de repente vuelve sobre sí, se conoce a sí mismo y al mundo, cambia todo su ser, se eleva sobre sí y sobre todo sufrimiento; y, como purificado y santificado por él, en una tranquilidad, felicidad y sublimidad inquebrantables, renuncia voluntariamente a todo lo que antes quería con la mayor violencia, recibiendo la muerte con alegría[34].

Para el hombre bueno basta solo la contemplación de la desdicha ajena; para el hombre corriente, sometido a móviles egoístas, quizás ese espectáculo no baste, pero la experiencia del dolor y del sufrimiento padecida en carne propia podrá aleccionarle. Esta es la «segunda vía» de liberación, la «segunda navegación», ofrecida como última posibilidad a quien, no habiendo sido dotado por la naturaleza de un buen carácter, tiene, no obstante, la posibilidad de la conversión que arranca del propio sufrimiento:

> La diferencia entre lo que nosotros hemos presentado como dos vías diferentes radica en si el sufrimiento meramente *conocido* es el que suscita aquel conocimiento mediante la libre apropiación del mismo al traspasar el *principium individuationis*, o bien es el sufrimiento inmediatamente *sentido* el que lo causa. La verdadera salvación, la liberación de la vida y el sufrimiento, no son pensables sin una negación total de la voluntad[35].

---

33. *MVR* I, *Complementos*, lib. IV, cap. 48, p. 691 (*Werke* IV, 743).
34. *MVR* I, lib. IV, § 68, pp. 454-455 (*Werke* II, 485).
35. *MVR* I, lib. IV, § 68, p. 460 (*Werke* II, 491).

Y entonces estamos en situación de comprender la verdad que hace tiempo el budismo y la sabiduría hindú se dedicaron a extender: la negación de la voluntad y la búsqueda de la calma, el nirvana. Eso es justamente lo que Schopenhauer considera *redención*: la negación de la voluntad de vivir, aquello que los budistas, con total franqueza, designan «de forma puramente negativa, como el *nirvana*, que es la negación de este mundo o del *sansara*»[36]. Y esta supresión de la voluntad individual, del *principium individuationis* no tiene otro resultado que *la nada*:

> Nosotros, antes bien, lo reconocemos abiertamente: lo que queda tras la total supresión de la voluntad es, para todos aquellos que están aún llenos de ella, nada. Pero también, a la inversa, para aquellos en los que la voluntad se ha convertido y negado, todo este mundo nuestro tan real, con todos sus soles y galaxias, es nada[37].

---

36. MVR II, *Complementos*, lib. IV, cap. 48, p. 665 (*Werke* IV, 712).
37. MVR I, lib. IV, § 71, p. 475 (*Werke* II, 508).

7

NIETZSCHE:
LA AMBIVALENTE EXPERIENCIA DE LA NADA

La filosofía de Nietzsche se entiende mucho mejor como respuesta a la de Schopenhauer. Este último hace del sufrimiento el elemento clave en torno al cual gira su pensamiento. El dolor es, en primer lugar, un *dato fundamental* (la cosa mejor repartida del mundo) y un interrogante que exige del que lo padece una respuesta (un sentido). Es también el *medio* en el que se hace patente una verdad (el mundo no merece nuestro apego). Finalmente, se trata de un *hilo conductor* que hace posible la filosofía (no hay reflexión sin dolor) y conduce tanto al reconocimiento de la importancia del cuerpo y de la esencia del mundo (uno y otro consisten en la voluntad), como a una forma de vida nueva y liberadora (negación de la voluntad de vivir). Schopenhauer mantiene que todo lo que existe está marcado por el estigma del dolor, contra el que se han ideado algunos paliativos como la prudencia (el cuidado) y la indiferencia estoica; pero la pregunta metafísica fundamental, que Leibniz formuló y que Schopenhauer recoge bajo el interrogante de «por qué no la nada en lugar del mundo»[1], carece de respuesta.

Si, como sostiene Nietzsche, un nihilista es alguien que piensa que el mundo tal como es no debería existir y que el mundo tal como debería ser no existe[2], Schopenhauer cumple todos los requisitos para ser considerado un nihilista: el mundo, contemplado bajo la óptica del dolor —la experiencia más universal, la cosa mejor repartida del mundo—,

1. Cf. *El mundo como voluntad y representación* II, *Complementos*, lib. IV, cap. 46, trad., introd. y notas de P. López de Santa María, Trotta, Madrid, 2003, p. 634 (*Werke* IV, 678).
2. *Nachgelassene Fragmente* (en adelante, *NF*), en *Nietzsches Kritische Studienausgabe*, ed. de G. Colli y M. Montinari, Walter de Gruyter, Berlín, 1967-1988 (en adelante, *KSA*), 12, 9 [60], 366.

no merece nuestro apego, y no hay ningún «otro mundo» que pueda resarcirnos del sufrimiento padecido en este, el único mundo. De manera que solo contempla una salida: la negación budista de la voluntad, su reducción a la nada. Eso hace de su filosofía, una filosofía nihilista y de su nihilismo, un nihilismo pasivo.

Por su parte, Nietzsche ensaya otra salida distinta a la que propone su maestro. Como él, reconoce en el dolor un problema fundamental; pero considera que, aunque el sufrimiento sea una experiencia *sentida* por todos los hombres, no es *evaluada* del mismo modo por todos ellos[3]. Para decirlo brevemente, Nietzsche separa dos consideraciones que Schopenhauer mantenía unidas: una cosa es el problema del dolor y otra muy distinta la pregunta sobre el valor de la vida. La segunda entraña una objeción, una reserva, un reparo, una prevención contra la vida; mientras que la primera constata un hecho, reconoce una verdad. Es cierto que algo tienen en común una y otra: las dos son pesimistas. Pero el pesimismo que acompaña a la primera es muy distinto del que surge de las dos consideraciones unidas causalmente. Junto a ello, Nietzsche se hace cargo también del problema de la nada. Y esto en la medida en que su reflexión se presenta como una «genealogía del nihilismo» y como una «psicología de la metafísica». Pero, en un caso y en otro, el concepto y la valoración de la nada son muy distintos. Para mostrar esto vamos a considerar las formas en que se presenta el nihilismo en la reflexión nietzscheana.

1. ESENCIA Y ORIGEN DEL NIHILISMO

Quisiera mantener una propuesta de lectura que considera tres formas fundamentales del nihilismo en el pensamiento de Nietzsche, cada una de las cuales remite para su mejor comprensión a la siguiente y que coinciden con tres aspectos clave y sucesivos de su pensamiento: crítica de la cultura, genealogía de la moral y psicología de la metafísica.

1.1. *Nihilismo como diagnóstico de una época*

En primer lugar, Nietzsche describe el nihilismo como un proceso final de destrucción. La crítica a la cultura que lleva a cabo Nietzsche resume en ese término el diagnóstico de su época. Así lo expresa uno de los *Fragmentos póstumos*, en el que, además, avanza una especie de profecía sobre el tiempo que vendrá:

3. *NF. KSA* 12, 8 [2], 327-328.

Lo que voy a relatar es la historia de los dos siglos que se aproximan. Y describo lo que viene, lo que no tiene más remedio que venir: la irrupción del nihilismo [...] Nuestra cultura europea se agita desde hace largo tiempo bajo una presión angustiosa, que crece cada diez años, como si quisiera desencadenar una catástrofe: inquieta, violenta, arrebatada, semejante a un torrente que quiere llegar al término de su carrera, que ya no reflexiona, que tiene miedo de reflexionar[4].

Nietzsche pretende hablar desde una perspectiva que conoce bien el nihilismo, porque él mismo ha sido presa suya y porque ha conseguido dejarlo atrás. Y se refiere a sí mismo como «el primer nihilista perfecto de Europa, que ya ha superado el nihilismo, dejándolo tras de sí, por debajo de sí, fuera de sí»[5]. En ese sentido hay que entender un fragmento anterior:

Solo tardíamente se tiene el valor de reconocer lo que ya se sabe. Que yo he sido hasta aquí fundamentalmente nihilista, hace muy poco tiempo que me lo he confesado a mí mismo[6].

Pero, además, sostiene que la llegada del nihilismo es necesaria para poder comprender el verdadero valor de los valores que lo han hecho posible («el nihilismo es la resultante lógica de nuestros grandes valores y de nuestro ideal»). Es necesario atravesar ese desierto para poder alguna vez oponerle su verdadero antídoto: la voluntad de poder entendida como «transvaloración de todos los valores»[7].

Y compara la cultura europea de su tiempo con un torrente: agitada, angustiosa, convulsa, a punto de «desencadenar una catástrofe». Sin asidero, salvaje, sin valores. De ahí su conocida definición del nihilismo: «Nihilismo: falta la meta, falta la respuesta al '¿por qué?'. ¿Qué significa nihilismo? Que los valores supremos han perdido su crédito»[8]. Y este proceso final de desgaste y de debilitación es resultado de la decadencia.

1.2. Nihilismo como consecuencia de los valores cristianos y de su pérdida

Pero ¿de dónde procede este nihilismo que «está a la puerta», «el más inquietante de todos los huéspedes»? Nietzsche señala ocho lugares en los que el

4. *NF. KSA* 13, 11 [411], 189.
5. *NF. KSA* 13, 11 [411], 190.
6. *NF. KSA* 12, 9 [123], 497-498.
7. *NF. KSA* 13, 11 [411], 190.
8. *NF. KSA* 12, 9 [35], 350.

nihilismo se origina[9]: 1) en la interpretación cristiano-moral; 2) en la caída del cristianismo, que, por veracidad, reconoce que «todo es falso» donde antes sostenía que «Dios es la verdad»; 3) en el escepticismo moral, que sostiene que «todo carece de sentido» y que existe antagonismo entre «verdad», «bondad» y «belleza»; 4) en los sistemas socialistas y positivistas, que suscriben todavía valores cristianos; 5) en las ciencias naturales, en las que el hombre ha pasado desde el centro a la periferia; 6) en las ideas políticas y económicas; 7) en el historicismo; 8) en el arte, como romanticismo.

Los cinco últimos forman parte de esa crítica a la cultura que Nietzsche realiza y, como se advierte en *La genealogía de la moral*, son más bien el resultado de los anteriores. Así que conviene llamar la atención sobre los restantes, comenzando por los dos primeros —el nihilismo se origina tanto en la interpretación cristiana como en el derrumbe de los valores cristianos—, porque plantean un problema interesante y nos llevan a la segunda consideración que Nietzsche hace del nihilismo y de su vinculación profunda con el cristianismo.

En un primer momento Nietzsche asocia el nihilismo al colapso de los valores cristianos; es lo que el «insensato» del parágrafo 125 de *La gaya ciencia* resume en la sentencia «Dios ha muerto». También los parágrafos 108 y 343 de esa misma obra refieren ese acontecimiento capaz de dividir en dos la historia de la humanidad, de situarla ante una decisión fundamental y definitiva. Y en esa decisión juega un importante papel el problema de la nada.

Nietzsche se refiere a ella hacia la mitad del parágrafo 125, identificándola con el vacío, con la ausencia de coordenadas. Tras anunciar que Dios ha muerto, el insensato formula una serie de interrogaciones que ponen de manifiesto el estado en el que ha quedado la humanidad:

> ¿No caemos sin cesar? ¿Hacia delante, hacia atrás, de lado, de todos lados? ¿Todavía hay un arriba y un abajo? ¿No erramos como a través de una *nada infinita*? ¿No nos persigue con su hálito *el vacío*?

Y lo mismo cabe decir del parágrafo 343, en el que se advierte lo siguiente:

> Esta larga serie de demoliciones, de destrucciones, de ruinas y de caídas que presenciamos, ¿quién la adivinaría hoy lo suficiente para ser el iniciador y el adivino de esta enorme lógica de terror, el profeta de unas *sombras* y de una *oscuridad* que no tuvieron quizá semejante en la historia?[10].

9. *NF. KSA* 12, 2 [127], 125-127.
10. La cursiva es mía.

La muerte de Dios, el derrumbe de todos los valores y de los ideales, conduce a una crisis como nunca hubo otra y parece ser el origen de esa situación de nihilismo en que se encuentra Europa. Una vez que se reconoce la falta de respaldo de nuestros ideales más sublimes, si todo es abismo, si el vacío nos envuelve, si erramos «a través de una nada infinita», si «Dios ha muerto», entonces parece que se impone una conclusión: «la vida no vale nada».

Es ahí donde se ve la función que cumplió el cristianismo: una forma de lucha y superación del nihilismo. Como advierte Nietzsche, el cristianismo ha sido hasta ahora el gran *antídoto*[11] contra el nihilismo teórico (todo es falso) y práctico (todo está permitido). Y entre las ventajas que ofrece la hipótesis cristiano-moral hay que contar las siguientes: presta al hombre un valor absoluto, en oposición a su pequeñez y contingencia en el torrente del devenir y perecer; sirve a los abogados de Dios en la medida en que hace aparecer el mal como pleno de sentido (libertad); considera que el hombre posee un saber especial en materia de valores absolutos; evita el autodesprecio y es un medio de conservación.

También el parágrafo 28 del Tratado tercero de *La genealogía de la moral* abunda en estas consideraciones. Allí se reconoce la verdadera enfermedad del hombre: «la falta de sentido», «el *vacío* inmenso», «la falta de respuesta a la pregunta '¿para qué sufrir?'». A todo ello respondía el ideal ascético y, en última instancia, la interpretación cristiano-moral de la existencia. En ese ideal, aquel peligro supremo de la voluntad, el profundo *horror vacui*, encontraba una respuesta y un antídoto eficaz. La voluntad misma estaba salvada, aunque solo se tratara de una voluntad de nada... Pues no hay que olvidar dónde se origina la interpretación ofrecida por el ideal ascético: en la culpa, en el miedo a la felicidad y a la belleza, en la voluntad de vida y de salud de una vida que degenera. El ideal, que busca en un «más allá» inexistente la compensación del sufrimiento padecido, es un ideal nihilista: que viene de una nada (el vacío experimentado con horror: *horror vacui*) y va hacia otra (el «más allá»).

Pero, desde esa consideración, el nihilismo aparece bajo otra luz: como la consecuencia del modo cristiano de valorar. Y entonces, ¿qué ocurre? ¿Es el cristianismo una causa o un antídoto? ¿Es enfermedad o remedio? ¿Veneno o medicina? Pues las dos cosas. El carácter híbrido y dual que Nietzsche había sostenido a propósito del sacerdote en el primer Tratado de *La genealogía*, vale también aquí. Como el sacerdote, también el ideal cristiano-moral es tanto agente propagador como antí-

---

11. *NF. KSA* 12, 5 [71], 211.

doto contra el nihilismo. Y ahora se entiende la paradoja: el nihilismo se origina tanto en la interpretación cristiano-moral como en la caída de los valores cristianos. En cuanto enfermedad y veneno, en cuanto agente tóxico, el cristianismo sostiene la inanidad de esta vida, hace suya la sentencia «la vida no vale nada». Conoce el peligro que amenaza la voluntad[12], el abismo de vacío y de nada que puede paralizarla. Aquella extraña y dolorosa sabiduría pesimista que los griegos conocieron bien y que resumía la sentencia de Sileno no es tampoco extraña al cristianismo. Este último la conoce y la combate. Pero no con el arte, como hicieron los griegos anteriores a Sócrates, sino con la invención de un mundo más allá de este mundo. Y el precio de esa invención es demasiado alto: la devaluación, el desprecio de esta vida. Eso es lo que significa la sentencia «la vida no vale nada», que, aunque no sea estrictamente cristiana, encuentra en el cristianismo un buen vehículo expresivo. En esta línea, Nietzsche sostiene que existe un conflicto irresoluble entre la vida y la moral cristiana: «mientras creemos en la moral condenamos la vida»; «la moral es el reverso de la voluntad de vivir»[13].

Ahora bien, cuando el cristianismo vuelve sobre sí el ideal de veracidad que había proyectado, entonces reconoce su mentira y «deja ver» el abismo sin fondo sobre el que se basaba su ideal, entonces permite contemplar el vacío, la nada, el absurdo y el sinsentido que quiso combatir mediante la proyección de otro mundo más allá de este mundo. El efecto de esa veracidad es el reconocimiento de «la muerte de Dios», que resume el colapso de los grandes valores y de los ideales. Y eso es sin duda nihilismo, el mismo nihilismo que ya estaba antes, que siempre estuvo allí y que el ideal cristiano moral intentó solo disimular. Así se entiende la doble consideración nietzscheana de acuerdo con la cual el nihilismo se origina tanto en la caída de los valores cristianos como en la interpretación cristiano-moral de la existencia.

Aquel condicional, «si Dios ha muerto, la vida no vale nada», que recuerda el de Dostoievski, «si Dios no existe, todo está permitido», puede ahora contemplarse bajo otra perspectiva. La consideración de que «la vida no vale nada» es, más que el resultado de la muerte de Dios,

---

12. «Quien ha mirado hondo dentro del mundo adivina sin duda cuál es la sabiduría que existe en el hecho de que los hombres sean superficiales. Su instinto de conservación es el que les enseña a ser volubles, ligeros y falsos. Acá y allá encontramos una adoración apasionada y excesiva de las 'formas puras', tanto entre filósofos como entre artistas: que nadie dude de que quien de ese modo necesita del culto de la superficie ha hecho alguna vez un intento desdichado *por debajo de* ella» (*Más allá del bien y del mal*, § 59, trad. de A. Sánchez Pascual, Alianza, Madrid, 1972, pp. 84-85; KSA 5, 78).
13. NF. KSA 12, 10 [192], 571.

la condición de la invención cristiano-moral. Y, mucho más, ese aserto resume el más importante *consensus sapientium* desde Sócrates hasta Schopenhauer. Lo cual significa que el nihilismo es un fenómeno que se aviene perfectamente con el cristianismo, pero que lo desborda. El cristianismo es nihilismo, pero este es un concepto más amplio que aquel, al cual incluye. Se trata de una relación análoga a la existente entre pesimismo y cristianismo. Este último es pesimista, pero el pesimismo puede ser un vehículo expresivo tanto de la fuerza como de la debilidad. Y lo que, según Nietzsche, expresa el cristianismo es un pesimismo de la debilidad, una constitución fisiológica débil, una profunda decadencia interior.

1.3. *Nihilismo como consecuencia de la creencia en las categorías de la razón*

Si el cristianismo no es «lo último», todavía cabe preguntar: ¿de dónde procede la forma de valorar cristiano-moral? ¿Qué condiciones dan cuenta de ella? ¿Qué cosa es más originaria que el Dios cristiano y es también la condición de posibilidad de la creencia en él? Hay una tercera forma de entender el nihilismo más radical aún que el cristianismo. Para entenderla conviene recordar aquel tercer lugar en el que, según Nietzsche, se origina el nihilismo: el escepticismo moral, el colapso de los valores supremos —verdad, bondad, belleza—, o de las categorías con arreglo a las cuales juzgamos la vida —unidad, fin y verdad—. Esta consideración marca el paso que va desde la genealogía del cristianismo a la «psicología de la metafísica».

Nietzsche advierte que el nihilismo como «estado psicológico» aparecerá «cuando hayamos buscado un sentido a todo lo que pasa que no se encuentra en lo que pasa: de manera que el que busca acaba por abatirse. El nihilismo es, entonces, el conocimiento de un largo *despilfarro* de fuerzas, la tortura que ocasiona este 'en vano', la incertidumbre...». El nihilismo es vivido como decepción ante un pretendido «fin» del devenir, ante una supuesta «unidad del todo» y ante una presunta «verdad»[14]. Todas las categorías: causalidad, finalidad, unidad, verdad, ser... gracias a las cuales tiene valor el mundo, se hunden. Y Nietzsche concluye que «la creencia en las categorías de la razón es la causa del nihilismo». Esta creencia es más originaria que la creencia en el Dios cristiano-moral, que no es sino su resultado. Estas categorías que constituyen nuestra sintaxis y posibilitan nuestro lenguaje —«sustantivo»,

---

14. *NF. KSA* 13, 11 [99], 46-49.

«adjetivo», «verbo», etc.— son equivalentes a las categorías de sustancia, accidente, devenir, etcétera.

No hay verdad absoluta, ni en el plano teórico ni en el moral; los valores remiten a nuestras posibilidades de ser: nosotros los *ponemos* en las cosas y son el resultado de «una simplificación para fines vitales»[15]. En un singular «giro copernicano», Nietzsche introduce en el plano de los valores la revolución que Kant había llevado a cabo en el plano de las categorías: conduce al campo de la moral y de la razón práctica lo que Kant había aplicado solo al campo del conocimiento y de la teoría. Pero lo que conviene subrayar ahora es que Nietzsche se remonta con estas consideraciones más allá del cristianismo, reconociendo que ya con los eléatas y su concepción del ser se introducen subrepticiamente en filosofía prejuicios meramente lingüísticos.

En este punto, la obra de Nietzsche *Crepúsculo de los ídolos* resulta especialmente clarificadora y permite ahondar en la particular reflexión nietzscheana acerca de la psicología de la metafísica y la relación entre metafísica y nihilismo. En el capítulo titulado «La razón en la filosofía», Nietzsche examina cuáles han sido las características que han acompañado siempre a la filosofía y repara, por una parte, en la idiosincracia del filósofo, caracterizado por su «egepticismo», por su odio al devenir, el cambio y el movimiento. Desde Parménides, la filosofía se esfuerza en el aplastamiento de lo vivo, es decir, de la historia, el devenir, los sentidos y el cuerpo. Frente a ello, se destaca la singularidad de Heráclito a quien Nietzsche da la razón, en la medida en que este considera que el ser es una ficción vacía. El «mundo aparente» es el único; el «mundo verdadero» es una duplicación falsa e inútil... Por ello, reivindica el valor de los sentidos[16]. Por otra parte, se acusa a la filosofía tradicional de una confusión gravísima, la confusión de lo último con lo primero: «los 'conceptos supremos', es decir, los conceptos más generales, los más vacíos, el último humo de la realidad que se evapora» son tenidos por lo primero. Lo bueno, lo verdadero, lo incondicionado, lo perfecto... no pueden provenir de lo inferior. En realidad, no proceden de ninguna cosa. Son de primer rango, son en sí, son *causa sui*. Y para evitar la contradicción entre esos conceptos supremos, se ha inventado una Entidad Primera que los contiene a todos. Esa entidad es Dios. De manera que «lo último, lo más tenue, lo más vacío, es puesto como lo primero, como causa en sí, como *ens realissimum*»[17].

---

15. *NF. KSA* 12, 9 [35], 351-352.
16. Cf. *Crepúsculo de los ídolos*, §§ 1 y 2, trad. de A. Sánchez Pascual, Alianza, Madrid, 1975, pp. 45-46 (*KSA* 6, 74-75).
17. *Ibid.*, § 4, p. 48 (*KSA* 6, 76).

Inmediatamente después, en un importante pasaje, Nietzsche se refiere a los prejuicios gramaticales que condicionan nuestro modo de ver el mundo. Lo mismo que, en lo que respecta a los movimientos de las constelaciones, el error tiene como abogado a nuestro ojo, en el caso de la metafísica, el error tiene como abogado a nuestro lenguaje[18]. Y considera que los presupuestos básicos de la metafísica del lenguaje son los mismos que los de la razón: se cree en la voluntad, en el yo, en la sustancia. Así se explica el surgimiento del concepto de cosa. El *ser* es «introducido subrepticiamente» en todas partes como causa. La voluntad es considerada como una causa que produce efectos. Luego está la creencia en las *categorías* de la razón, que no podían proceder de la experiencia[19]. Y entonces se concluyó falsamente en todas partes (desde la India hasta Grecia): nosotros hemos debido de haber habitado ya en un mundo más alto y no, como sería más correcto, en *un mundo más bajo*. Se concluyó falsamente: «nosotros tenemos una procedencia divina, pues poseemos la razón». El concepto de ser y el de Dios mismo tienen en favor suyo cada palabra, cada frase que nosotros pronunciamos: «Temo que no vamos a desembarazarnos de Dios porque continuamos creyendo en la gramática»[20].

La conclusión no se deja esperar y Nietzsche resume en cuatro tesis su propia posición: *a)* las razones por las que este mundo ha sido calificado de aparente justifican, por el contrario, su realidad; *b)* los signos distintivos del «ser verdadero» coinciden con los de la «nada»; *c)* inventar fábulas acerca de otro supuesto y verdadero mundo no tiene sentido, a no ser que nos mueva el instinto de calumnia y, en definitiva, el *espíritu de la venganza* contra la vida; *d)* dividir el mundo en dos, uno verdadero y otro aparente, es síntoma de la *décadence*, un síntoma de vida descendente.

Todas estas consideraciones conducen de nuevo al mismo lugar que ya hemos examinado anteriormente: la metafísica es nihilismo. Toda metafísica es nihilismo. Y ella tiene su origen en una constitución fisiológica débil y decadente. Pero conviene plantear algunos interrogantes: primero, si toda metafísica es nihilismo, ¿es todo nihilismo metafísico? Y, en segundo lugar, ¿qué relación existe entre metafísica y decadencia?

---

18. *Ibid.*, § 5, pp. 48-49 (*KSA* 6, 77-78). Véase también a este respecto lo que indica Nietzsche en el § 17 de *Más allá del bien y del mal*.
19. *Ibid.* También a este respecto resultan aclaradores los §§ 4 y 19 de *Más allá del bien y del mal*.
20. *Ibid.* Como indica Sánchez Pascual en la nota correspondiente a la edición española, Nietzsche trata también esta problemática en el § 354 de *La gaya ciencia* y en los §§ 17, 20, 36 y 54 de *Más allá del bien y del mal*.

2. METAFÍSICA Y NIHILISMO

El conocido capítulo del *Crepúsculo de los ídolos*, titulado «Cómo el mundo verdadero acabó convirtiéndose en una fábula», ofrece una respuesta a la primera de las preguntas. En la misma línea del anterior, en el que denunciaba la distinción entre el mundo verdadero y el mundo aparente, Nietzsche ofrece aquí un sorprendente y agudo resumen de la historia de la filosofía, tomando como hilo conductor la relación entre el mundo verdadero y el mundo aparente.

El *platonismo*, primer estadio de esa historia, sostiene que el mundo verdadero es *asequible* al sabio, al virtuoso. Se trata aquí de la forma más antigua, y también más simple y convincente de la Idea. Un segundo momento viene dado por el *cristianismo*, para el que el mundo verdadero no está dado, pero sí *prometido* al hombre bueno (al pecador que hace penitencia): «la Idea progresa y se hace ahora más sutil, más capciosa, más inaprensible: se convierte en una mujer, se hace cristiana». Un grado más en este desarrollo lo representa la *filosofía kantiana*, donde el mundo verdadero ya no es ni asequible ni prometido, sino únicamente *pensado*: se trata de un consuelo, de una obligación, de un imperativo. La vieja Idea se contempla ya bajo las brumas del escepticismo. El cuarto estadio, representado por el *positivismo*, considera que aquel mundo verdadero inalcanzado se vuelve también *desconocido*. Y algo desconocido no puede obligar ya a nada. Un paso más en esta línea conduce a su eliminación a causa de su inutilidad. La Idea es sencillamente *refutada*. Con tal refutación coincide el regreso del buen sentido y de la jovialidad. Es el momento del *espíritu libre*. Finalmente, con la llegada de *Zaratustra*, se anuncia el instante de la sombra más corta, del mediodía, cargado de simbolismo en Nietzsche, por oposición a esos pensadores de la tarde, de la sombra más larga, de la melancolía. En este momento no solo se elimina y se rechaza el mundo verdadero: el mundo aparente es también eliminado.

Este breve resumen de la historia de la metafísica identifica sus fases sucesivas con las formas sucesivas del nihilismo. Pero la última fase, siendo nihilista, no es, sin embargo, metafísica. De lo que se sigue que, aunque toda metafísica es nihilismo, no todo nihilismo es metafísica (caso del nihilismo activo que anuncia Zaratustra). Por otra parte, Nietzsche advierte que la metafísica no es una disposición natural (Kant), ni una necesidad universal (Schopenhauer), sino una cuestión sintomática. Ahora bien, ¿de qué es síntoma?

Esto nos lleva a la consideración del segundo problema que se ha señalado más arriba: la relación entre metafísica y decadencia. Y a él responde el capítulo del *Crepúsculo* titulado «El problema de Sócrates».

Nietzsche aborda allí el problema del valor de la vida y llama la atención sobre aquello que puede considerarse el *consensus sapientium*, aquello en lo que todos los filósofos, desde Sócrates hasta Schopenhauer, se han mostrado de acuerdo. En su opinión, todos coinciden en un juicio de valor respecto de la vida: *no vale nada*... «El mismo tono lleno de duda, lleno de melancolía, de cansancio de la vida, de oposición a la vida»[21]. Este consenso podría muy bien ser un síntoma de verdad, podría probar para muchos la verdad de ese juicio de valor respecto de la vida. Pero, según Nietzsche, lo único que prueba es otra cosa: muestra solo un estado de ánimo y un estado de salud: todos esos sabios cansados de vivir no son otra cosa más que *décadents*.

Y Nietzsche examina a continuación «el valor» de los juicios de valor sobre la vida. Comienza señalando que esa «irreverencia» consistente en sospechar que los grandes sabios son tipos *décadents* se le ocurrió muy temprano (en la época en que redactó *El nacimiento de la tragedia*, consideró por vez primera que Sócrates y Platón eran síntomas de decaimiento, instrumentos de la disolución griega, antigriegos). Y advierte que aquel *consensus* lo que menos prueba es que aquellos sabios tuvieran razón, antes bien, prueba que entre ellos había una coincidencia fisiológica que les hizo *tener que* adoptar la misma actitud negativa frente a la vida. Los juicios de valor sobre la vida no tienen ningún valor (de verdad o falsedad); únicamente funcionan como *síntomas*: dicen algo no de la vida, sino del que los sostiene. *El valor de la vida no puede ser tasado*. Y el hecho de que por parte de un filósofo se vea un problema en el valor de la vida, no deja de ser un reparo contra él, una objeción contra su sabiduría. Nietzsche concluye que aquellos «grandes sabios» no solo eran *décadents*, sino que ni siquiera eran sabios[22].

Así pues, la rebelión contra la vida es una tarea inútil. Y una condena de la vida por parte del viviente no es más que un síntoma de una especie determinada de vida. Esto es importante subrayarlo: no se trata de discutir de si una condena tal es justa o injusta. No se entra, no se puede entrar en esa discusión: «sería necesario estar situado fuera de la vida y, por otra parte, conocerla tan bien como uno, como muchos, como todos los que han vivido para que nos fuera lícito tocar el problema del *valor* de la vida»[23]. El valor de la vida no es un problema que nos sea lícito discutir siquiera: no puede ser tasado. Nietzsche parece

---

21. *Crepúsculo de los ídolos*, cit., CI, § 1, «El problema de Sócrates», p. 37 (*KSA* 6, 67).
22. *Ibid.*, § 2, p. 38 (*KSA* 6, 68).
23. *Crepúsculo de los ídolos*, cit., § 5, «La moral como contranaturaleza», p. 57 (*KSA* 6, 86).

haber llegado aquí a un punto inamovible, indiscutible de su filosofía. A un elemento que podríamos llamar trascendental, en el doble sentido de fundamental y de condición de posibilidad. La vida es lo último: es la condición de posibilidad de todos los valores, pero ella misma no puede ser valorada: está más allá del bien y del mal, más allá de los valores. Cuando, por parte de un viviente, la vida es despreciada, también ahí se manifiesta un tipo de vida, pero una vida descendente, degradada, extenuada.

Sobre estas consideraciones pueden ya establecerse algunas conclusiones: 1) por lo que respecta a la relación entre nihilismo y metafísica: toda metafísica es nihilismo, pero no todo nihilismo es metafísica; 2) hay una estrecha relación entre pesimismo («la vida no vale nada») y nihilismo; 3) hay también una estrecha relación entre nihilismo y decadencia. Puesto que la relación entre nihilismo y metafísica ha sido ya aclarada, intentemos ahora, por un lado, examinar la relación entre pesimismo, nihilismo y decadencia; y, por otro, mostrar cuál es ese tipo de nihilismo que está más allá de la metafísica y al que Nietzsche parece valorar positivamente.

3. NIHILISMO Y DECADENCIA

Las tres formas de nihilismo que hemos señalado —diagnóstico de una época; resultado de los valores cristianos y de su caída; creencia en las categorías— conducen a la misma consideración: la estrecha vinculación del nihilismo con una constitución fisiológica débil, con la decadencia. Se trata ahora de examinar detenidamente esa relación, pero antes es preciso advertir que Nietzsche había llegado a esa conclusión por el camino de una experiencia propia que constituye un hito importante en su biografía personal e intelectual.

3.1. *Romanticismo y pesimismo de la debilidad*

La vinculación de su filosofía temprana con el Romanticismo y su posterior alejamiento de esa corriente, que él relacionaba muy estrechamente con la filosofía de Schopenhauer y la música de Wagner, muestra el paso de un primer Nietzsche fascinado por el arte, al Nietzsche maduro que hace uso de un método original, la genealogía. El «Ensayo de autocrítica», que en 1886 añade a la segunda edición de *El nacimiento de la tragedia*, pone de relieve la distancia de Nietzsche respecto de su primera obra y apunta las tensiones que, según su autor, hacen de esa obra «un libro imposible».

En este ensayo se reconocen algunos logros indiscutibles, uno de los cuales tiene que ver con la naturaleza del pesimismo. El hecho de que los griegos, la «especie más lograda de hombres habidos hasta ahora», tuvieran necesidad de la tragedia, de lo horrible y lo monstruoso que muestra la tragedia, le hace pensar que, frente a la extendida convicción de que la fuerza acompaña siempre al optimismo y la debilidad al pesimismo, podría ocurrir también lo contrario. Podría existir un pesimismo de la fuerza y un optimismo que escondiera una debilidad constitutiva[24]. Y si es así, las categorías de «optimismo» y «pesimismo» no podrían ser definitivas; remitirían a algo más profundo respecto de lo cual serían solo instrumentos y fenómenos complejos. Un segundo e importante logro tiene que ver con la intención fundamental que esta obra adelanta: *«Ver la ciencia con la óptica del artista y el arte con la de la vida»*, mostrando así que no es ya el arte —la estética— el referente y el criterio definitivo de algo, sino la vida —y, de alguna forma, la fisiología—, la que ofrece un criterio inequívoco y último para juzgar sobre el valor de las cosas (y de los valores mismos).

Pero esos logros se hallan contrarrestados por graves deficiencias[25]. Por una parte, están sus contradicciones: las «innovaciones psicológicas» y el «valor juvenil» destacan junto a una también «juvenil melancolía» y una especie de «tormenta y arrebato» que explican los defectos de una «primera obra», en el mal sentido de la expresión. Eso hace de este ensayo un «libro imposible»: «lo encuentro mal escrito, torpe, penoso, frenético de imágenes y confuso a causa de ellas, sentimental acá y allá, azucarado hasta lo femenino, desigual en el *tempo*»[26]. E inmediatamente se acusa al verdadero responsable del desastre, el envenenador que hace imposible la buena travesía: el Romanticismo. Por otro lado, Nietzsche reconoce su torpeza al haberse servido de un lenguaje impropio: las antiguas fórmulas (kantianas y schopenhauerianas) eran incapaces de encerrar sin corromper la novedad apuntada en los nuevos problemas y planteamientos que la obra contenía. Y no digamos Wagner y la música alemana: «todo eso era romanticismo de los pies a la cabeza y la menos griega de todas las formas posibles de arte: además, una destrozadora de nervios de primer rango, doblemente peligrosa [...] en su doble condición de narcótico que embriaga

---

24. *El nacimiento de la tragedia. Ensayo de autocrítica*, § 1, trad. de A. Sánchez Pascual, Alianza, Madrid, 1985, p. 26 (*KSA* 1, 12-13).
25. *Ibid.*, §§ 2, 3, 6, 7.
26. *Ibid.*, § 3, p. 28 (*KSA* 1, 14).

y, a la vez, *obnubila*»[27]. Y la autocrítica culmina en el último parágrafo del ensayo, cuando Nietzsche asume la acusación de romanticismo que cualquiera pudiera dirigirle. Esta obra es romántica porque deja oír «un bajo continuo de cólera y de placer destructivo, una rabiosa resolución contra todo lo que es 'ahora', una voluntad que no está demasiado lejos del nihilismo práctico». Porque hace suya «la genuina y verdadera profesión de fe de los románticos de 1830 bajo la máscara del pesimismo de 1850». Y, en favor de esa tesis, Nietzsche aporta uno de los fragmentos más controvertidos de la misma: aquel en que se apunta el valor del arte como «consuelo metafísico» y, por lo tanto, trasmundano[28].

Estos dos elementos —el haber malentendido la música y la filosofía alemanas, y el haber asignado al arte el valor de un consuelo metafísico— resumen la distancia de Nietzsche respecto de su primera obra. Y, además, nos ponen en el camino adecuado para entender su juicio sobre el Romanticismo. Pero ¿qué entiende Nietzsche por Romanticismo? El parágrafo 370 de *La gaya ciencia* aborda directamente este problema. Nietzsche comienza reconociendo que arte y filosofía responden, cada cual a su manera, a una misma voluntad. Son «remedios y socorros» en favor de una vida que lucha por afirmarse. Y suponen siempre dolor y sufrimiento. Pero hay dos tipos de sufrimiento: uno, que procede de una vida rica y que ofrece la visión trágica del arte dionisíaco; y otro, que procede de un empobrecimiento vital, de una debilidad constitutiva y que pide a la filosofía y al arte ya «la calma, el silencio y un mar apacible», ya «la borrachera, la convulsión, el aturdimiento y la locura». La filosofía de Schopenhauer y la música de Wagner responden a esa doble necesidad de calma y de locura[29]. Mientras que el hombre dionisíaco muestra su preferencia por lo inquietante y lo terrible como un lujo que puede permitirse, el débil tiene necesidad de dulzura, amenidad y bondad. Así, enseña Nietzsche a ver la obra, el hecho y el ideal como «síntomas» que muestran la naturaleza del creador, del autor y del que tiene necesidad de tal empeño. E invita a aplicar ese criterio a los valores estéticos: ¿es el hambre o la abundancia lo que les ha dado origen? Esa pregunta invita ahora a sobrepasar la estética y a instalarse en el ámbito de una cierta «fisiología».

---

27. *Ibid.*, § 6, p. 34 (*KSA* 1, 20).
28. *Ibid.*, § 7, pp. 35-37 (*KSA* 1, 21-22).
29. Una consideración más detenida de esto se encuentra en mi libro *Identidad y tragedia*, Crítica, Barcelona, 1999, pp. 222 ss.

En los *Fragmentos póstumos* de los años 1887 y siguientes Nietzsche evalúa el arte romántico como preparación del nihilismo[30] y lo considera, junto con las ciencias naturales, la política, la economía y la historia del siglo XIX, un carácter esencial del nihilismo[31].

3.2. *Pesimismo como preformación del nihilismo*

El Romanticismo es, pues, la expresión de un profundo pesimismo de cuya vinculación con el nihilismo no duda Nietzsche. Y así, define el pesimismo como «la preformación del nihilismo»[32] y considera que hay una evolución del pesimismo al nihilismo, una evolución que consiste en la progresiva «desnaturalización de los valores»[33]. Entre las causas de la aparición del pesimismo, Nietzsche enumera la «calumnia dirigida contra los instintos más poderosos y fecundos», «la prosperidad de los mediocres», el progresivo «empequeñecimiento» de la especie hombre y la incapacidad de responder a la pregunta 'por qué'»[34]. Este pesimismo, «el pesimismo moderno, es la expresión de la inutilidad del mundo moderno, no del mundo y de la existencia en general»[35]. El mundo moderno, que resuelve que entre los dolores y los placeres hay un exceso de estos últimos (pesimismo), es nihilista, como lo sería también su contrario, que busca el exceso del placer sobre el dolor (hedonismo). Una y otra formas miden el valor de las cosas en función del dolor o el placer, pero ahí «habla una clase de hombres» debilitada y enferma. «Fácilmente podríamos imaginar que un exceso de dolor provocase una voluntad de vivir, una afirmación de la vida.» Detrás de consideraciones

---

30. *NF. KSA* 12, 2 [127], 127.
31. *NF. KSA* 12, 2 [131], 129-131. Llama la atención el modo en que Nietzsche acusa en el arte y en la música romántica un medio para el aturdimiento: «Formas de aturdimiento. En lo interior: no saber cómo salir de sí mismo. Tentativas de salir de este estado por medio de la embriaguez: embriaguez como música, embriaguez como goce trágico en la caída de los más nobles...» (*NF. KSA* 10, 24 [26], 660). Nietzsche se reconoce a sí mismo en esas tentativas, pero también las considera propias de un tiempo que para él estaba lejos: «Amigos míos, nosotros tuvimos que luchar duramente cuando éramos jóvenes: sufríamos de la juventud como de una dolencia. La causa de esto fue el tiempo en el que habíamos sido lanzados, tiempo de una profunda decadencia interior, que, con todas sus debilidades, y aun con todas sus fortalezas, se oponía al espíritu de la juventud. La confusión y, por lo tanto, la inseguridad, era lo propio de ese tiempo: nada se mantenía en pie, nada conservaba crédito, se vivía para el día siguiente, pues el pasado mañana era incierto» (*NF. KSA* 10, 25 [9], 11).
32. *NF. KSA* 10, 12, 10 [58], 491.
33. *NF. KSA* 12, 9 [107], 396-397.
34. *NF. KSA* 12, 9 [162], 430-431.
35. *NF. KSA* 12, 9 [194], 54.

como «la vida no merece la pena» solo existe una forma de vida débil y sentimental[36].

3.3. Nihilismo como lógica de la decadencia

Estas consideraciones conducen a otra que jugará un importante papel en el planteamiento de Nietzsche: la diferencia entre un «pesimismo de la fortaleza» y un «pesimismo como decadencia», o pesimismo de la debilidad[37]. Puesto que el pesimismo puede ser síntoma tanto de fortaleza como de debilidad, no puede ser un criterio último. Y, por eso también, la oposición pesimismo y optimismo no resulta suficientemente clarificadora. En un fragmento escrito en la primavera de 1888, escribe Nietzsche:

> Recientemente se han cometido muchos abusos con el empleo de una palabra de sentido relativo y en el fondo insuficiente; por todas partes se habla de «pesimismo»; se discute en torno a la cuestión a la que hay que dar solución, la cuestión de quién tiene más derecho: si el pesimismo o el optimismo. No se ha comprendido lo que, sin embargo, es palpable: que el pesimismo no es un problema, sino un síntoma; y que esta palabra debía ser reemplazada por la de «nihilismo»; que la cuestión si el No-ser es mejor que el ser, es ya de por sí una enfermedad, un indicio de decadencia, una idiosincrasia. El movimiento nihilista es la mera expresión de una decadencia fisiológica[38].

Y mucho más: Nietzsche considera que el nihilismo no es la causa, sino «la lógica» de la decadencia[39]. Pero ¿qué es la decadencia? Todos los caminos nos han conducido hasta ella; por tanto, conviene preguntar en qué consiste, cuáles son sus signos distintivos, cómo hay que valorarla, cómo afrontarla.

Por lo pronto no es arriesgado considerar la decadencia como la «causa remota» del nihilismo. Cuando Nietzsche reflexiona sobre las causas de este último, encuentra la «falta de la especie superior», pero también «el envilecimiento y la incertidumbre de todos los tipos superiores». Entonces, la «existencia entera se vulgariza»[40]. Pero la decadencia es también un proceso natural de desgaste, un proceso necesario. Forma parte de la dinámica de la vida:

36. *NF. KSA* 12, 9 [107], 397-398.
37. *NF. KSA* 12, 9 [126], 410.
38. *NF. KSA* 13, 17 [8], 529.
39. *NF. KSA* 13, 14 [86], 265.
40. *NF. KSA* 12, 9 [44], 357.

La defección, la descomposición, el perecimiento, no tienen nada de censurables en sí mismos; no son más que la consecuencia necesaria de la vida, del crecimiento vital. El fenómeno de la decadencia es tan necesario como el del florecimiento y progreso de la vida [...]. Es una vergüenza para todos los teóricos del socialismo admitir que pueda haber circunstancias, combinaciones sociales en las que el vicio, la enfermedad, el crimen, la prostitución, la miseria no se desarrollen ya... Esto es condenar la vida. Una sociedad no es libre de conservarse joven [...]. No se puede suprimir la caducidad por medio de instituciones. Ni la enfermedad. Ni el vicio[41].

Por eso, «la decadencia no es algo que se tenga que combatir; es absolutamente necesaria y propia de toda época, de todo pueblo. Lo que hay que combatir con todas nuestras fuerzas es la importación del contagio a las partes sanas del organismo»[42].

Esta reflexión ofrece una particular perspectiva sobre la moralidad y también sobre la salud y la enfermedad. Por lo que respecta a la primera, hay que señalar que «toda la lucha moral contra el vicio, el lujo, el crimen, y aun contra la enfermedad, aparece como una ingenuidad, como una cosa superflua»[43] y es inútil el esfuerzo por combatir la enfermedad mediante la moralización[44]. Por lo que respecta a la segunda, Nietzsche observa que «el valor de todos los estados morbosos consiste en que muestran, bajo un cristal de aumento, ciertas condiciones que, aunque normales, son difícilmente visibles en el estado normal...»:

> Salud y enfermedad no son nada fundamentalmente distinto, como lo creía la medicina antigua, como lo creen algunos todavía. No hay que hacer de ellas entidades distintas que se disputan el organismo vivo y lo convierten en campo de batalla. Estas son tonterías y charlatanerías que no sirven para nada. En realidad, no hay entre estas dos maneras de ser más que diferencias de grado; la exageración, la desproporción, la falta de armonía de los fenómenos normales es lo que constituye el estado morboso[45].

Ahora bien, el estado morboso, por más que sea consustancial a la vida, es también un peligro para la vida. El agotamiento que lo caracteriza «transforma el aspecto de las cosas, cambia el valor de las cosas. A la inversa de aquel que por su misma plenitud» las ve «de manera más plena, más poderosa, más rica en porvenir, el agotado empequeñece y

---

41. *NF. KSA* 13, 14 [75], 255-256.
42. *NF. KSA* 13, 15 [31], 426-427.
43. *Ibid.*
44. *NF. KSA* 13, 14 [65], 250-251.
45. *Ibid.*

desfigura todo lo que ve, empobrece el valor, es nocivo». No es que las cosas tengan un valor en sí mismas, nosotros lo «ponemos» en las cosas: los valores son «síntomas» de nuestro estado afectivo; por eso, puede considerarse la moral «una mímica de los afectos»[46]. Lo extraño es que los agotados han sido confundidos siempre con los mejores, y los más fuertes, con los más nocivos[47]. Pero para Nietzsche, «verdadero», «bueno», «bello» no quiere decir otra cosa sino que «eleva el tipo humano»[48]. Y así concreta su enseñanza:

> He tenido la fortuna, después de miles de años pasados en la aberración y en la confusión, de haber vuelto a encontrar el camino que conduce a un «sí» y a un «no». Yo enseño a decir «no» contra todo aquello que nos debilita, contra todo aquello que nos agota. Yo enseño a decir «sí» frente a todo lo que fortalece, lo que acumula fuerzas y justifica el sentimiento de vigor. Hasta el presente no se ha enseñado ni lo uno ni lo otro; se ha enseñado la virtud, el desinterés, la piedad, o también la negación de la vida. Todos estos son valores de los agotados. Una larga reflexión sobre la fisiología del agotamiento me obligó a proponer la cuestión: ¿Hasta dónde los juicios de los agotados han penetrado en el mundo de los valores?[49].

¿Hasta dónde, pues, ha constituido el nihilismo el destino de la historia de la humanidad? ¿Cabría la posibilidad de una forma distinta de nihilismo, de una forma que apuntara a su vez a una nueva y distinta valoración de la nada?

4. EL NIHILISMO COMO FORMA DIVINA DE PENSAR

Ya hemos visto cómo Nietzsche propone sustituir el término «pesimismo» por el de «nihilismo». Y, así como había distinguido dos formas de pesimismo (un pesimismo de la debilidad y otro de la fortaleza), lo mismo ocurre con el nihilismo: frente al nihilismo que expresa la «lógica de la decadencia», que es síntoma de la decadencia, hay otro nihilismo que evoca la posibilidad de una fuerza superior, de una sobreplenitud de vida y de poder. Pues bien, estas dos formas de nihilismo coinciden con otras tantas de valorar la nada y permiten enlazar el planteamiento de Nietzsche con aquellas dos tradiciones que han sido señaladas más arriba.

---

46. Cf. *Más allá del bien y del mal*, cit., § 187.
47. *NF. KSA* 13, 14 [68], 252.
48. *NF. KSA* 13, 14 [6], 220.
49. *NF. KSA* 13, 15 [13], 412.

En un fragmento de la primavera del año 1884 encontramos una interesante reflexión acerca de la nada: «El pesimismo europeo está aún en su comienzo: no tiene todavía aquella terrible y ansiosa fijeza de mirada en que se refleja la nada, como la tuvo un tiempo en la India»[50]. Creo que es importante subrayar esta consideración de la nada, pues se trata aquí de una reflexión sobre el absurdo, el sinsentido, el abismo, que anticipa en buena medida la de Heidegger y que difiere mucho de aquella consideración sobre la nada que en el *Crepúsculo de los ídolos* equiparaba al ser, al «último humo de la realidad que se evapora». Esta consideración de la nada, esta atención al vacío, ya sin horror, apunta hacia una consideración trágica de la vida que Nietzsche oponía a su tiempo y, muy especialmente, al Romanticismo de su tiempo.

Quizás en esto consista el «nihilismo perfecto» al que Nietzsche se refiere: en la capacidad de contemplar esa nada sin perecer por ello:

> El ojo del nihilista idealiza en el sentido de la fealdad, es infiel a lo que conserva en su memoria; permite a sus recuerdos que caigan y se deshojen; no los protege contra esa pálidas decoloraciones que la debilidad extiende sobre las cosas lejanas y pasadas. Y lo que no hace consigo mismo no lo hace tampoco con todo el pasado de los hombres: deja que este caiga[51].

Frente al nihilismo perfecto, el incompleto (o imperfecto), se caracteriza porque, teniendo conciencia de esa nada, vive todavía apoyado en viejos valores[52]. El nihilismo perfecto o «nihilismo extremo» supone «que no hay verdad alguna, que no hay cualidad alguna absoluta en las cosas, que no hay cosa en sí»[53]. Este nihilismo es considerado el «ideal de la suprema potencia del espíritu, de la vida más exuberante, en parte destructiva y en parte irónica»[54], y es también un referente para medir nuestro valor:

> La medida de nuestra fuerza radica en cómo nos podemos conformar a la apariencia, a la necesidad de la mentira sin sucumbir. ¿En qué medida podría ser el nihilismo, como negación de todo verdadero mundo, de todo ser, una manera divina de pensar?[55].

---

50. *NF KSA* 11, 25 [16], 15.
51. *NF KSA* 12, 10 [43], 476.
52. *NF KSA* 12, 10 [42], 476.
53. *NF KSA* 12, 9 [35], 351.
54. *NF KSA* 12, 9 [39], 353.
55. *NF KSA* 12, 9 [41], 354.

«Una manera divina de pensar»: eso es también el nihilismo. Como el pesimismo, el nihilismo es un término equívoco, un fenómeno ambiguo, que puede ser «signo de decadencia y retroceso: nihilismo pasivo» o «signo de poder en el espíritu: nihilismo activo». Este último alcanza su máximum como fuerza violenta de destrucción, como nihilismo activo; a él se opone el nihilismo fatigado, que no ataca ya, y cuya forma más célebre es el budismo, que es un nihilismo pasivo[56].

Nietzsche observa así que el nihilismo no es solamente una meditación sobre el «en vano», sino que se caracteriza también por la acción violenta, aniquiladora, destructiva. Por eso, en un apunte que anticipa otra vez lo que advierte Heidegger en *¿Qué es metafísica?*, señala que «el aniquilamiento por el juicio secunda el aniquilamiento por la acción»[57]. Esta destrucción que se dirige básicamente a los valores morales sostenidos por el cristianismo y a los principios supremos que rigen desde los inicios de la filosofía griega deja el camino expedito a una idea terrible del eterno retorno:

> Pensemos este pensamiento en su forma más terrible: la existencia tal como es, sin sentido y sin meta, pero retornando inevitablemente, sin un *finale* en la nada: «el eterno retorno». Esta es la forma más extrema del nihilismo: ¡la nada (lo «carente de sentido») eternamente![58].

Así es como se concilia el nihilismo extremo —la nada eterna— con el pensamiento del eterno retorno: a través de una consideración de la fuerza que es fundamentalmente *amor fati*:

> ¿Quiénes han sido los que hasta aquí se han mostrado más fuertes? Los más moderados, los que no tenían necesidad de dogmas extremos, los que no solo admitían, sino que también amaban una buena parte de azar, de absurdo. Los que pueden pensar en el hombre reduciendo un poco su valor, sin que por ello se sientan disminuidos ni debilitados: los más ricos con relación a la salud, los que están a la altura de la mayor desgracia y que, por esto, no temen la desgracia: hombres que están seguros de su poder y que, con un orgullo consciente, representan la fuerza a que el hombre ha llegado. ¿Qué pensarán esos hombres del eterno retorno?[59].

Ese es el «otro nihilismo» que Nietzsche defiende y suscribe. Es verdad que este nihilismo extremo es peligroso, que deja «peligrosamente

---

56. *NF. KSA* 12, 9 [35], 350-351.
57. *NF. KSA* 13, 11 [123], 60.
58. *NF. KSA* 12, 5 [71], 213.
59. *NF. KSA* 12, 5 [71], 217.

al aire» las raíces del pensar, el abismo y el vacío que nos «sostiene». Pero el pensamiento no ha sido nunca una aventura fácil. Y Nietzsche advierte eso mismo cuando califica de trágica la suya. En esa aventura tiene, sin embargo, una compañía que considera fundamental y que representa para él un verdadero consuelo, un «consuelo intramundano», la risa, el humor, la ironía:

> Para soportar este pesimismo extremo, para vivir solo, sin Dios ni moral, necesitaba inventar una pareja. Quizá sé yo mejor que nadie por qué el hombre es el único animal que ríe: el hombre es el único animal que sufre tan intensamente, que ha tenido que inventar la risa. El animal más desdichado y melancólico es, no obstante, el más alegre[60].

---

60. *NF. KSA* 11, 36 [49], 571.

8

HEIDEGGER:
NADA Y SER

En el año 1943, catorce años después de la publicación del ensayo ¿*Qué es metafísica?*, Heidegger escribió un *Epílogo* en el que apuntaba los obstáculos que impedían la comprensión de su escrito, distinguiendo los que provenían de lo enigmático de lo pensado allí de los que procedían de «la incapacidad y de la falta de voluntad para pensar». Reconocía así, por un lado, la dificultad de la cosa misma, y, por otro, denunciaba el hecho de no poder, o simplemente no querer pensar. Esos dos obstáculos nada tenían que ver con él. Pero Heidegger se hacía eco también de las acusaciones dirigidas a su ensayo. Unas acusaciones que se dirigen todavía hoy no solo a ese escrito, sino también a su obra. Por eso, vale la pena recordarlas: el interés por el problema de la nada hacía de su filosofía una especie de nihilismo; la atención prestada a la angustia ofrecía un papel desmesurado a los sentimientos y, en particular, a un sentimiento «depresivo»; por fin, las reservas expuestas contra la lógica situaban su pensamiento en la órbita de un cierto irracionalismo.

En lo que sigue se trata de afrontar estos problemas y, para ello, queremos tomar como hilo conductor la reflexión de Heidegger sobre el problema de la nada. Eso nos permitirá, por una parte, aclarar el lugar que la metafísica tiene en su pensamiento y, por otra, abordar el problema de la relación entre metafísica y nihilismo.

1. ANTECEDENTES: LA EVALUACIÓN DE NIETZSCHE POR PARTE DE HEIDEGGER

El interés que suscitó en Heidegger la figura de Nietzsche no es ajeno a la necesidad de comprender su propio tiempo. Como ha advertido

Ramón Rodríguez, «Heidegger se apoya en Nietzsche para pensar las raíces de la decadencia de la cultura europea»[1]. Pero Nietzsche es para Heidegger algo más que un mero crítico de la cultura. Junto a pensadores como Platón, Aristóteles, Descartes, Kant, Hegel y Schelling, Nietzsche debe ser contado entre los grandes representantes del pensar metafísico, pues su pensamiento responde a las grandes cuestiones de la metafísica occidental.

Esto constituye, como ha puesto de manifiesto Pöggeler, la *meta provisional* de su interés por Nietzsche, aunque la *meta fundamental* y más lejana estribe en explicar su posición como la consecuencia del pensar metafísico occidental y en situarnos ante la suprema decisión: prolongar el dominio o buscar otro inicio[2]. Con ello Heidegger trata de mostrar que «este pensamiento abismático» (el de Nietzsche) es todavía metafísica, y, por lo tanto, oculta algo que el pensar metafísico, por su propia singularidad, no puede ver. De manera que lo que, por un lado, representa el reconocimiento de Nietzsche como filósofo, se revela, por otro, como una limitación, es decir, como la reclusión de su pensamiento en un estadio final de la historia del ser: Nietzsche es un metafísico y un nihilista.

Y en este punto conviene recordar la valoración que hace Heidegger del término «metafísica». Parece que hay una cierta inflexión en la significación del término, situada en torno a 1930[3]. Hasta entonces, «metafísica» es un término que designa aquel «pensamiento que se plantea el problema del ser más allá (*metá*) del ente como tal». Sin embargo, a partir de los años treinta, el término adquiere connotaciones negativas en la medida en que se entiende como «todo el pensamiento occidental, que no supo mantenerse en el nivel de la trascendencia constitutiva del *Dasein*, al colocar el ser en el mismo plano que el ente». Metafísica es entendida como «olvido del ser» (*Seinsvergessenheit*). Y así, trascendencia y olvido son los rasgos constitutivos del término en uno y otro período.

Por otro lado, el nihilismo es una de las «afinidades» fundamentales entre estos dos autores. A ambos le es común la necesidad de reflexionar sobre la vida, sobre el tiempo vivido, de aportar un «diágnóstico» sobre el tiempo presente. Y así como Nietzsche descubrió el ocaso de lo trágico en la Grecia de Eurípides y de Sócrates, así como él desen-

---

1. Cf. *Heidegger y la crisis de la época moderna*, Cincel, Madrid, 1987, p. 169. Ver también mi libro *El desafío del nihilismo*, Trotta, Madrid, 2005, cap. 7.
2. O. Pöggeler, *El camino del pensar de Martin Heidegger*, trad. de F. Duque, Alianza, Madrid, p. 116.
3. Cf. G. Vattimo, *Introducción a Heidegger*, trad. de A. P. Carpio, Gedisa, Barcelona, 1986, pp. 60-62.

mascaró entonces una extraña inflexión de la tragedia, que abandonó lo dionisíaco y optó por el hombre teórico, así también Heidegger denuncia el olvido del ser como una constante y como la seña de identidad más relevante de la filosofía que se ha desarrollado bajo el nombre de «metafísica». De manera que ocaso de lo trágico (Nietzsche) y olvido del ser (Heidegger) son fenómenos análogos en uno y otro, fenómenos que admiten un mismo nombre para designar la historia en la que aquel ocaso y este olvido se han desarrollado y han seguido su curso. El nombre que ambos usan es «nihilismo».

Y, sin embargo, como advierte Cerezo[4], justamente donde Nietzsche creyó haber alcanzado la superación de la metafísica, allí ve Heidegger su consumación. El nihilismo es, según Heidegger, ese estadio de la historia del pensar en el que «del ser como tal ya no queda nada». El ser ha sido eclipsado por el valor, y eso es lo que los tres conceptos clave de la filosofía de Nietzsche revelan a su manera. *Voluntad de poder* y *eterno retorno* de lo mismo preparan el camino para el dominio de la tierra, para ese tiempo errático en el que el mundo es puesto bajo el control de la técnica y el hombre se convierte en mero artefacto: la ultrahumanidad (el *superhombre*) es solo subhumanidad[5]. El nihilismo no solo consiste en la devaluación de los valores supremos, sino en el reconocimiento de que ya no se tiene necesidad de ellos. Y así, si en Nietzsche «metafísica» es un término contenido en otro de mayor amplitud, «nihilismo» (toda metafísica es nihilismo, pero no al contrario, pues existe la posibilidad de un nihilismo activo y antimetafísico), Heidegger considera que todo nihilismo es metafísica y que, después de él, solo cabe «otro inicio». Pero analicemos esto detenidamente y veamos qué relación tiene con el problema filosófico de la nada.

2. LA POSICIÓN DE HEIDEGGER ANTE EL PROBLEMA DE LA NADA

En líneas generales puede considerarse que el problema de la nada tiene en Heidegger tres aspectos diferenciados. En un primer momento, y hasta los años treinta, Heidegger afronta este problema relacionándolo con el más general de la *afectividad*; más tarde, lo relaciona con el ámbi-

---

4. Cf. «De la existencia ética a la ética originaria», en AA.VV., *Heidegger: la voz de tiempos sombríos*, Serbal, Barcelona, 1991, p. 36.
5. «La superación de la metafísica», en *Conferencias y artículos*, trad. de E. Barjau, Serbal, Barcelona, 1984, § 26, p. 82 (*Vorträge und Aufsätze*, G. Neske, Pfullingen, 1954, p. 87).

to específico del problema del *ser*; finalmente, se aborda bajo una óptica que considera de una forma especial la cuestión del *nihilismo*.

2.1. Nada y afectividad: la angustia como horizonte

La disposición afectiva (*Befindlichkeit*) encuentra su verdadera dimensión ontológica en la reflexión de Heidegger. En *Ser y tiempo*[6] la considera, junto con el comprender (*Verstehen*) y el discurso (*Rede*), una de las formas constitutivas originarias del *Dasein*. En cuanto tales, pueden ser consideradas las «categorías» básicas de la ontología fundamental (analítica del *Dasein*) que Heidegger se propone y a las que llama «existenciarios». Esta atención a la afectividad, al «encontrarse», pone de manifiesto, como advierte L. Sáez[7], que el abrir originario no es noético, sino pático y que tiene lugar por medio del sentimiento (*Stimmung*)[8]. Por lo demás, Heidegger se opone a la tradicional manera de entender los sentimientos. Estos no son algo irracional, pasajero, sin importancia; tienen, por el contrario, una función clave: «abrirnos» nuestro propio ser, darnos a entender nuestra situación original. Y lo que allí se «abre» es, ante todo, el puro hecho de existir, la facticidad[9]. En este punto, Heidegger prolongaba una cierta tradición, que, como advierte Gadamer, se remontaba a Aristóteles[10]. Concretamente en la *Retórica* de Aristóteles, encontró la doctrina de los afectos (*páthe*), las disposiciones y resistencias que el oyente siente hacia el orador. Teniendo esto pre-

---

6. Cf. *Ser y tiempo*, trad., prólogo y notas de J. E. Rivera, Trotta, Madrid, ²2009, §§ 28, 29, 31 y 34 (*Sein und Zeit*, M. Niemeyer, Tubinga, 1993).
7. Cf. *Movimientos filosóficos actuales*, Trotta, Madrid, ³2009, pp. 131-132.
8. Años después, en la conferencia pronunciada en Normandía en agosto de 1955 bajo el título *¿Qué es eso de la filosofía?*, Heidegger advierte que la afectividad no es un invento moderno, que «el temple de ánimo no es una música de sentimientos que afloran casualmente». Hay siempre un *páthos* que acompaña al desarrollo de la filosofía; este se ha modificado a lo largo del tiempo, pero siempre estuvo ahí, ya sea como asombro (Grecia), ya como duda (en la Modernidad), ya como mezcla de miedo y angustia (en su propio tiempo). «A menudo —añade— da la impresión de que el pensar, en la forma del representar y cálculo razonador, estuviera enteramente libre de todo temple de ánimo. Pero la frialdad del cálculo y la prosaica sobriedad del planificar son señales de una disposición. Aun más: incluso la razón, que se manifiesta libre de todo influjo de las pasiones, está como tal razón dispuesta a confiar en la comprensibilidad lógico-matemática de sus reglas y principios» (*¿Qué es eso de la filosofía?*, trad. de J. L. Molinuelo, Narcea, Madrid, 1980, pp. 63 y 66-67 [*Was ist das – die Philosophie?*, G. Neske, Pfullingen, 1956, pp. 24 y 28-29]).
9. Cf. al respecto R. Rodríguez, «La ontología y las voces de la época», en AA.VV., *Heidegger: la voz de tiempos sombríos*, cit., pp. 190-193.
10. H.-G. Gadamer, *Los caminos de Heidegger*, trad. de A. Ackermann, Herder, Barcelona, 2002, pp. 20-21.

sente, e imbuido por su propia experiencia viva, Heidegger penetró el significado del «modo de encontrarse» (*Befindlichkeit*), lo cual suponía la superación de la estrechez de la filosofía de la conciencia.

En el parágrafo 29 de *Ser y tiempo*, Heidegger lo reconoce al señalar que «la primera interpretación de los afectos sistemáticamente que nos ha sido transmitida, no haya sido hecha en el marco de la 'psicología', sino [por] Aristóteles [...] en el segundo libro de su *Retórica*»[11]. Y advierte que «lo que en *orden ontológico* designamos con el término de disposición afectiva (*Befindlichkeit*), es *ónticamente* lo más conocido y cotidiano: el estado de ánimo, el temple anímico. Y así, la serenidad, el disgusto, el mal humor, no son una nada; antes bien, «el estado de ánimo manifiesta el modo 'como uno está y como a uno le va'. En este 'como uno está', el temple anímico pone al ser en su 'ahí'»[12].

En el parágrafo 30 Heidegger lleva a cabo un interesante análisis del afecto del miedo (*Furcht*), en el que deja ver el carácter relacional de este afecto que ya destacó Aristóteles. Pero, sobre todo, el análisis de la angustia (*Angst*), que lleva a cabo en el parágrafo 40, resulta del mayor interés para nuestras consideraciones sobre la nada. Heidegger advierte que, aunque en principio es oscura su conexión ontológica con el miedo, hay entre ellos una afinidad fenoménica y, tras un análisis detenido, señalará que la angustia hace posible el miedo y que el miedo es angustia caída en el mundo, angustia impropia y oculta en cuanto tal para sí misma[13].

También respecto de la angustia destaca Heidegger el carácter relacional, señalado antes a propósito del miedo[14]. Hay un «ante-qué» de la angustia, que consiste en el estar-en-el-mundo en cuanto tal; se trata de algo enteramente indeterminado y a partir de lo cual el mundo adquiere el carácter de una total insignificancia. Lo que produce angustia no está en ninguna parte, pero «en ninguna parte» no significa simplemente «nada». Es algo que está tan cerca que oprime y le corta a uno el aliento y, sin embargo, en ninguna parte: es el mundo en cuanto tal. La angustia es, además, «angustia por». Y en ese «por» la angustia revela al *Dasein* como ser posible, le hace patente la libertad de escogerse y tomarse a sí mismo entre manos. Finalmente, el angustiarse mismo es un modo de la

---

11. *Ser y tiempo*, cit., p. 158 (*Sein und Zeit*, 138).
12. *Ibid.*, pp. 153-154 (*Sein und Zeit*, p. 134).
13. En este punto se hace sentir la influencia de Kierkegaard y de su obra *El concepto de la angustia* (cf. al respecto L. F. Moreno Claros, *Martin Heidegger. El filósofo del ser*, Edaf, Madrid, 2002, p. 198).
14. *Ser y tiempo*, § 40, cit., pp. 208-212 (*Sein und Zeit*, pp. 186-190). Véase también V. Vitiello, *Heidegger: il nulla e la fondazione della storicità*, Argalia, Urbino, 1976, pp. 354-369.

disposición afectiva; pero no un modo cualquiera, sino el modo fundamental del estar-en-el-mundo. Si la disposición afectiva muestra el modo «como uno está», en la angustia uno se siente «desazonado». Con ello se expresa la peculiar indeterminación del «nada y en ninguna parte» en que el *Dasein* se encuentra cuando se angustia. Esa desazón o extrañeza (*Unheimlichkeit*) hace referencia al no-estar-en-casa. La familiaridad cotidiana se derrumba; todo se vuelve extraño, inquietante, siniestro. Pero este sentimiento revela algo positivo y profundo: solo mediante él puede ganar el *Dasein* una mismidad que antes no tenía. Ciertamente, se trata de un estado de ánimo poco frecuente, pero, como advierte Heidegger, menos frecuente aún que el hecho de la verdadera angustia es el intento de interpretarla en su función ontológico-existencial. Las razones para ello radican, en parte, en la omisión de una analítica existencial del *Dasein* y, particularmente, en el desconocimiento del fenómeno de la disposición afectiva

En fin, lo que en este análisis resulta revelador para nuestro propósito es la alusión a la nada, que se pone aquí por primera vez de manifiesto y que Heidegger desarrollará por extenso en el ensayo de 1929, publicado bajo el título ¿*Qué es metafísica?* Se trata de la conferencia inaugural de ese año en la Universidad de Friburgo, donde Heidegger acababa de ser nombrado catedrático de Filosofía. El ensayo se inicia con un preámbulo en el que se advierte que no se va a hablar *acerca* de la metafísica, sino que se va a dilucidar una cuestión metafísica. Y, de acuerdo con ello, se distinguen tres partes esenciales: planteamiento de un interrogante metafísico, elaboración de la cuestión y respuesta a la cuestión.

La primera parte comienza con una referencia a Hegel —«la filosofía es el mundo al revés»—, que encontrará su explicación más tarde. E inmediatamente se advierte que toda pregunta metafísica debe cumplir un doble requisito: en ella debe contenerse toda la problemática metafísica y el que interroga ha de encontrarse envuelto en ella. Además de eso, se advierte que ninguna pregunta puede prescindir del tiempo y de la situación en que se hace. Y la pregunta referida se lleva a cabo en un momento en que la existencia se halla dominada por la ciencia. Todas las ciencias, según Heidegger, independientemente de su diversidad, tienen tres rasgos comunes: referencia al mundo, que las hace buscar el ente —y *nada más*; actitud libremente adoptada, que las hace someterse al ente —y a *nada más*; e irrupción del hombre, que le lleva a dilucidar el qué y el cómo del ente, irrupción que se lleva a cabo en el ente —y en *nada más*. En fin, se trata solo de interrogar por el ente, y *nada más*. Y Heidegger pregunta: ¿qué pasa con esta nada? ¿Será solo una manera de hablar? Allí donde el hombre científico se refiere a lo que es más propio (el ente) habla precisamente de «lo otro» (la nada). Cuanto más nos referimos al ente, más nos encontramos con la nada. He aquí, pues, el interrogante metafísico buscado: ¿*Qué pasa con la nada?*

La segunda parte del ensayo se propone «elaborar esta cuestión», comenzando por el reconocimiento de una cierta aporía: por un lado, se admite en cierto modo la nada al tener en cuenta al ente; por otro, tanto la pregunta como la respuesta por la nada parecen un contrasentido, pues el principio de no contradicción, principio lógico fundamental, parece echar por tierra la pregunta. Pero Heidegger sostiene que ni esta interrogación es lógica ni el entendimiento es el medio adecuado para captarla, pues el «no» y la negación no son más que un acto específico del entendimiento. Y, aunque parece que la nada es algo derivado del «no» y de la negación, ocurre justamente lo contrario: hay «no» y negación porque previamente hay nada.

Heidegger reconoce que para preguntar por la nada es necesario que la nada «se nos dé», que la encontremos de algún modo. Y ¿dónde encontrarla? Es verdad que de una manera vaga e imprecisa «conocemos» la nada, hablamos de ella Pero, más allá de esa imprecisión, ¿qué es la nada? En principio parece la negación pura y simple de la omnitud del ente, la completa negación de la totalidad de lo ente. Y entonces deberíamos tener una experiencia radical de esa «omnitud del ente» para, luego, desde su negación, llegar a conocer qué sea la nada. No parece que sea posible un «conocimiento»; pero sí hay una experiencia tanto de la «omnitud del ente» como de la nada. Una experiencia que está ligada a la afectividad, al sentimiento.

Y de nuevo reconoce Heidegger la importancia de la afectividad, del estado de ánimo, que es lo que permite que nos encontremos en medio de lo ente en su totalidad[15]. Experimentamos la totalidad del ente bajo dos estados de ánimo: el aburrimiento y la alegría. El aburrimiento no consiste en un mero «estar aburrido» ante tal o cual cosa o estado concreto. El «auténtico aburrimiento», dice Heidegger, es «el tedio profundo, que va de aquí para allá en los abismos del *Dasein* como una niebla callada, reúne todas las cosas y a los hombres y, junto con ellos, a uno mismo en una común y extraña indiferencia. Este tedio revela lo ente en su totalidad»[16]. Pero no solo el aburrimiento, también la

---

15. Cf. al respecto, P. Cohn, *Heidegger. Su filosofía a través de la nada*, Guadarrama, Madrid, 1975, pp. 143-152.
16. «¿Qué es metafísica?», en *Hitos*, trad. de H. Cortés y A. Leyte, Alianza, Madrid, 2000, p. 98 («Was ist Metaphysik?», en *Wegmarken*, V. Klostermann, Fráncfort M., 1976, p. 110).

alegría proporciona esa experiencia. Heidegger presta menos atención a este sentimiento, pero dice algo muy llamativo al respecto. Se trata de la alegría que experimentamos por «la presencia de un ser querido», reconociendo así que la alegría ligada a esa experiencia arroja sobre todas las cosas —y no solo sobre esa persona— una luz distinta, una luz que se difunde a todas y las baña por igual, haciendo experimentar la «totalidad del ente».

Por su parte, también la nada necesita una condición afectiva. ¿Le ocurre al *Dasein* un estado de ánimo tal en el que este se vea llevado, arrojado a la propia nada? Tal estado de ánimo es la angustia, que Heidegger, una vez más, distingue del miedo y de la mera ansiedad o inquietud (*Ängstlichkeit*). La angustia es un sentimiento «de» y «por» nada. Y Heidegger hace una descripción reveladora de ese sentimiento que nos transporta a la nada:

> Decimos que en la angustia «se siente uno extraño». ¿Qué significan el «se» y el «uno»? No podemos decir ante qué se siente uno extraño. Uno se siente así en conjunto. Todas las cosas y nosotros mismos nos hundimos en la indiferencia. Pero esto, no en el sentido de una mera desaparición, sino en el sentido de que, cuando se apartan como tales, las cosas se vuelven hacia nosotros. Este apartarse de lo ente en su totalidad, que nos acosa y rodea en la angustia, nos aplasta y oprime. No nos queda ningún apoyo. Cuando lo ente se escapa y desvanece, solo queda y solo nos sobrecoge ese «ningún». La angustia revela la nada[17].

Ella nos mantiene en suspenso, porque hace que escape lo ente en su totalidad. Y nos deja sin palabras. Entonces surge de nuevo la pregunta: ¿*Qué pasa con la nada?*

Una vez elaborada, se trata ahora de responder a tal pregunta. Por lo pronto, hay que pasar por alto aquellas caracterizaciones de la nada que no nacen directamente de la experiencia radical aludida. Y, respecto de esta última, Heidegger advierte que la nada que ella descubre no es ni un ente ni un objeto: «En la angustia la nada aparece 'a una' con el ente en su totalidad»[18]. Pero ¿qué quiere decir este «a una»? Al mismo tiempo que se apartan, todas las cosas se vuelven hacia nosotros, he ahí el sentido de «la escapada» del ente en total: las cosas se escapan de nosotros y, al escaparse, no parece que deba haber ninguna razón por la que deban existir o seguir existiendo[19]. «En la angustia el ente se torna

---

17. *Ibid.*, p. 100 (*Wegmarken*, p. 112).
18. *Ibid.*, p. 101 (*Wegmarken*, p. 113).
19. Cf. P. Cohn, *Heidegger*, cit., p. 155.

caduco»[20]. Y a esta caducidad acompaña una especie de tranquilidad, de fascinación, o de «calma hechizada»[21], que Heidegger entiende como *Nichtung* (desistimiento, anonadamiento)[22].

Al hilo de estas consideraciones, pueden destacarse con Heidegger algunas cosas. Por un lado, la trascendencia del *Dasein*. El *Dasein* está inmerso en la nada y, al estar inmerso en la nada, está también «más allá» de lo ente. Por otra parte, la nada remite a lo que está más allá de lo ente. Es más bien lo que posibilita la patencia del ente. Parece, pues, como si la nada fuera en última instancia la condición de posibilidad del ente, el fondo sobre el que destaca el ente, la ausencia que hace posible lo presente, pero que apunta también hacia lo que no está. Y en este sentido «pertenece originariamente al propio ser»[23]. Finalmente, la negación no parece algo originario de lo que derive la nada, sino que es esta última la que funda a aquella[24]. Toda negación surge, pues, de la nada y no al contrario. Al advertir esto, Heidegger critica la soberanía de la lógica en el ámbito de la filosofía, pues la negación se extiende mucho más allá del ámbito de la lógica[25]. Por lo demás, la angustia radical es un sentimiento raro y que frecuentemente reprimimos, pero está en la base de todo y palpita en el fondo de la existencia. Y Heidegger insiste en la dimensión metafísica de esta reflexión: el estar sosteniéndose en la nada y en la angustia explica la trascendencia del *Dasein*, y explica, sobre todo, que la pregunta por la nada sea una cuestión metafísica.

Ahora puede aclararse ya aquella doble caracterización de la pregunta que se hacía notar al principio. En primer lugar, esta cuestión comprende y abarca la metafísica entera, aunque la pone «del revés», como se había señalado al inicio a propósito de Hegel. Si la metafísica sostiene

20. *Hitos*, cit., p. 101 (*Wegmarken*, p. 113).
21. *Ibid*.
22. La nada no atrae hacia sí, más bien rechaza, pero «en tanto que sentimos el rechazo de la nada, somos a la vez remitidos a lo que precisamente se escapa de nosotros, o sea, al ente en total [...] Es el escaparse de las cosas y el retroceder del *Dasein* lo que describe el funcionamiento de la nada. Heidegger ha llamado a esto 'el anonadamiento de la nada'» (cf. P. Cohn, *Heidegger*, cit., p. 157).
23. *Hitos*, cit., p. 102 (*Wegmarken*, p. 115).
24. Y Heidegger escribe a este respecto unas inquietantes frases: «más abismales que la simple adecuación de la negación propuesta por el pensar son, sin embargo, la dureza de una actuación hostil y el rigor de un desprecio implacable. De más responsabilidad son el dolor del fracaso y la inclemencia de la prohibición. De mayor peso es la amargura de la privación y la renuncia» (*Hitos*, cit., p. 104; *Wegmarken*, p. 117).
25. Cf. a este respecto, J. E. Rivera, *Heidegger y Zubiri. «La reversión de la metafísica»*, Universitaria, Santiago de Chile, 2000, p. 96.

desde antiguo *ex nihilo nihil fit* (de la nada nada nace)[26], ahora podría sostenerse exactamente lo contrario: *ex nihilo omne ens qua ens fit*. Lo cual significa que la nada pertenece al ser del ente: «la nada no sigue siendo ya el opuesto indeterminado de lo ente, sino que se revela como perteneciente al ser de lo ente»[27]. En segundo lugar, la pregunta por la nada envuelve al interrogador, nos afecta a los que preguntamos; por ello es una pregunta metafísica, mucho más, la metafísica «es el acontecimiento fundamental del *Dasein*. Es el *Dasein* mismo [...] y por eso no hay ciencia cuyo rigor iguale la seriedad de la metafísica»[28]. Solo porque la nada es patente en el fondo del *Dasein* puede el ente causar extrañeza y admiración. Y Heidegger concluye su reflexión señalando que la filosofía —eso que nosotros llamamos filosofía— es solo la puesta en marcha de la metafísica; en esta adquiere aquella su ser actual y sus explícitos temas. La filosofía solo se pone en movimiento por una peculiar manera de poner en juego la propia existencia en medio de las posibilidades radicales de la totalidad del *Dasein*. Para ello es decisivo, primero, hacer sitio al ente en total; después, soltar amarras, abandonándose en la nada, liberándonos de los ídolos que todos tenemos y a los que tratamos de acogernos subrepticiamente; finalmente, quedar suspensos para que resuene la cuestión fundamental de la metafísica, a que nos impele la nada misma: *¿Por qué hay ente y no más bien nada?*[29].

2.2. *Nada y ser: la pregunta previa y la pregunta fundamental*

¿Por qué hay ente y no más bien nada? Esta pregunta formulada por Leibniz en el parágrafo 7 de *Los principios de la naturaleza y de la gracia*, la retoma Heidegger, introduciendo su propio punto de vista, en el inicio de otra de sus obras decisivas: la *Introducción a la metafísica*, un curso impartido en 1935 y publicado en 1953[30]. Allí señala que se trata de la primera de todas las preguntas, aunque no lo sea en el orden de la sucesión temporal, aunque con frecuencia se examinen todo género de cuestiones antes que ella y aunque muchos jamás den con esa cuestión[31].

---

26. Heidegger matiza este aserto latino, señalando que la filosofía cristiana sostiene que *ex nihilo fit ens creatum*, reconociendo así que la nada es algo opuesto al ente auténtico, al *Summum ens*.
27. *Hitos*, cit., p. 106 (*Wegmarken*, p. 120).
28. *Ibid.*, p. 107 (*Wegmarken*, p. 122).
29. *Ibid.*, p. 108 (*Wegmarken*, p. 122).
30. Véase M. Heidegger, *Introducción a la metafísica*, trad. de E. Estiú, Nova, Buenos Aires, 1972 (*Einführung in die Metaphysik*, V. Klostermann, Fráncfort M., 1983).
31. *Ibid.*, pp. 39-45 (*Einführung*, pp. 4-8).

También Heidegger se pregunta cuándo surge, y advierte que la pregunta supone determinados estados de ánimo como la angustia (cuando todo pierde peso y se oscurece cualquier sentido); la alegría (cuando las cosas tienen el brillo de una luz particular); o el aburrimiento (cuando todo se vuelve anodino, indiferente). Por fin, describe el carácter que la pregunta posee: no es la primera pregunta desde el punto de vista temporal, pero es la primera en dignidad en un triple sentido.

En primer lugar, es la pregunta que *llega más lejos*, ya que no se detiene ante un ente cualquiera, sino que los abarca a todos. Y no se detiene ante nada, porque también la nada misma es abarcada por ella. En segundo lugar, es la pregunta *más profunda*, pues busca el fundamento del ente en cuanto ente[32], que no se halla en el mismo plano que el ente (diferencia ontológica). En tercer lugar, es la pregunta *más originaria*, porque va más allá de cualquier ente en particular y solo se interroga por el ente en cuanto ente. Heidegger, que no singulariza ningún ente, reconoce que solo uno entre todos se siente involucrado, implicado, envuelto por la pregunta: el que la plantea (el *Dasein*). Con todo, esta singularidad no debe hacernos perder de vista la radical finitud del hombre y, por eso, la falta de razón para encumbrarlo. Pero hay que reconocer que esta forma de preguntar, que está en relación con el ente en su totalidad, tiene el carácter de un «rebote» —no se desprende del ente y vuelve sobre ella misma— y de un «salto» —que abandona un estado de seguridad anterior, mediante el cual el hombre experimenta un cambio súbito.

En todo caso, se trata de una pregunta metafísica. ¿Y qué es metafísica?, preguntamos con Heidegger. Tras un análisis detenido de los términos griegos, *physis, éthos, nómos, tésis, téchne*, Hedegger considera que si al ente como tal, en su totalidad, se lo llama *physis*, traspasar el ente, ir por encima del ente, es metafísica. Esta, la metafísica, es el nombre del centro determinante y del núcleo de toda filosofía, sin embargo, la metafísica se ha confundido con la física, en la medida en que pregunta solo y exclusivamente por el ente, quedando la interrogación por el ser del ente en el olvido[33]. Así pues, en la interpretación corriente, la pregunta ontológica ha recaído en exclusiva sobre el ente como tal, pero, a partir de *Ser y tiempo*, la cuestión recae sobre el ser como tal y mantiene la diferencia ontológica: el ser del ente no es un ente más. Pero

---

32. Pero por «buscar el fundamento» hay que entender profundizar, y no buscar un principio sólido último o una causa última; de hecho, Heidegger sostendrá que este fundamento (*Grund*) es abismo, ausencia de fundamento (*Ab-grund*).
33. *Introducción a la metafísica*, cit., pp. 55-56 (*Einführung*, pp. 19-20).

se trata de «conducir hasta el preguntar de la pregunta fundamental»[34] y de volver a la pregunta «¿*por qué hay en general ente y no más bien nada?*». Y Heidegger se propone afrontarla descomponiéndola en dos partes: *a*) ¿por qué hay en general ente? y *b*) ¿y no más bien nada? La primera parte nos sitúa ante lo preguntado en la pregunta, mientras que la segunda parece simplemente un añadido insignificante y retórico: «¿qué sentido tiene preguntar por la nada, si la nada es simplemente nada y el preguntar parece detenerse ante ella?»[35]. Conviene, pues, comenzar por la segunda parte de la pregunta.

Por lo pronto, reconoce los inconvenientes que, aparentemente al menos, tiene hablar de la nada[36]. En primer lugar, contraviene las reglas de la lógica, sirve a lo negativo, es destructivo, «socava la cultura y la fe». En definitiva, es puro nihilismo. Debería, pues, abandonarse esa pregunta, si no fuera porque, al abandonarla, abandonaríamos también aquello que, desde el inicio, acompañó a la filosofía. Y es que la pregunta por la nada, por lo que no es, ha acompañado siempre a la pregunta por el ente. Así que la pregunta debe ser exactamente como al principio: «¿*por qué hay en general ente y no más bien nada?*». Además, los inconvenientes referidos tienen en la base un prejuicio, el de que solo la lógica y la ciencia ofrecen la medida y el criterio al saber y al pensar. Por su parte, Heidegger defiende un pensar cercano a la poesía, y lo mismo que Aristóteles sostiene que no se puede demostrar el principio de no contradicción, pero que se puede dar de él una «argumentación refutativa», Heidegger considera que, aunque no se puede hablar de la nada con el lenguaje habitual, es posible referirse a ella con el lenguaje de la poesía. Finalmente, esta última parte de la pregunta pone de manifiesto que el ser que es, el ente, se revela como ser-posible, como algo que fluctúa constantemente entre lo que es y la posibilidad de no ser. De modo que el ser-posible, el estar suspendido entre el ser y la nada, se revela como un carácter del ente. Y Heidegger examina a continuación la primera parte de la pregunta: ¿por qué hay en general el ente?[37].

El ente no es afectado por nuestra pregunta: «es lo que es tal como es, aunque también podría no ser lo que es ni tal como es». Y así, «cualquier ente está en el ser, aunque no supere la posibilidad de No-ser». Se habla, pues, del No-ser y del Ser del ente. Pero ¿es lo mismo ente y ser? No, según Heidegger, y entonces tiene sentido preguntar por aquello en

---

34. *Ibid.*, p. 58 (*Einführung*, p. 22).
35. *Ibid.*, pp. 60-61 (*Einführung*, pp. 24-25).
36. *Ibid.*, pp. 61 ss. (*Einführung*, pp. 25 ss.).
37. *Ibid.*, pp. 67 ss. (*Einführung*, pp. 32 ss.).

lo que consiste el ser del ente, de manera que la pregunta fundamental no solo justifica la pregunta por la nada, sino que nos conduce a esta otra: *¿qué pasa con el ser?*
Hay que distinguir el plano del ser del plano ente. El ser del ente no es un ente, ni es nada que pertenezca al ente. Tampoco lo ponemos nosotros, ni nuestra conciencia de él: fuera de nuestra representación las cosas son. Pero intentar responder a la pregunta por el ser es como intentar asir el vacío. El ser es casi como la nada. Y, al intentar apresarlo, solo podemos decir de él lo que «no es»[38]. Parece, pues, que no le faltaría razón a Nietzsche, para quien el ser no es más que un vapor y un error. Y parece también que habría que renunciar a la pregunta. Pero, según Heidegger, Nietzsche no es más que un hito, un paso más, aunque sin duda el último y el fundamental en la historia de un olvido: el olvido del ser. Y Heidegger formula la pregunta que considera decisiva: «¿es el ser un error o el destino espiritual de la historia de Occidente?»[39].

En su reflexión en torno al presente y al porvenir de Europa, Heidegger considera la importancia decisiva de repetir la pregunta que estaba en el origen y que interrogaba por el ser. Esa pregunta ha caído en el olvido y Nietzsche representa el reconocimiento de un estado de cosas en que del ser como tal no queda nada. Además, el término «ontología» está lleno de ambigüedades y designa tanto la reflexión sobre el ser como la tradicional reflexión sobre el ente, por lo que Heidegger insiste en la necesidad de abandonarlo. Pero, en cualquier caso, la pregunta «¿qué pasa con el ser?» no supone una nueva ontología a la manera tradicional, ni lleva consigo la intención de denunciar posibles errores pasados. Se trata de una *pregunta previa* con respecto a la *pregunta fundamental* señalada: «*¿por qué es en general el ente y no más bien la nada?*»; y es también una pregunta decisiva de la que depende el «destino espiritual de Occidente»[40].

A estas consideraciones Heidegger añadió otras importantes en dos trabajos de los años 1943 y 1949, respectivamente, que muestran a las claras una necesidad: la de abandonar el campo propio de la metafísica e ir más allá de ella. El primero de ellos, publicado bajo el título *Epílogo a «¿Qué es metafísica?»*, contiene una reflexión sobre los malentendidos a los que este escrito había dado lugar. Heidegger comienza reconociendo que la pregunta *¿Qué es metafísica?* sigue vigente, pero nace de un pensamiento que se sitúa ya en la superación de la metafísica. De ahí su ambigüedad: tiene que pensar metafísicamente, pero desde un ángulo que ya ha supera-

38. Ibid., p. 73 (*Einführung*, pp. 38-39).
39. Ibid., p. 75 (*Einführung*, p. 40).
40. Ibid., p. 79 (*Einführung*, p. 45).

do la perspectiva de la metafísica, la cual «piensa el ser en la entidad de lo ente, aunque sin poder pensar la verdad del ser en el modo de su pensar»[41]. E inmediatamente examina los malentendidos en torno a su lección sobre metafísica, resumiéndolos en tres fundamentales. En primer lugar, puesto que la lección hace de la nada el objeto de la metafísica, induce a pensar que todo es nada, que nada merece la pena y, en definitiva, hace de la metafísica un nihilismo consumado. En segundo lugar, la lección eleva a estado de ánimo fundamental un sentimiento, un estado de ánimo, por lo demás, depresivo, como la angustia. En tercer lugar, la lección se decide en contra de la lógica y se decanta por el mero sentimiento.

Con respecto a la primera objeción, Heidegger defiende su postura advirtiendo que la nada referida en la lección, «la nada que determina a la angustia en su esencia», no es una vacía negación de todo ente, sino que aquello «que no es nunca ni en ningún lugar un ente se desvela como lo que se diferencia de todo ente y que nosotros nombramos ser». Así pues, la nada se presenta como ser y, mucho más, como «velo del ser»[42]. Por lo que respecta a la segunda[43], Heidegger advierte que es el miedo a la angustia lo que hace que «rehuyamos la voz silenciosa que nos aboca a los espantos del abismo». Pero solo el valor para la angustia garantiza «la misteriosa posibilidad de la experiencia del ser». Este valor, capaz de soportar la nada[44], puede a su vez hacerse cargo de lo que desde siempre ha sido el asunto del pensar y que desde siempre también ha quedado en el olvido: el ser. Finalmente, por lo que se refiere a la tercera de las objeciones, Heidegger señala que la lógica es solo una de las formas posibles de pensar y no la única, y advierte que la sospecha contra la lógica —y la logística (como degeneración de aquella)— es legítima, en la medida en que ella privilegia el cálculo, y «el calcular no permite que surja otra cosa más que lo contable». La ciencia se ocupa de eso y, por tanto, de lo ente; en esto se parece a la metafísica y está mucho más cerca de ella de lo que podría pensarse. Por su parte, el pensar del ser «no busca en lo ente ningún punto de apoyo»[45], sino que reconoce un mismo origen con «el nombrar del poeta»[46].

41. *Hitos*, cit., p. 252 (*Wegmarken*, p. 304).
42. Como advierte P. Cohn, «el ser, en cuanto que revela los entes, se oculta a sí mismo y esta ocultación del ser es lo que captamos como la nada» (*Heidegger*, cit., p. 178).
43. *Hitos*, cit., p. 254 (*Wegmarken*, p. 306).
44. Sobre esto, véase V. Vitiello, *Heidegger: il nulla e la fondazione della storicità*, Argala, Urbino, 1976, pp. 395 ss.
45. *Hitos*, cit., p. 257 (*Wegmarken*, p. 311).
46. He desarrollado esta temática en mi trabajo «Lo inhóspito y lo sagrado» (en prensa).

Seis años más tarde, en 1949, en su *Introducción a «¿Qué es metafísica?»*, insiste en dos cosas referidas antes. En primer lugar, reconoce que la metafísica piensa lo ente en cuanto ente, pero no abandona nunca el ámbito de lo ente y no se vuelve hacia el ser en cuanto ser[47]. Solo este último es el objeto del pensar[48]. Es verdad que este pensar del ser es una superación de la metafísica, pero esta superación no margina la metafísica. Heidegger reconoce, como Kant, que la metafísica es algo connatural al hombre: mientras sea *animal rationale* seguirá siendo *animal metaphysicum*, pero también es posible que «si algún día el pensar consigue retornar al fundamento de la metafísica ocasione un cambio en la esencia del hombre que llevaría aparejada una metamorfosis de la metafísica». Pues bien, la tarea del pensar consiste en esa búsqueda y en el abandono del pensar anterior. La segunda consideración que plantea puede comprenderse en continuidad con lo que se acaba de señalar. Podría ocurrir que la metafísica sea algo así como la barrera que impide al hombre reconocer su referencia inicial al ser[49]. La metafísica dice qué es lo ente en cuanto ente; ella encierra un *lógos* (decir) sobre el *ón* (lo ente): este es el sentido de la «ontología»[50]. En fin, las reflexiones precedentes apuntan hacia un trabajo posterior, la conferencia pronunciada en París en abril de 1964, bajo el título *El final de la filosofía y la tarea del pensar*, que plantea estas dos preguntas esenciales: ¿En qué sentido ha llegado la filosofía a su final en la época presente? ¿Qué tarea le queda reservada al pensar al final de la filosofía?

Desde Platón hasta Nietzsche, independientemente de la diversidad de sus formas, lo distintivo del pensar metafísico es que, partiendo de lo presente, lo representa como fundado[51]. Pues bien, «final de la filosofía» significa «triunfo de la instalación manipulable de un mundo

---

47. *Hitos*, cit., pp. 299 ss. (*Wegmarken*, pp. 365 ss.).
48. «La metafísica sigue siendo lo primero de la filosofía. Nunca llega a ser lo primero del pensar» (*Ibid.*, p. 301; *Wegmarken*, p. 367).
49. «Solo el hombre existe. La roca es, pero no existe. El caballo es, pero no existe. El ángel es, pero no existe. Dios es, pero no existe. [...] La frase 'el hombre existe' significa que el hombre es aquel ente cuyo ser está definido desde el ser y en el ser, por medio de un abierto estar en el desocultamiento del ser» (*Ibid.*, p. 306; *Wegmarken*, pp. 374-375).
50. Heidegger pone de manifiesto en este punto el doble sentido, ontológico y teológico —ontoteológico— de la metafísica: «Desde el momento en que lleva a lo ente en cuanto tal a su representación, la metafísica es en sí, de un modo a la vez doble y único, la verdad de lo ente en sentido universal y supremo. Según su esencia es a la vez ontología en sentido estricto y teología» (*Ibid.*, p. 309; *Wegmarken*, p. 379).
51. *El final de la filosofía y la tarea del pensar*, trad. de J. L. Molinuelo, Narcea, Madrid, 1980, pp. 97 ss. («Das Ende der Philosophie und die Aufgabe des Denkens», en *Zur Sache des Denkens*, M. Niemeyer, Tubinga, 1969, pp. 61 ss.).

científico-técnico y del orden social en consonancia con él»; «comienzo de la civilización mundial fundada en el pensamiento europeo-occidental». «Final de la filosofía» significa acabamiento de la metafísica: la filosofía entra en su estadio final con la inversión del platonismo (Nietzsche) o de la metafísica (Marx), y forma parte de su acabamiento la emancipación de las ciencias y su progresiva determinación por la cibernética. Entonces, el lenguaje se rebaja a intercambio de noticias y la verdad se equipara a la eficacia. Este es el triunfo de la manipulación y de una civilización mundial fundada en el pensamiento europeo-occidental. «Final de la filosofía» es, en definitiva, realización de las últimas posibilidades de la filosofía en cuanto metafísica. Ahora bien, aparte de todo esto, tal vez exista una «primera posibilidad» no explorada por la filosofía y no accesible a ella en cuanto metafísica. De ahí la pregunta: ¿Qué tarea le queda reservada al pensar al final de la filosofía?

Según Heidegger, tal pensar no es propiamente filosofía y, por otra parte, tiene un carácter «preparatorio», no fundante: «despierta una disposición humana a una posibilidad cuyo contorno es oscuro y su llegada incierta»[52]. Además, ese pensar tiene que habérselas con algo que ya no es la entidad —la sustancia, entendida bien como «idea» (Platón), o bien como *enérgeia* (Aristóteles)— ni tampoco la subjetividad de la época moderna. Pero, ¿qué queda por pensar y que no es precisamente asunto de la filosofía? Está la *Lichtung* (libre, claro, abierto). Se trata de la «apertura», del «claro»; de aquello que hace posible que algo aparezca y se muestre, que no solo está libre para lo claro y lo oscuro, sino también para el sonido y para el silencio, para lo presente y para lo ausente. La filosofía no sabe nada de la *Lichtung*[53]. Y, sin embargo, la *Lichtung* estuvo de alguna forma presente en los inicios de la filosofía, con la *alétheia* (des-ocultamiento), algo que está más allá de la verdad entendida como «adecuación» o como «certeza» y que consiste en el no-ocultamiento, que es lo único que permite la posibilidad de la verdad en cualquiera de las formas señaladas[54].

En fin, si el pensar que intenta hacerse cargo de la verdad del ser se involucra en esa tradición, entonces, para pasar desde un pensar por representaciones hasta un pensar rememorante, no habrá nada más necesario que la pregunta: ¿*qué es metafísica*? Y esa pregunta nos lleva a esta otra: ¿*por qué hay en general ente y no más bien nada*? Pregunta que ya formuló

---

52. *Ibid.*, p. 103 (ed. alemana, p. 66).
53. *Ibid.*, pp. 109-110 (ed. alemana, pp. 71-72).
54. *Ibid.*, pp. 115-116 (ed. alemana, pp. 75-76).

Leibniz[55], pero que para Heidegger no tiene el mismo sentido. Esta pregunta va más allá de la metafísica, porque no trata de buscar la causa suprema de los entes, sino que concierne al ser y al motivo por el que este último ha caído en el olvido, y en última instancia indaga, como hace la lección referida, el problema de la nada. Y, como ya se vio, apunta hacia otra pregunta previa: ¿*qué pasa con el ser*? Pero Heidegger muestra su extrañeza ante el hecho de que el pensar no se haya ocupado apenas propiamente del problema de la nada[56] e inicia una nueva e inusual forma de entender el problema de la nada y del nihilismo. Frente a la consideración habitual según la cual el nihilismo sería una corriente de pensamiento que solo se ocupa de la nada, Heidegger sostiene lo contrario: el nihilismo consiste en no tomar, en no haber tomado suficientemente en serio el problema de la nada.

2.3. ¿Y por qué no la nada?: el problema del nihilismo

Recordemos una vez más cómo para Heidegger la pregunta por el ser constituye una cuestión decisiva de la que parece depender el futuro de nuestra cultura, un destino de signo opuesto a ese otro destino anterior de nihilismo y olvido. La influencia de Nietzsche se hace sentir en el diagnóstico de decadencia espiritual o, con palabras de Heidegger, de «oscurecimiento mundial»[57] que se insinúa por todas partes mediante una serie de signos: huida de los dioses, destrucción de la tierra, masificación del hombre y predominio del término medio. El «progresivo dominio de lo demoníaco», que consiste en un también progresivo debilitamiento del espíritu —en forma de cálculo, instrumentalización, planificación y apariencia artificial— impide la «apertura a la esencia del ser». Y esta situación de olvido del ser, que ha constituido hasta ahora la marca específica de la historia de Occidente, es también el nihilismo. Pero examinemos algunas notas esenciales de este término en el contexto del pensamiento de Heidegger.

55. Sobre las diferencias con Leibniz, véase «El paso fugaz del último Dios. La teología de los *Beiträge zur Philosophie* de Heidegger», en J. M. Navarro y R. Rodríguez (comps.), *Heidegger o el final de la filosofía*, Complutense, Madrid, 1989, p. 181.
56. «¿Cómo se explica que en todas partes lo ente tenga la primacía y reclame para sí todo 'es', mientras que lo que no es un ente, esto es, la nada, entendida como el ser mismo, permanece en el olvido? ¿Cómo es posible que en realidad no pase nada con el ser y que la nada no venga propiamente a la presencia? ¿Tal vez viene de aquí la inalterable impresión, presente en toda metafísica, de que el 'ser' se entiende de suyo y que, por ende, la nada es más fácil que lo ente?». Así es como de hecho están las cosas en relación con la nada y el ser. Si fuera de otro modo, Leibniz no podría añadir en el pasaje citado la siguiente aclaración: 'car le rien est plus simple et plus facile que quelque chose'» (*Hitos*, cit., p. 312; *Wegmarken*, p. 382).
57. Ver *Introducción a la metafísica*, cit., pp. 80-86 (*Einführung in die Metaphysik*, cit., pp. 47-55).

Aunque Heidegger considera que sus orígenes se remontan más allá de él (Jacobi, Jean Paul, Turgueniev, Dostoievski), advierte que solo con Nietzsche el término «nihilismo» significa esencialmente más. Designa el movimiento histórico que dominaba ya en los siglos precedentes, que determinaría el próximo siglo y que resume la frase «Dios ha muerto». Con el término «nihilismo» se designa el *proceso de caducidad* de los valores supremos, y con la expresión «nihilismo europeo» se hace referencia a la devaluación de los valores supremos que tiene lugar en Occidente[58]. Pero, mientras que en Nietzsche el nihilismo se caracteriza por la falta de meta y de respuesta a la pregunta «¿por qué?», Heidegger se pregunta: ¿por qué tiene que haber un fundamento? ¿Qué conexión interna existe entre fundamento y valor?[59]. En esto consiste el giro desde la axiología (Nietzsche) hasta la ontología (Heidegger).

Dada la importancia que en Nietzsche tiene el concepto, Heidegger se pregunta por la esencia del valor. Y advierte que existe una estrecha conexión entre valor, meta y fundamento, aunque se pregunta por qué la idea de valor domina el pensamiento de Nietzsche y, en general, el pensamiento de la segunda mitad del siglo XIX[60]. ¿Qué es un valor? Valor es algo que vale. El valer es el modo en que el valor en cuanto tal es. Valer es un modo de ser. De manera que la pregunta por el valor y por su esencia se funda en la pregunta por el ser. Heidegger señala[61] que, para que algo tenga valor, previamente tiene que ser. El ser es previo al valer. De manera que el nihilismo no está esencialmente conectado a la idea de valor, sino que, por el contrario, *nihil* y nada son conceptos del orden del ser y no del valor.

«Nada» alude, primero, al carácter de No-ser del ente. Y «nihilismo», considerado literalmente, es aquello que trata de la nada y, por tanto, del ente en su no ser. La nada está más allá de los objetos y, por eso, no puede buscarse ni encontrarse, como se busca o se encuentra tal o cual cosa. Pero entonces, ¿qué estatuto ontológico tiene? En este punto conviene recordar las palabras de Heidegger: «¿puede en general encontrarse la nada o siquiera buscarse? ¿O no se necesita buscarla y encontrarla, porque 'es' *aquello* que menos perdemos, es decir, aquello que nunca perdemos?»[62]. Al estar más allá de los objetos, la nada

---

58. Cf. *Nietzsche* II, trad. de J. L. Vermal, Destino, Barcelona, 2000, p. 34 (*Nietzsche* II, V. Klostermann, Fráncfort M., 1997, pp. 24-25).
59. *Ibid.*, p. 45 (ed. alemana, p. 37).
60. *Ibid.*, p. 46 (ed. alemana, p. 39).
61. Ver el apartado «Nihilismo, *nihil* y nada» (*Ibid.*, pp. 47-52 [ed. alemana, pp. 40-45]).
62. *Ibid.*, p. 48 (ed. alemana, p. 41).

trasciende el plano del ente (es ontológico), y por eso decimos de ella que está ligada al «ser».
Pero ¿qué quiere decir «ser» y «es»? Parecen la cosa más evidente, más clara y menos problemática del mundo. Y lo mismo sucede con la nada. En principio se la entiende como la *negación* del ente. Y así, en cuanto negación —lo contrario de la afirmación—, la nada parece que tiene un origen lógico y que hay nada porque hay previamente negación. La nada parece una construcción del pensamiento, lo más abstracto de lo abstracto: lo más nulo y lo que menos merece nuestra consideración. De manera que si la nada no es más que nada, entonces el nihilismo es eso mismo: una pura nada, una simple ilusión. Pero Heidegger toma en serio el diagnóstico de Nietzsche y examina la posibilidad de que el nihilismo sea algo más: un «huésped inquietante» que determinaría la historia de los próximos siglos. Y todavía más: advierte que la esencia del nihilismo consiste en considerar la nada como algo nulo, en no tomar en serio la pregunta por la nada. Eso significa reconocer una vez más que la lógica no agota ni mucho menos la tarea del pensar, que la nada no es ni un ente ni algo meramente nulo, y que el nihilismo consiste en no poder y no querer pensar la nada.

Estas consideraciones permiten a Heidegger señalar que, aunque Nietzsche reconoce y experimenta el nihilismo como ningún otro, su concepto de nihilismo es todavía nihilista, pues lo entiende exclusivamente desde la idea de valor[63]. Según Heidegger, en la doctrina nietzscheana del superhombre, la filosofía moderna que comienza con Descartes llega a su cumplimiento: el hombre se convierte en medida de todas las cosas, en su fin, meta y sentido. En el reconocimiento por parte de Nietzsche de la voluntad, entendida como voluntad de poder, estriba lo fundamental de su posición metafísica, que, mediante el protagonismo concedido a la idea de valor, supone el acabamiento de la metafísica en cuanto tal[64]. Y la técnica, en cuanto manifestación de la voluntad de poder, forma parte del fin de la metafísica en cuanto tal, pues en la base de todo calcular se encuentra un estimar.

Ahora bien, se pregunta Heidegger[65], ¿es el hombre, primero, hombre, y «tiene», además y por otra parte, la referencia al ser? ¿O constitu-

---

63. «En la idea de valor se oculta un concepto de ser que contiene una interpretación del ente en cuanto tal en su totalidad. En la idea de valor, la *esencia* del ser se piensa —sin saberlo— en un respecto determinado y necesario: en su inesencia» (*Ibid.*, pp. 51-52 [ed. alemana, p. 45]).
64. *Ibid.*, p. 158 (ed. alemana, p. 171).
65. *Ibid.*, p. 169 (ed. alemana, p. 184).

ye esta referencia al ser la esencia del hombre? La respuesta afirmativa a la segunda pregunta resume la posición de Heidegger, el cual considera que la reflexión nietzscheana sobre el nihilismo es ella misma nihilista, porque está lastrada con los prejuicios metafísicos que él, por su propia posición, no puede ver. El ser, lo más vacío, lo más universal, lo más comprensible, lo más usual, lo más fiable, lo más olvidado, lo más dicho[66], no tiene parangón. No tiene equivalente. Lo único que realmente puede oponérsele es la nada, y quizás esta sea en su esencia «tributaria del ser y solo de él».

Heidegger reconoce la esencial ambivalencia de Nietzsche[67] frente a un movimiento que no es «ni solo *una* historia ni tampoco el *rasgo esencial* de la historia occidental, sino que es la legalidad de tal suceder, su 'lógica'», y se pregunta si en el concepto *metafísico* de nihilismo puede experimentarse su esencia, o se requiere una «rigurosidad diferente». Nietzsche no reconoce al *ser en cuanto ser*, ni que el nihilismo está allí donde no solo del ente, sino incluso del ser, no queda nada[68].

La metafísica de Nietzsche no es una superación del nihilismo: su interpretación del ser como valor le impide reconocer al ser en cuanto ser. Como tal metafísica, responde a dos cuestiones ontológicas fundamentales sobre el qué y el cómo de la entidad: piensa la *essentia* como voluntad de poder y la *existentia* como eterno retorno de lo mismo. Y tampoco a su ontología le es ajena la teología como teología negativa: su negatividad se expresa en la frase «Dios ha muerto». Pero, en cuanto metafísica, deja fuera la cuestión del ser, que solo es pensado «en cuanto ente». Este hurtarse del ser, este sustraerse y permanecer fuera (*ausbleiben*) del propio ocultamiento, el hecho de que el ser mismo permanezca impensado es lo propio de la metafísica occidental y, por tanto, del nihilismo. Por ese camino Heidegger muestra otra forma de considerar la nada, no ya como asunto del nihilismo, sino de aquello que puede ir más allá del nihilismo y de la metafísica considerada como nihilismo: el pensar. Y así concluirá: «pensamos la nada en la medida en que concierne al ser mismo»[69].

Comparando su posición con la de Nietzsche, reconoce que la reflexión de este sobre el nihilismo hace aparecer la suya como algo esquemático e inútil, una especie de «abstracción desesperada». Pero, aun

---

66. *Ibid.*, pp. 203 ss. (ed. alemana, pp. 224 ss.).
67. *Ibid.*, pp. 226-228 (ed. alemana, pp. 251-254).
68. «La esencia del nihilismo es la historia en la que del ser mismo no hay nada» (*Ibid.*, p. 276 [ed. alemana, p. 304]).
69. *Ibid.*, p. 289 (ed. alemana, p. 321).

así, advierte que tal vez en el *preguntar* de Nietzsche falte lo fundamental, en la medida en que «preguntando por el fundamento del ente, deja de lado el ser mismo y su verdad». Y así, la pregunta «se pone en una situación sin perspectivas»[70], pues la dignidad del ser en cuanto ser no consiste en tener vigencia como valor, aunque sea el valor supremo[71].

3. HEIDEGGER Y NIETZSCHE ANTE EL PROBLEMA DEL NIHILISMO

Se entiende mejor a un autor cuando se sabe quiénes son sus interlocutores, con quién dialoga, a qué o a quiénes se dirige. En ese sentido resulta pertinente la pregunta: la posición de Heidegger examinada hasta aquí a propósito del problema de la nada, ¿a qué responde?, ¿cómo se genera?, ¿a qué interlocutores se dirige? Heidegger responde a una tradición que conoce bien y sobre la que reflexiona, la tradición occidental y, dentro de ella, al pensador que, a su juicio, representa su culminación: F. Nietzsche.

Recordemos una vez más la definición que da Nietzsche del nihilismo y a la que Heidegger vuelve en varias ocasiones: «Nihilismo significa que los valores supremos han perdido validez. Falta el fin, falta la respuesta a la pregunta '¿por qué?'»[72]. Y recordemos también uno de los pasajes más oscuros y seguramente más importantes también del *Zaratustra*: aquel en que se describe la escena en que un pastor está a punto de morir, después de que una serpiente se hubiera deslizado inadvertidamente en su garganta mientras dormía[73]. Zaratustra contempla impotente y angustiado la escena y entonces le recomienda lo único que le parece eficaz en esa situación: «¡Muerde!». Cuando Heidegger, en el primer volumen de *Nietzsche*, se pregunta por el significado de esa «visión», no duda en atribuir al pastor y a la serpiente un significado preciso. La serpiente negra que está a punto de estrangular al pastor es «el sombrío siempre igual del nihilismo, su fundamental carencia de meta y de sentido»[74]. Y el pastor, por su parte, es aquel que piensa y realiza en su pensar el pensamiento del eterno retorno. Pero no pensará este pensamiento en su ámbito esencial mientras la serpiente negra no se le haya

---

70. *Ibid.*, p. 304 (ed. alemana, p. 339).
71. *Ibid.*, p. 323 (ed. alemana, p. 361).
72. *Nachgelassene Fragmente. Nietzsches Kritische Studienausgabe*, ed. de G. Colli y M. Montinari, Walter de Gruyter, Berlín, 1967-1988, 12, 9 [35], 350.
73. Cf. *Así habló Zaratustra* III, «De la visión y del enigma».
74. Cf. *Nietzsche* I, trad. de J. L. Vermal, Destino, Barcelona, 2000, p. 356 (*Nietzsche* I, V. Klostermann, Fráncfort M., 1996, p. 396).

introducido en la garganta y lo haya mordido: «el pensamiento —dice Heidegger— solo *es* como tal mordisco»[75]. Pero el grito de Zaratustra significa que si la experiencia del nihilismo es personal e intransferible, también lo es su superación:

> El nihilismo solo será superado si se lo supera de raíz [...] Pero la superación solo ocurrirá si cada afectado —y lo somos todos— muerde por sí mismo, porque mientras solo deje a otros que arranquen su negra necesidad, todo será en vano[76].

Pues bien, tanto la «visión» ofrecida por Nietzsche como la interpretación que ofrece Heidegger iluminan las posiciones respectivas de estos dos pensadores ante el problema que venimos examinando: el problema de la nada y su relación con el nihilismo. Hemos apuntado ya por qué Heidegger considera que la reflexión de Nietzsche es metafísica. «Voluntad de poder» y «eterno retorno» responden, cada una, a las dos cuestiones capitales de las que tradicionalmente se ha hecho cargo la ontología: la entidad del ente en su qué es y cómo es (esencia y existencia). Hemos señalado también por qué Heidegger considera que esa reflexión es nihilista: en la medida en que el ser queda relegado, preterido, ignorado. En tanto que del ser no queda nada. Y que la nada es solo eso: algo nulo y vacío. Y es aquí donde las posiciones de estos dos pensadores coinciden y, al mismo tiempo, se separan. Y hay tres divergencias fundamentales que conviene destacar.

La primera de ellas tiene que ver con la relación entre metafísica y nihilismo, con el sentido de la conjunción «y» en esa expresión. Para Nietzsche, toda metafísica es nihilismo, pero no al contrario. «Toda metafísica es nihilismo» significa que todo supuesto «mundo verdadero», o «más allá» se construyen sobre la previa «negación» o devaluación de «este mundo», el único mundo. Y en ese sentido es nada, es decir, algo nulo. La metafísica supone la consideración de que «la vida no vale nada» y expresa una decadencia que tiene lugar ya en el inicio mismo: con Sócrates y Eurípides (el ocaso de lo trágico). Pero queda siempre abierta la posibilidad de un nihilismo que no sea expresión de la decadencia, sino su antítesis y superación. En este sentido, Nietzsche se refiere al nihilismo como a «una forma divina de pensar». Por su parte, Heidegger admitirá que toda metafísica es nihilismo. Y al contrario. Pero Heidegger entiende el nihilismo de otro modo. Su posición ontológica le lleva a considerar

---

75. *Ibid.*, p. 358 (ed. alemana, p. 399).
76. *Ibid.*, p. 357 (ed. alemana, p. 397).

que el auténtico nihilismo consiste en no tomar en serio el problema de la nada, una nada que está profundamente ligada al ser. Que «toda metafísica es nihilismo» significa que el surgimiento mismo de la filosofía como metafísica coincide con un progresivo oscurecimiento del problema del ser, algo que ocurre también en los inicios del pensar occidental, aunque queda siempre abierta la posibilidad a otra cosa que no es ya filosofía ni tampoco metafísica y que Heidegger llama «pensar». Sobre esta base se entiende una segunda e importante diferencia: la orientación fundamentalmente ontológica de Heidegger contrasta con la consideración por parte de Nietzsche[77] del ser como un pseudoproblema: un concepto vacío, «el último humo de la realidad que se evapora», un concepto introducido subrepticiamente y derivado del concepto «yo». En última instancia un prejuicio lingüístico, ligado al mundo verdadero que «acabó convirtiéndose en una fábula». Finalmente, hay también un contraste no menos importante en un nivel que tanto Nietzsche como Heidegger parecen haber recuperado para la filosofía: el de la afectividad. Pero mientras que Heidegger solo habla de paso de la alegría, Nietzsche la convierte en un estado de ánimo fundamental, hasta el punto de que, transformada en humor, en buen humor, se convierte en el ingrediente fundamental de su concepción trágica.

Hasta aquí tres notables diferencias entre los dos autores que más a fondo han pensado la esencia del nihilismo. Pero estas diferencias no deben hacernos perder de vista importantes afinidades entre ellos. Independientemente de que Heidegger lleve o no razón en su consideración de la filosofía de Nietzsche como un pensamiento en que el ser ha sido identificado con el valor y ha experimentado, por eso, el mayor olvido; por más que Heidegger se esfuerce en desmarcar su posición de la de Nietzsche, señalando que este último ignora el problema de la nada, ¿acaso no es verdad que el pensamiento del eterno retorno supone un desafío y un esfuerzo por hacerse cargo de un abismo sin fondo, como el que la angustia referida por Heidegger describe?

Tal vez estos dos pensadores tengan en común una experiencia *sui generis*, que paradójicamente tiene algo de religioso. Como advierte Nishitani en un bello ensayo sobre la nada, «el ateísmo en Nietzsche representa un cambio tan fundamental que no solo el modo de existencia humano, sino también la propia forma visible del mundo, debe experimentar una transformación radical [...] y requiere también una conversión fundamental del modo de ser humano en el mundo, que en Nietzsche se pre-

---

77. Ver F. Nietzsche, *Crepúsculo de los ídolos*, trad. de A. Sánchez Pascual, Alianza, Madrid, 1975, «La 'razón' en la filosofía», §§ 4 y 5, pp. 47 y 49.

senta como el impulso hacia una nueva religiosidad a la que se refiere simbólicamente con lo dionisíaco»[78]. Pero en la filosofía de Heidegger también resuenan esos ecos. En un texto algo extenso, que merece la pena recordar, escribe:

> La nada parece lo más nulo, algo a lo que con solo darle un nombre ya se le hace demasiado honor; pero esto, que parece lo menos valioso, lo más común, resulta finalmente tan poco común que solo sale al encuentro en experiencias inusuales. Y lo que hay de común en la nada es solo que posee el seductor poder de dejarse eliminar aparentemente por unas meras palabras: la nada es lo más nulo. La nada del ser del ente sigue al ser del ente como la noche al día. ¿Cómo habríamos de ver y experimentar jamás el día como día si no existiera la noche? Por eso, la prueba más dura, pero también más infalible de la fuerza y autenticidad pensante de un filósofo es la de si en el ser del ente experimenta de inmediato y desde su fundamento la cercanía de la nada. Aquel a quien eso se le rehúsa está definitivamente y sin esperanza fuera de la filosofía[79].

Que estos dos pensadores sean entendidos muchas veces bajo la marca del ateísmo nada dice contra lo que se acaba de expresar. Esto lo sospechaba el propio Heidegger, quien a este respecto señaló que «lo que al entendimiento común se le presenta, y tiene que presentársele, como 'ateísmo', es en el fondo lo contrario»[80]. Esta nada, que constituye en Heidegger el «objeto» de la angustia (si puede hablarse así, pues ya advierte Heidegger que la angustia se caracteriza frente al miedo por la carencia de objeto determinado. Aunque, por otra parte, la nada no es un «objeto determinado»), está profundamente emparentada con aquella otra experiencia de la nada, a la que ya hemos hecho referencia por extenso más arriba[81] y a la que Nietzsche alude en el fragmento del 10 de junio de 1887:

> Pensemos este pensamiento en su forma más terrible: la existencia tal como es, sin sentido y sin meta, pero retornando inevitablemente, sin un *finale* en la nada: «el eterno retorno». Esta es la forma más extrema del nihilismo: ¡la nada (lo «carente de sentido») eternamente![82].

---

78. K. Nishitani, *La religión y la nada*, trad. de R. Bouso García, Siruela, Madrid, 2003, p. 95.
79. *Nietzsche* I, cit., p. 370 (ed. alemana, p. 413).
80. *Ibid.*, p. 378 (ed. alemana, p. 423).
81. Cf. capítulo 7.
82. *Nachgelassene Fragmente* 12, 5 [71], 213.

ÍNDICE GENERAL

Contenido 9
Introducción 11

I
LA PREGUNTA POR EL SER
(«¿POR QUÉ ES EL ENTE...

1. EL PROBLEMA DE LOS PRESUPUESTOS Y EL ÁMBITO DE LO TRASCENDENTAL 21
   1. Hipótesis, intereses, prejuicios, ilusiones: el problema de los presupuestos 21
   2. El ámbito de lo trascendental 27
      2.1. Metafísica, trascendentalidad e historia 27
      2.2. Origen y evolución del concepto de lo trascendental: el contexto filosófico aristotélico y el kantiano 30
      2.3. Lo categorial y lo trascendental 35
      2.4. El método trascendental 40

2. ARISTÓTELES: «LA CIENCIA QUE SE BUSCA» 46
   1. Los precedentes: la búsqueda de lo permanente y el modelo platónico de lo mismo 46
   2. La fórmula aristotélica *ón hêi òn*: multiplicidad de sentidos de ser (*ón*) 54
      2.1. El problema: el enfrentamiento entre sofistas y eleáticos ... 54
      2.2. El principio de solución: la fórmula aristotélica *ón hêi òn*: multiplicidad de sentidos de *ser* 57
      2.3. Homonimia y sinonimia 59
      2.4. La *ousía* como sujeto formalmente determinado y como *eîdos* o forma específica 63
      2.5. Ontología y teología 67
   3. El triple alcance —lógico, ontológico y teológico— del principio de no contradicción. Un modelo de argumentación trascendental 70

227

LECCIONES DE METAFÍSICA

3. Descartes: la búsqueda de la fundamentación y los umbrales de una argumentación trascendental en el problema de la *circulatio* 80
   1. El problema 80
   2. La búsqueda de la fundamentación y la ambigua relación de Descartes con el Barroco 81
   3. *Circulatio* y desarraigo de la metafísica 88
      3.1. La idea de Dios en el sistema cartesiano: las condiciones de posibilidad de la racionalidad y los umbrales de la argumentación trascendental 89
      3.2. El desarraigo de la metafísica cartesiana: voluntarismo, escepticismo y ateísmo 100
   4. Descartes y el escepticismo 104

4. Kant: metafísica, ontología y trascendentalidad 112
   1. El nuevo concepto de metafísica y su referencia al plano de lo trascendental 112
   2. Giro copernicano y método trascendental 115
   3. La analítica como ontología crítica 124
   4. Metafísica y razón práctica 131

II
EL PROBLEMA DE LA NADA
... Y NO MÁS BIEN LA NADA?»)

5. Nihilismo y nada. Algunas reflexiones preliminares 139
   1. Nihilismo, fanatismo, decadencia, progreso 139
   2. Complejidad del término «nihilismo» 144
   3. Los antecedentes del nihilismo 148
      3.1. Los precedentes griegos 148
      3.2. La filosofía cristiana 152
      3.3. El Romanticismo 154

6. Schopenhauer: las raíces de la nada 157
   1. Nihilismo y pesimismo en Schopenhauer 157
   2. La necesidad metafísica 160
   3. El mundo como representación y el principio de razón suficiente ... 163
   4. De la representación a la voluntad 168
   5. La voluntad de vivir 171
   6. Querer la nada: la *virtus curativa* del desengaño 173

7. Nietzsche: la ambivalente experiencia de la nada 181
   1. Esencia y origen del nihilismo 182
      1.1. Nihilismo como diagnóstico de una época 182
      1.2. Nihilismo como consecuencia de los valores cristianos y de su pérdida 183

1.3. Nihilismo como consecuencia de la creencia en las categorías de la razón 187
2. Metafísica y nihilismo 190
3. Nihilismo y decadencia 192
   3.1. Romanticismo y pesimismo de la debilidad 192
   3.2. Pesimismo como preformación del nihilismo 195
   3.3. Nihilismo como lógica de la decadencia 196
4. El nihilismo como forma divina de pensar 198

8. HEIDEGGER: NADA Y SER

1. Antecedentes: la evaluación de Nietzsche por parte de Heidegger 202
2. La posición de Heidegger ante el problema de la nada 204
   2.1. Nada y afectividad: la angustia como horizonte 205
   2.2. Nada y ser: la pregunta previa y la pregunta fundamental... 211
   2.3. ¿Y por qué no la nada?: el problema del nihilismo 218
3. Heidegger y Nietzsche ante el problema del nihilismo 222

Índice general 227